高职高专现代服务业系列教材·国际商务系列

国际市场营销

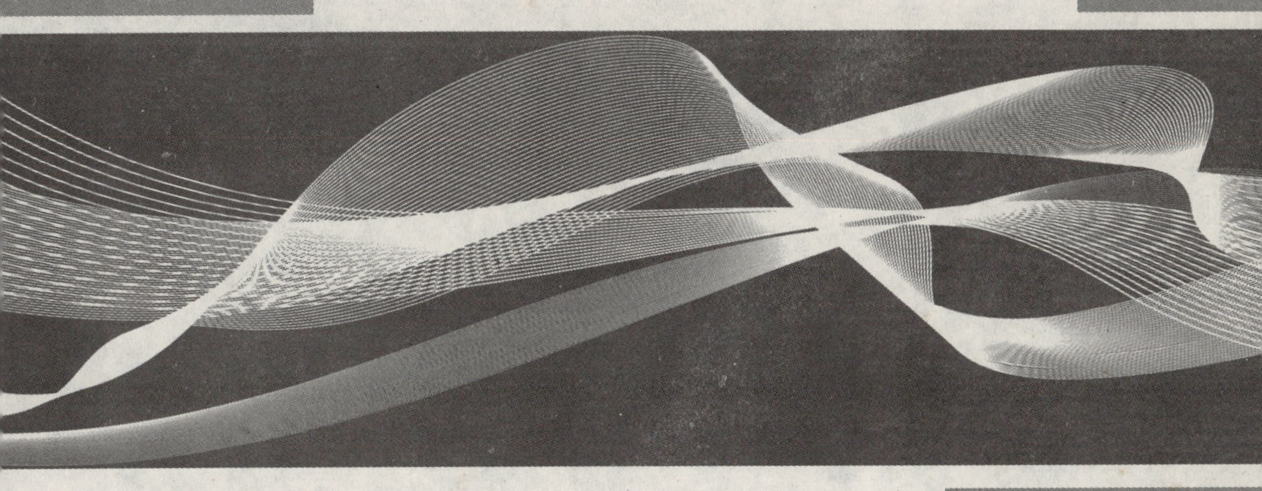

洪海玲
黄志锋 主编

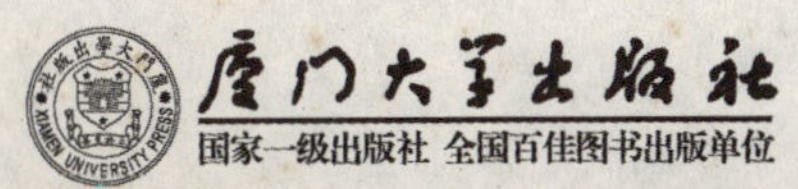

国家一级出版社 全国百佳图书出版单位

前 言

国际市场营销学是市场营销学的高级形态。随着我国经济体制改革和对外开放的不断深入，我国企业的国际营销活动也日益频繁和活跃，国际市场营销理论日益受到企业界的重视。随着国际经济一体化和市场全球化趋势的发展，增强我国企业在国际市场中的竞争力，不但需要大批的直接从事国际市场营销活动的专门人才，而且需要一般的经济工作者掌握相关的国际营销知识。

为了适应这一形势的变化，本书编者通过总结企业参与国际市场营销活动的经验，并利用多年积累的丰富的国内外资料，力求从我国实际情况出发，站在我国企业的立场上，结合我国社会主义市场经济发展的客观环境，按照各类企业和有关组织对开展国际市场营销活动的需要，系统地阐述企业开拓国际市场的理论、技术与方法。

目前，我国国内各大高校经济和管理专业均开设国际市场营销学作为主干课程之一，当前市场上有关国际市场营销的教材或专著不胜枚举，但真正适合高职高专的教育特色的教材仍有所欠缺，特别是重视应用能力培养和技能训练的国际市场营销专业教材更少。本书突出应用性原则，重视理论和实际的联系，在立足国际市场营销基础知识的同时，吸取了最新和前沿的营销理论和观点，并配以大量的营销案例予以解释说明，以加深学生的理解，具有很强的应用性和实践性，重点培养学生的创新思维能力和实践动手分析能力，并能够在国际市场营销实践中创新地分析问题、解决问题。本书符合目前高职院校教学的需要。

本书由福建省泉州经贸学院洪海玲老师和黎明大学黄志锋副教授(博士)共同担任主编，共同编写。洪海玲老师编写第 2 章、第 6 章、第 7 章、第 9 章、第 10 章；黄志锋副教授编写第 1 章、第 3 章、第 4 章、第 5 章、第 8 章。黄志锋副教授对全书进行总纂，洪海玲老师对全书进行定稿。

本书在编写的过程中，借鉴了国内外一些营销学者的研究成果，文章中引用的案例是编者在多年的教学中参考所积累的国内外资料或对其进行加工。

本书具有以下特色：

1. 较为系统、全面地介绍了现代国际市场营销的基础理论、方法与运作策略，系统地介绍和阐述了国际市场营销学的核心内容。

2. 跟踪现代国际市场营销理论的最新发展和前沿的理论成果，以使学生了解和把握学科发展的新动态和新进展。

3. 反映现代企业营销实践的发展和经验教训，在每一章开头都有热点案例导入，每一章结束再配以典型案例分析和讨论，以增强学生的实践经验，培养学生分析和解决实际问题的能力。

4. 充分体现国际市场营销学科的实践性和应用性特点，力求介绍的方法、策略与技巧对企业营销管理和运作具有更强的指导性、实用性和可操作性。

本书是为适应经济、管理类专业的教学需要而编写的，它同时也可用于工商企业管理者、营销人员的培训和自学之用。由于作者水平有限，书中难免出现一些不足之处，敬请读者批评指正。意见或建议请发至：honglinging@163.com 或 huangzhifeng1977@126.com。

编　者

2011 年 4 月于福建泉州

目 录

第1章 国际营销导论

学习目标：

通过本章的学习，以期达到：

1. 了解市场营销、国际营销的基本概念；
2. 了解国际营销与其他学科之间的关系；
3. 掌握市场营销观念的发展历程；
4. 了解企业进行国际营销活动的历程；
5. 了解国际营销、市场营销管理过程和市场营销组合的相关概念；
6. 正确认识市场营销的本质，树立科学的市场营销观念。

【案例导入】

美国福特汽车公司和通用汽车公司的早期竞争

美国福特汽车公司是1903年由亨利·福特与詹姆斯·卡曾斯、道奇兄弟等创办的，由福特任总经理。1912年，福特公司聘用詹姆斯·库兹恩任总经理。库兹恩上任后实施了以下三项决策：

(1)对其产品"T型车"作出降价的决定，即将1910年定的售价950美元降到850美元以下；

(2)按每辆"T型车"850美元售价的目标，着手改革公司内部的生产线，在占地面积为278英亩的新厂中首先采用现代化的大规模装配作业线，12.5小时生产一辆"T型车"，9分钟生产一辆普通车，大幅度地降低成本；

(3)在全世界设置7 000多家代销商，广设销售网点。

这三项决策的成功，使"T型车"走向全世界，市场占有率占美国汽车行业之首。

1919年，亨利·福特独拥福特公司，库兹恩被解雇，福特自任总经理。一方面，福特继续采用低价策略。1924年，每辆"T型车"的售价已降到240美元，1926年福特车产量已占美国汽车产量的1/2。另一方面，福特又提出"不管顾客需要什么，我的车都是黑的"，实行以产定销的策略，以"黑色车"来作为福特汽车公司的象征。结果，"T型车"在竞争中日益失利，1927年5月终于停产。1928年，福特汽车公司的市场占有率被通用汽车公司超过，退居第二位。

美国通用汽车公司于1908年成立，由杜邦财团控制。1928年以前，它是市场占有率远远低于福特公司的一个"弱手"。1921年，斯隆出任通用汽车公司总裁。他针对当时通用汽车公司松散的权力状况写了《组织研究》一文，提出了"集中决策控制下的分散作业"，使集权和分权得到很好的平衡。1923年，斯隆又改革了经营组织(公司高层领导人抓经营、抓战略性决策，日常的管理工作由事业部去完成）。同时，提出“汽车形式多样化”的经营方针，以满足各阶层消费者的需要。1923年，通用汽车公司的市场占有率仅为12%，远远低于福特汽车公司；1928年，其市场占有率达到30%以上，超过福特公司；1956年，其市场占有率达53%，成为美国最大的汽车公司。

二战结束后，世界经济中最显著的变化之一，就是企业经济活动的国际化。进入20世纪80年代后，这种企业国际化的趋势更为明显，各国企业纷纷把注意力转向海外市场，在广阔的海外市场上寻求新的营销机会和生存环境。随着我国改革开放政策的进一步贯彻和落实，我国的企业也越来越注意由“内向型”向“外向型”转变，特别是近些年来，随着外贸体制改革的深入，大批生产企业已获得对外贸易经营权，直接投身于竞争激烈的国际市场。还有相当一批规模较大、基础较好的外贸企业，开始尝试着以国外生产的方式进入国际市场，开展了全方位的国际营销活动。在这种形势下，企业应如何有效地开拓国际市场，如何在国际市场上搞好经营与销售，在激烈的竞争中处于不败之地，已成为企业普遍关注的问题，也是理论界所面临的一个重要课题。这一课题正是本书所研究的重点。

第一节　国际营销的基本概念

一、市场营销的基本概念

市场营销是根据英语“marketing”一词翻译而成的，它既可用于表示市场营销学（或市场学）这门学科，也可指市场营销方面的活动。本书所指的市场营销更多地意指市场营销学，此外，我们将着重探讨作为市场营销活动的市场营销概念。

作为一个概念，从目前理论界的角度来看，还没有一个统一的定义，国内外营销学者和相关组织均从某个角度对其内涵进行了阐述和探讨。美国著名的市场营销学者菲利普·科特勒(Philip Kotler,1983)对市场营销作了以下的定义，他认为：“营销是个人和集体通过创造、提供出售，并同别人交换产品和价值，以获得其所需所欲之物的一种社会和管理过程。”美国市场营销协会(American Marketing Association,AMA)在吸收已有定义精华的基础上，于1985年下了定义：“市场营销是对思想、产品及劳务进行设计、定价、促销及分销的计划和实施的过程，从而产生满足个人和组织目标的交换。”著名的管理学者彼得·杜拉克(Peter Drucker)认为，市场营销是如此基本，以致不能把它看成一个独立的功能，从它的最终结果来看，也就是从顾客的观点来看，市场营销是整个企业活动。美国的市场营销专家马尔科姆·麦克奈尔(Malcolm McNair)提出的定义是：“市场营销是创造和传递生活标准给社会。”这个定义强调了市场营销的两个方面，一是如何满足消费者已经产生的各种需求即传递生活标准给社会；二是刺激和诱发消费者的各种需求，即要创造生活标准给社会。

从以上学者阐述的观点来看，均是从不同的角度对市场营销的内涵进行了说明，具有一定的合理性，但相对又过于片面。在综合国内外诸多学者和专家的观点后，我们给市场营销下的定义是：“市场营销是企业诱发和满足消费者及社会公众的需求，从而促进企业的生存和发展的一系列活动的总称。”而市场营销学则是研究企业市场营销活动规律的一门学科。上述的定义是从企业，即供应方的角度来下的。这一定义包含以下的一些基本概念：

(一)需求

消费者和社会公众的需求是企业开展一切活动的中心和出发点，当然也是企业开展市场营销活动的出发点。企业必须通过有效开展市场营销活动来诱发和满足消费者的需求，即不但要满足消费者已经存在的各种现实需求，还要诱发消费者各种潜在的需求。

(二)企业的生存和发展

站在企业的角度上来看，企业开展市场营销活动的目的就是要促进企业的生存和发展。即企业要通过市场营销活动，使企业能从市场经营中获得利润，并在此基础上不断促进企业的成长和发展。这也是企业参与市场经营活动所要达到的最终目标之一。

(三)一系列活动

从现实情况看，企业开展市场营销活动的过程，实际上就是企业利用各种可控因素，作用和影响于各种不可控因素的过程。也就是说，企业在市场调查和研究的基础上，可以通过确定和运用合适的产品策略、价格策略、销售渠道策略及促销策略等来与竞争对手展开竞争，使企业能适应环境，使消费者和社会公众的需求得到满足，从而促进企业的生存和发展。

二、国际营销的基本概念

市场营销是指企业为了诱发和满足消费者和社会公众的需求，从而达到促进企业的生存和发展的一系列活动的总称。与之相对应，国际市场营销简称国际营销，是指企业超越本国国境进行的市场营销活动。与国内营销者的任务一样，国际营销者也要首先确定市场需求，然后制定出适当的产品、价格、渠道和促销策略。国际营销的目的及其达到目的的手段与国内营销一样，都是通过满足顾客需求而实现企业利润。

既然国际营销与国内营销的任务、目的及达到目的的手段都一样，那么为什么还要专门研究国际营销呢？这是因为，两者除具有相同点外，还具有不同点，即国际营销具有自己的特殊性。这种特殊性也就是国际营销的“跨国”性质：它是在两个甚至在两个以上国家所进行的经营与销售活动，如图 1-1 所示。图中的一国营销也就是国内营销，两国营销和多国营销均属于国际营销的范围。如果我国一家企业向日本出口产品，这家企业也就是进行了跨国界的营销活动，即进行了国际营销。另一家中国企业在日本设立了一个子公司，在日本从事生产并就地销售，这一企业进行的营销活动也属于国际营销的范围，因为其子公司在日本的生产与销售活动都要受到设在中国的公司总部的指挥和监督。如此看来，国际营销并不一定意味着产品的跨国界转移(进出口)。只要营销决策具有“跨国”性质，其营销活动也就属于国际营销的范畴。

国际营销的这种“跨国”性质，导致其与国内营销的区别：

第一，国际营销管理是一种对“交叉文化的管理”(Cross Cultural Management)，国际营销者与国内营销者面临着完全不同的环境因素，如不同的经济发展程度，不同的语言和价值体系，不同的政治制度和法律体系等。在营销学中，这些被称为非控制因素。这些非

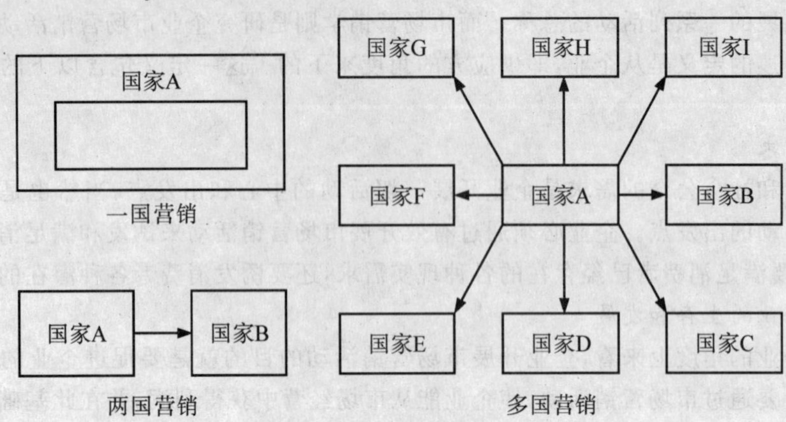

图 1-1 国内营销与国际营销

控制因素的国际差异，必然会导致各国在需求、竞争、经营惯例和习俗等方面的差异性，从而影响到企业的营销决策。因此，本书将首先研究环境因素对国际营销决策的影响。

第二，国内营销与国际营销的可控因素也有所不同。所谓可控因素主要是指企业可以施加控制的营销组合因素，包括产品、定价、分销渠道和促销等。这些因素几乎在各国市场上都有所不同。比如企业在每一国外市场上提供的产品和产品线、成本结构和价格构成以及促销方式等都可能存在着差异。

第三，国际营销需要进行多国协调和控制。当企业在许多国家有营销业务时，营销管理的任务并不仅仅局限于把在每个国家的营销活动管理好，还需要对各国的营销活动进行统一规划、控制和协调，使母公司和分散在世界各国的子公司的营销活动成为一个灵活运行的整体。只有这样，才能贯彻和执行全球性营销战略，使整体效益大于局部效益之和。这也是国际营销的特点之一。

总之，国际营销是国内营销的跨国延伸。国际营销这种"跨国"性质，使其大大增加了复杂性、多变性和不确定性。做一个合格的国际营销者比作一个合格的国内营销者要困难得多。因此，企业如果想更好地利用国际市场上提供的机会，并在激烈的国际市场上获得竞争优势，其营销人员就必须认真学习和研究国际营销学。

三、国际营销学与其他学科的关系

(一)与营销学的关系

20 世纪 60 年代中期，随着企业国际营销活动的发展，逐步形成了国际营销学。这门学科运用营销学原理的概念和方法，研究企业进行跨国界营销的特殊问题。所以说，国际营销学是营销学的一个分支，也可以说国际营销学是一门高级营销学。

(二)与国际企业管理的关系

较之国际营销学而言，国际企业管理是一个研究更广泛的学科，其研究对象是国际企业的各种管理职能(营销、会计、财务、人事、生产等)的综合运用和有机搭配。因此可以说，国际营销管理、国际会计管理、国际财务管理、国际人事管理、国际生产管理等已经独立出来的学科，都是国际企业管理的分支学科。

(三)与国际贸易的关系

国际营销学与国际贸易是两门相关的学科,但两者存在着若干区别:

第一,国际贸易是一门宏观学科,是经济学的一个分支,其研究对象是国与国之间的商品交换(进口与出口);而国际营销学则是一门微观学科,是管理学的一个分支,其研究对象是企业所进行的跨国界营销活动。

第二,从企业进行的国际贸易活动或国际营销活动方面来看,国际营销是一个比国际贸易含义更广的概念。例如,一家中国企业向美国出口机械设备,这时可以说该企业从事了国际贸易活动,也可以说企业从事了国际营销活动。然而,如果这家企业在美国从事生产制造并就地销售,在这种情况下,没有产品或劳务的国际转移,因此不能说这种企业活动是国际贸易,但却可以说企业从事了国际营销活动。如前所述,国际营销并不一定意味着产品和劳务的国际转移。由此可见,从一定意义上来说,国际营销是一个比国际贸易更为广泛的概念。

除上述两点主要差别之外,国际贸易与国际营销还在市场调研、产品开发、促销、分销渠道管理等方面存在着一定程度的差别,如表 1-1 所示。

表 1-1 国际贸易与国际营销的比较

比较的内容	国际贸易	国际营销
行为主体	国家	企业
产品跨越国境	是	不一定
动机	比较利益	公司决策(通常出于利润动机)
信息来源	国家的国际收支表	公司记录
买和卖	进行	进行
实体分销	进行	进行
定价	进行	进行
市场调研	一般不进行	进行
产品开发	一般不进行	进行
促销	一般不进行	进行
分销渠道管理	不进行	进行

第二节 市场营销观念

营销观念是贯穿于整个营销工作的指导思想,它反映出一个企业的经营态度和经营方式。

一、不同的营销观念阶段

企业的市场营销活动可以在不同的指导思想下进行,即不同的营销观念决定了企业所从事的营销活动。一般认为：生产观念、产品观念、推销观念、市场观念、社会观念，是具有代表性的不同的企业营销观念。我们从中可以看到市场营销观念产生和发展大体经历的几个阶段：

(一)生产观念

生产观念产生于19世纪末20世纪初。由于社会生产力水平还比较低，商品供不应求，市场经济呈卖方市场状态。正是这种市场状态，导致生产观念的流行。表现为：企业生产什么产品，市场上就销售什么产品。在这种营销观念指导下，企业的经营重点是努力提高生产效率，增加产量，降低成本，生产出让消费者买得到和买得起的产品。因此，生产观念也称为“生产中心论”。

生产观念是指导企业营销活动最古老的观念。曾经是美国汽车大王的亨利·福特为了千方百计地增加T型车的生产，采取流水线的作业方式，以扩大市场占有，至于消费者对汽车款式、颜色等主观偏好，他全然不顾，车的颜色一律是黑色。这就形成了企业只关心生产而不关心市场的营销观念。我国卷烟市场在80年代初期也曾出现过不尊重消费者偏好、对产品强行搭配出售的情况，这也是一种只顾卖产品，不顾消费者需求的生产观念。

(二)产品观念

产品观念认为，产品销售情况不好是因为产品不好，消费者喜欢质量优、性能好和有特色的产品。只要企业致力于制造出好的产品，就不愁挣不到钱。“酒香不怕巷子深”是这种观念的形象说明。企业总是在生产更好的产品上下工夫，但却常出现顾客“不识货”、不买账的情况。由于这个原因导致企业失败，就是因为这种生产观念仍是从自我出发，孤芳自赏，使产品改良和创新处于“闭门造车”状态。

(三)推销观念

二战后，资本主义工业化大发展，社会产品日益增多，市场上许多商品开始供过于求。企业为了在竞争中立于不败之地，纷纷重视推销工作，如：组建推销组织、培训推销人员、研究推销术、大力进行广告宣传等，以诱导消费者购买产品。这种营销观念是“我们会做什么，就努力去推销什么”。

由生产观念、产品观念转变为推销观念，是企业经营指导思想上的一大变化。但这种变化没有摆脱“以生产为中心”、“以产定销”的范畴。前者强调生产产品，后者强调推销产品。所不同的是生产观念是等顾客上门，而推销观念是加强对产品的宣传。

(四)市场观念

这是买方市场条件下以消费者为中心的营销观念。这种观念认为：实现企业目标的关键是切实掌握目标消费者的需要和愿望，并以消费者需求为中心，集中企业的一切资源和力量，设计、生产适销对路的产品，安排适当的市场营销组合，采取比竞争者更有效的策略，满足消费者的需求，取得利润。

营销观念与推销观念的根本不同是：推销观念以现有产品(即卖主)为中心，以推销和销售促进为手段，刺激销售，从而达到扩大销售、取得利润的目的。市场营销观念是以企业的目标顾客(即买主)及其需要为中心，并且以集中企业的一切资源和力量、适当安排市场营销组合为手段，从而达到满足目标顾客的需要、扩大销售、实现企业目标的目的。

可见，市场营销观念把推销观念的逻辑彻底颠倒过来了，不是生产出什么就卖什么，而是首先发现和了解消费者的需要,消费者需要什么就生产什么、销售什么。消费者需求在整个市场营销中始终处于中心地位。它是一种以顾客的需要和欲望为导向的经营哲学,是企业经营思想的一次重大飞跃。

(五)社会营销观念

这种经营思想是对市场营销观念的重要补充和完善。基本内容是:企业提供产品不仅要符合消费者的需要与欲望,而且要符合消费者和社会的长远利益。企业要关心与增进社会福利。强调要将企业利润、消费需要、社会利益三个方面统一起来。社会营销观念出现于 20 世纪 70 年代,它的提出一方面是基于"在一个环境恶化、爆炸性人口增长、全球性通货膨胀和忽视社会服务的时候,单纯的市场营销观念是否合适"这样的认识,另一方面也是基于对广泛兴起的以保护消费者利益为宗旨的消费主义运动的反思。他们认为,单纯的市场营销观念提高了人们对需求满足的期望和敏感,导致满足眼前消费需要与长远的社会福利之间的矛盾,导致产品过早陈旧,环境污染更加严重,也损害和浪费了一部分物质资源。正是在这种背景下,人们又提出了社会营销观念。

新旧市场营销观念对照,如表 1-2 所示。

表 1-2　新旧营销观念对比

营销观念		市场特征	出发点	手段	策略	目标
旧观念	生产观念	供不应求	生产	提高产量,降低成本	以产定销	增加生产,取得利润
	产品观念	供不应求	产品	提高质量,增加功能	以高质取胜	提高质量,获得利润
	推销观念	生产能力过剩	销售	推销与促销	以多销取胜	扩大销售,获得利润
新观念	市场营销观念	买方市场	顾客需求	整体市场营销	以比竞争者更有效地满足顾客需要取胜	满足需要,获取利益
	社会营销观念	买方市场	顾客需要、社会利益	整体市场营销	以满足顾客需要和社会利益取胜	满足顾客需要,增进社会利益,获得经济效益

二、营销观念的新发展

20 世纪 80 年代以来,随着国际形势的变化,市场营销理论得到了进一步的发展,出现了许多新型的营销观念。

(一)竞争观念

竞争观念最初是由加拿大产业市场营销研究协会主席兰·戈登教授于 1986 年提出的。其主要含义是:企业要在竞争中处于有利地位,必须首先识别那些未被竞争者所满足的市场需求,或还未被充分提及的市场需求;然后,在盈利或符合企业目标的前提下,使企业营销活动积极参与市场竞争,采取合理合法的竞争手段,以适销的产品、合理的价格、优良的服务、及时准确的信息、有效的促销措施和良好的信誉,争夺消费者,争夺市场,争得效益。

（二）大市场营销观念

美国著名的营销学者菲利普·科特勒提出大市场营销的观念，定义为：为了成功地进入特定市场，并在那里从事业务经营活动，在策略上施用经济的、心理的、政治的和公共关系的手段，以博得外国或地方各有关方面的合作与支持。这里所讲的特定市场，主要是指贸易壁垒很高的封闭型或保护型的市场，在这种市场上，已经存在的参与者和批准者往往会设置种种障碍，使得那些能够提供类似产品，甚至能够提供更好的产品和服务的企业也难以进入，无法开展经营业务。

大市场营销观念发展了市场营销观念和社会营销观念：一是在企业与外部环境关系上，突破了被动适应观点，认为企业不仅可以通过自身的努力来影响，而且可以控制和改变某些外部因素，使之向有利于自己的方向转化。二是在企业与市场和目标顾客的关系上，突破了过去那种简单发现、单纯适应与满足的做法，认为应该打开产品通道，积极引导市场和消费，创造目标顾客需要。三是在市场营销手段和策略上，在原有的市场营销组合中，又加进了政治手段和公共关系两种重要手段，从而更好地保证了市场营销活动的有效性。

（三）关系营销观念

关系营销观念最早由美国营销专家巴巴拉·本德·杰克逊于 1985 年提出。这个观念的提出是各种社会因素共同作用的结果：首先，80 年代末以来，企业面临的市场环境发生了很大变化，由于物质产品供给剧增，市场竞争激烈，在这种情况下，谁与顾客建立稳定的交易关系，谁就能拥有更多的未来销售机会。其次，企业从经济利益出发，认识到市场营销不仅要争取新顾客，而且要保持老顾客，因为保持老顾客所花费的支出比争取新顾客要少得多。因此，关系营销在实践中逐渐被认同和加以运用。其基本含义是：企业要与顾客、经销商创造更亲密的工作关系和相互依赖的关系，从而发展双方的连续性交往，以提高品牌忠诚度，巩固和扩大市场销售。关系营销与传统的交易营销的区别如表 1-3 所示。

表 1-3　交易营销与关系营销对比

项目	交易营销	关系营销
适合的顾客	眼光短浅和低转换成本的顾客	具有长远眼光和高转换成本的顾客
核心概念	交易、你买我卖	建立与顾客之间的长期关系
企业的着眼点	近期利益	长远利益
企业与顾客的关系	不牢固，如果竞争者用较低的价格、较高的技术解决顾客问题，关系可能会中止	比较牢固，竞争者很难破坏企业与顾客的关系
对价格的看法	是主要的竞争手段	不是主要的竞争手段
企业强调的重点	市场占有率	顾客回头率、顾客忠诚度
营销管理追求的目标	单纯交易的利润最大化	追求与对方互利最佳化
市场风险	大	小
了解对方的文化背景	没有必要	非常必要
最终结果	未超出“营销渠道”的范围	超出“营销渠道”的范畴，可能成为战略伙伴，发展成为营销网络

第三节 企业从事国际营销活动的原因及方式

一、企业从事国际营销的原因

前已述及，国际市场要比国内市场复杂得多，从事国际营销也比从事国内营销困难得多。那么，企业为什么还要进入国际市场，开展国际营销呢？

当今的世界经济，是以各国的相互依赖为主要特征的。由于第二次世界大战后各国通信事业的发展和交通运输设施的进步，世界贸易与投资得以迅速发展，这种情况下，本国市场再也不是专供本国企业销售的场所，而是充斥着外国的产品。以美国市场为例，85%的望远镜，70%的计算器，50%的收音机和摩托车以及30%的电视机都是日本货。面临这种竞争形势，美国企业为了求得生存和发展，它们必须发现新的市场机会。越来越多的企业发现，国外市场上的投资收益率要远远高于国内。有的企业在国外的业务成了公司的主要收入来源。

对于发展中国家来说，全面地开展国外营销活动，也是企业避开各种形式的贸易保护主义、扩大产品和劳务的国际销售、学习和掌握外国先进技术和管理方法，从而获得更大利润、取得竞争优势的一种有效途径。因此，近年来不仅发达国家的企业营销活动逐渐趋于国际化，而且发展中国家和地区的国际营销活动也有很大的发展。自我国实行对外开放政策以来，进口贸易有了长足进展，而且更引人注目的是，我国的企业正在逐步向国际化迈进。各种非贸易形式的国际营销活动正在迅速发展。可以预见，中国企业的国际营销活动在近年内必将有一个较大的发展。

归纳起来，从企业角度来看，从事国际营销至少有以下几个重要原因：

1.产品在本国已处于生命周期的衰退期，但在其他某些国家却处于投入期或成长期。随着产品进入新市场，相当于延长了产品生命周期。例如，70年代末，黑白电视机在日本已进入衰退期，在中国则只处于成长期。这时日本电视机厂商抓住中国政府刚刚放松对家电产品的进口限制的机会，将其要淘汰的黑白电视机大举出口到中国这个庞大的市场上，使黑白电视机的生命周期延长了多年。

2.在国外市场上往往可以获得更高的利润。即使利润率不高，也有可能增加总销售额和总利润额。

3.扩大销售量，实现规模经济效益，使得单位成本下降，研究与开发费用也可以在营业额基础上分摊。

4.在某些场合，国外市场上竞争的激烈程度低于国内市场。在这种情况下，企业到国际市场上另辟蹊径，反而可以得到生存与发展。美国市场是世界上最大的市场，因此很多企业把其主要营销业务都集中在美国国内，不愿到复杂的国际市场上去冒风险。然而近年来，美国市场上充斥着外国产品，许多产品在美国市场上竞争的激烈程度远远高于国际市场。迫于国内竞争的压力，不少美国企业不得不到国际市场上去寻求新的营销机会。近年来中国市场上也出现了类似的情况。以上海牙膏厂为例，该厂是一家老厂，若干年来以美加净、中华、白玉、留兰香等产品，在国内市场上一直处于“皇帝女儿不愁嫁”的地位，因此很自然地产生了“外销不如内销”的思想，出口量多年徘徊不前。1984 年，全国各地兴办了一批牙膏厂，造成了市场上的供过于求，导致一场耗资数千万元的“牙膏大战”，国内市场上的竞争异常激烈。上海牙膏厂面临此情此景，及时作出了向外向型转变的决策，以“外销第一，内销服从外销”统率全局，结果在 1986 年使牙膏出口量大幅度上升。1987 年的创汇额达到了 886 万美元，占全国同行业出口额的 95%。

5. 地区多样化(即国际营销)往往比产品系列多样化更优越。最典型的例子是美国的里格利(Wrigley)。该公司只有口香糖一个产品系列，但公司的地区多样化政策使口香糖的生产和营销业务遍布世界各主要地区，从而使该公司一直保持在美国《幸福》杂志的 500 家大公司之列。

6. 国外市场潜量巨大。市场是由人口和购买力等因素构成的，任何一个国家的国内市场都要远远小于世界市场。美国是世界上最大的市场，然而 95% 的人口和 75% 的购买力是在美国以外。其他任何一个国家的市场规模与整个世界市场相比，更是微不足道。因此，越来越多的企业把希望和未来寄托在国际市场上。

7. 对于大多数发展中国家和社会主义国家的企业来说，进入国际市场的一个重要原因，就是取得国内短缺的外汇，用外汇进口生产急需而国内没有供应的物资、技术和设备，以便进一步发展生产力，提高竞争能力。

8. 与出口相比，国际营销是一个含义更广的概念，因为它还包括国外的投资和生产制造活动。因此，较之出口贸易而言，国际营销还具备以下几项优点：

(1)可以避开关税、配额等贸易壁垒。目前的国际贸易是以保护主义为主要特征的，我国许多产品的出口都因进口国的关税、配额等贸易壁垒而受到限制。然而，如果将生产移至市场所在国，就可以避开重重限制，打入市场。此外，还可将生产移至无贸易限制的第三国进行，并以该国做跳板，将产品销往目标市场。例如，我国棉纺织品出口受到欧美等国的限制，而发达国家对那些同类产品生产比较落后的国家，往往无配额限制。欧洲共同体国家对毛里求斯出口的针棉织品就没有配额限制。该国只有一个针棉织厂，而且棉纱还需从南非进口。利用这一空隙，我国在毛里求斯办起了“香港上海针织有限公司”，既绕过了欧洲国家的贸易障碍，又带动了我国棉纱对毛里求斯的出口。

(2)充分利用国外的资金、技术和管理经验。通过以合资、独资等形式到国外生产，可以利用国外的资金，学习和掌握国外合资者或同类企业的先进技术和管理经验。

(3)充分利用国外的资金、技术和管理经验。在某些情况下，到国外投资或生产可以使企业充分利用国外的劳动力资源和廉价的原材料，进一步降低成本，提高竞争力。

(4)更接近市场，可以更直接地获得信息。通过到国外设厂生产，使企业更接近市场，更直接、更及时地掌握需求动态及竞争状况，从而使产品更加适销对路，使竞争策略针对性更强。

(5)可以享受外国政府的优惠待遇。许多国家限制进口，但鼓励外资的投入，并相应规定了一些鼓励外来投资的优惠条件。企业到国外进行直接投资，可以享受到这些优惠待遇。

综上所述，企业从事国际营销，可以得到多种利益。正是由于这些原因，近年来世界各国的企业都在积极地寻求世界市场,利用世界资源。对我国企业来说,尽管从事国际营销也可以得到上述诸多利益,但并不是所有的企业都应立即到国际市场上去全面地开展营销活动。对于许多不具备条件的企业来说,盲目地进入国际市场必然会蒙受损失。因此,企业在决定是否进入国际市场时,既应看到国际市场上的机会,又应考虑本企业是否已具备管理、资金、人员以及其他方面所必需的资源。也就是说,只有在国际市场上具有很好的机会,而且本公司也拥有必需的资源来利用这种机会时,企业才能作出进入国际市场的决策。

二、企业进行国际营销的方式

企业一旦决定进入国际市场,就要考虑进入国际市场的方式或参与国际市场的程度。一般来讲,进入国际市场可以有如下几种基本方式或参与程度:

(一)出口

出口就是指企业将产品销售到国外市场。出口有消极出口和积极出口之分。所谓消极出口,是指企业把出口当作处理积压货物的手段。采取此种方式的企业着眼点是国内市场,但是当国内市场供过于求、企业产品不能完全卖出去时,企业就会考虑将积压的产品出口到国外市场。一旦处理完积压产品,企业又把注意力转向国内市场。消极出口还包括另外一种情况:企业的产品被出口到国外,而企业根本不知道。例如甲公司和乙公司都是中国的公司。甲公司买来乙公司的产品后,又将这批产品出口到日本。这时乙公司并不知道自己的产品已被出口,而只知道它的产品内销给了甲公司。在这种情况下,乙公司产品的出口也被视为消极出口。这些公司实际上没有真正参与国际营销活动。

积极出口是指企业已经把注意力或相当一部分注意力转向国外市场,认为国际市场是企业盈利的重要机会,因此积极、主动地寻求海外市场上的产品销售。积极出口意味着企业主动拿出部分或全部资源用来出口。企业可以自设出口部负责出口业务(直接出口),也可以委托其他公司承担本企业的出口工作(间接出口)。积极出口的关键是企业要作出努力来寻求出口业务。

(二)许可贸易

许可贸易是指企业向国外企业出售某些工艺、商标、专利等使用权,允许国外企业生产本企业的产品。这种做法表明企业参与了出口更深一层的国际营销活动,因为企业的产品已在国外市场上生产出来,尽管是授权国外企业生产的。

(三)国外销售办事处或营销子公司

在海外市场上设立销售办事处或营销子公司表明企业已进一步参与了国际营销。销售办事处是总公司的派出机构,不是独立的法人。营销子公司则是一个独立的公司和法人。企业在国外建立销售办事处或营销子公司,可以对国外营销业务进行更直接的控制。

(四)国外生产和营销

当企业开始其在国外的生产和制造业务时,表明企业已完全参与了国外营销活动。在国外从事生产意味着企业把大量资金和管理资源投入海外业务。当然,投入资源的多少也取决于海外生产的形式。例如,国外组装业务与国外独资建厂生产相比,需要投入的资源就要少一些，而合资企业则意味着与国外的合营者分担成本和风险。

在这里我们想说明的是进入国际市场有许多方式，有各种参与程度。此外，即使是小企业，只要采用了与自身条件相适应的方式进入国外市场，也会成为成功的国际营销者。大企业可以有较大的选择余地，但究竟采用哪种方式，取决于产品特点、进入的国家等具体情况。有些大企业有多种产品系列，并在许多国家从事营销活动，因而采取了各种参与国际营销的形式。例如，美国的通用电气公司(General Electric)在好几个国家中拥有制造工厂，在另外一些国家中建立了合资企业或从事许可贸易业务。此外，还有多种产品是在美国国内生产出来的，然后被出口到不同的国家。通用电气公司甚至还使用本国的出口代理商来负责飞机照明系列产品的外销工作。1984 年，通用电气公司通过各种国际营销业务达到 83 亿美元的销售额，占公司总营业收入的 33%。其中出口额为 35 亿美元，其他形式的营业额为 48 亿美元。

了解进入国际市场的各种方式很有必要，因为企业的各种具体营销策略在很大程度上取决于企业所选择的进入方式。例如，企业采取出口方式时与采取国外生产方式时所面临的定价问题具有很大区别，所面临的人员推销问题也不同。

【案例借鉴】

四川腾中欲收购通用悍马

2009 年 6 月 3 日，一个名不见经传的四川私企腾中重工要把声名显赫的美国通用旗下的悍马收入囊中。前者将为买“马”付出 10 亿美元，其中 5.5 亿美元用于收购悍马品牌，而剩下的 4.5 亿美元用于在四川成都建设一条新的悍马生产线。

在日益匮乏的石油资源压力之下，耗油量巨大的“越野之王”已失去欧洲市场，悍马这一品牌面临末路。在通用汽车破产的前提下，悍马何去何从，关系到一众经销商和悍马员工的生路。资金链问题、就业问题，都将在收购中被收购方接收。通用表示，悍马品牌的出售不会对通用汽车在中国的运营造成任何影响；悍马总部及运营机构将继续保留在美国境内，目前的领导层也将继续留任。

腾中重工为收购悍马相对开出了“最好、最全面”的条件：包括向悍马公司承诺不会只看短期回报，又做出增加悍马投资计划、增加产品系列，同时改善悍马的燃油经济性，并愿意在美国保留品牌和生产基地。

那么，作为一家本不起眼的机械企业，为何要花巨资收购悍马呢?

其一，悍马不仅在美国叱咤风云，也是中国炫富者的最爱。

其二，借收购悍马品牌的使用权、零部件的供应以及主要管理团队，可使腾中重工迅速进入中国汽车领域的一线。通过短时间内的资本并购，实现一个实业需要几年甚至几十年才能完成的品牌积累，这或许是腾中重工大声喊着要收购悍马的最大内驱力。

其三，最大的收获无疑是使自己一夜之间名声大振。腾中借助通用宣布破产的大背景，迅速向外界宣称自己即将是悍马的新买家，并制作了专门的网站来回应此事，在短时间内聚焦全球人的目光，这是一次非常漂亮完美的低成本事件营销。

虽然经过 8 个月的等待，最终收购未获通过，但是，在这一次的收购事件中，四川腾中无疑是最终的赢家。

相关链接:腾中收购悍马时间表

2010 年 2 月 25 日——通用出售悍马给腾中交易失败

2010 年 2 月 24 日——中国商务部否认收到收购申请

2010 年 2 月 23 日——传言腾中收购悍马将进行境外交易

2010 年 2 月 10 日——悍马停产等待交易

2009 年 10 月 9 日——通用与腾中达成出售悍马协议

2009 年 10 月 3 日——腾中称收购悍马仍在谈判

2009 年 9 月 15 日——商务部称未收到腾中收购申请

2009 年 8 月 24 日——腾中称收购悍马仍在等待批准

2009 年 8 月 17 日——腾中称悍马交易 9 月敲定

2009 年 7 月 22 日——腾中重工或为悍马设离岸公司

2009 年 7 月 16 日——腾中购悍马案已报备发改委

2009 年 6 月 3 日——四川腾中重工宣布将收购通用悍马

第四节 企业国际营销活动的发展进程

企业的国际营销活动往往经历一个从小到大、从个别国家或多个国家再到全球市场的发展过程,呈现出明显的阶段划分和不同的观念导向,要求作出不同的策略选择。

一、企业国际营销活动的阶段划分

根据国际市场涉足时间与卷入程度,企业国际营销活动进程可以分为初始进入、当地扩张和全球化三个阶段,表现出不同的阶段特征。

(一)国际市场初始进入阶段

初始进入阶段可分为偶然性对外营销与经常性对外营销两个时期。偶然性对外营销时期,生产能力偶尔过剩或者国内需求短期波动是促使企业进入国际市场的主要原因,企业并未专门投入资源开拓国际市场,也未特地调整产品结构适应国际市场。经常性对外营销时期,海外市场销量与利润直接影响企业经营目标,企业内部的出口营销机构开始独立出来,产品研制开发兼顾国际市场特点,并在海外市场建立分销网络或者设立分销机构,但主要产品系列还是为了满足国内市场需求。

(二)国际市场当地扩张阶段

企业对国际市场的扩张,不仅仅意味着进入更多的国别市场,更重要的是加深对当地市场的渗透程度,进一步获得相关的市场知识与营销经验,建立并加强在当地市场的各种联系。在当地扩张阶段,海外市场对企业经营目标的实现至关重要,企业组织结构进行相应调整以适应当地扩张的需要,营销产品不再是国内产品的直接出口,而是专为国际市场开发与生产的产品。

(三)营销活动全球化阶段

营销活动全球化是企业国际营销活动进程的最高阶段。在这个阶段,企业的营销市场并非多个国别市场的简单组合或混合,而是整个世界,营销目标是企业资源的全球最佳配置与经营活动的管理模式与调控机制。

二、企业国际营销活动的观念发展

国际营销观念反映企业对国际营销活动的态度和指导思想,直接影响企业国际营销活动的卷入程度和活动范围。在企业国际营销活动的不同阶段,起主导作用的是不同的国际营销观念。

(一)国内市场延伸观念(Domestic Market Extension Concept)

国内市场延伸观念把国际营销视为国内营销的延伸。这种观念认为,企业从事国际营销活动的动机是为了解决国内市场无力吸纳的过剩生产能力,或者是为了推销国内市场无法卖掉的过剩产品。在企业发展战略和业务活动中占据首要地位的是国内市场的营销,国际市场营销仅起到调剂余缺的辅助作用。根据这种观念,企业没有必要也无须花费时间或精力制订专门的国际营销计划,选择的是与国内市场具有相似需求或偏好的海外市场,营销的是国内市场生产销售的产品,采用的是国内市场行之有效的营销策略。国内市场延伸观念反映的是民族中心(Ethnocentric)的思想导向,在企业国际市场的初始进入阶段表现得尤为明显。

(二)多国市场观念(Multidomestic Market Concept)

多国市场观念强调海外市场的差异性和海外业务的重要性。具有这种观念的企业强调国别市场之间的差异,认为国际营销活动的成功取决于企业营销计划与策略组合适应这种差异性能力。具有这种观念的企业追求的不是国别市场之间的共性和标准营销的效益,而是适应不同国别市场的差异营销。具有这种观念的企业,在管理体制和组织结构上实行典型的分散化经营,以适应差异营销的需要。多国市场观念反映多元中心(Polycentric)思想导向,常常在企业国际市场扩张阶段居主导地位。

(三)全球营销观念(Global Marketing Concept)

全球营销观念强调企业营销活动的全球化,认为营销策略的制订应以整个世界为目标。具有全球营销观念的企业,选择的是标准化营销策略,即优质的产品、合理的价格、统一的分销模式和标准的促销信息,追求的是规模经济的效益。全球营销观念产生的基础是世界市场的统一化趋势,不同国家或民族的消费者不仅需要或欲望趋于一致,而且满足需求或欲望的方式也趋于相同。这就要求企业在全球范围内尽可能地统一营销努力、满足日趋相同的消费需求或欲望。全球营销观念反映的是全球中心(Geocentric)的思想导向,是企业营销活动全球化阶段的指导思想。

三、企业国际营销活动的策略选择

企业在营销活动国际化进程的不同阶段,往往面临不同的决策问题,有着不同的营销目标与利益追求,需要作出不同的策略选择。

(一)初始进入阶段的策略选择

国际市场初始进入阶段,企业营销目标是为现有产品或服务寻找海外市场机遇,面临的营销决策是市场进入的国别选择、时机选择与方式选择等问题。

1.国别选择。对于进入的国别市场选择,一则取决于目标对象的市场潜力与经营风险,二则考虑企业对目标对象国的了解与熟悉程度。一般来说,企业总是选择与自己母国语言相通、文化相似、发展水平相近的国家作为首选的目标市场。以美国企业国际营销的市场选择为例,2/3 首选加拿大,其次英国,而后再西欧或南美诸国。

2.时机选择。进入时机选择的模式有两种:一种是同时进入多个目标市场所在国家;另一种是首先进入一个国家,取得营销经验之后,再逐个相继进入其他国家。如果企业对海外市场营销环境并不熟悉,且又缺乏国际营销的资源与经验,往往只能选择逐个国家依次进入的模式。但是,选择多个国家同时进入模式却可有效地阻止潜在竞争者进入,并可在短期内取得规模经济的效益。

3.方式选择。国际市场进入的方式可分为产品出口、协议安排和直接投资三种。产品出口方式,企业在国内组织生产而出口产品;协议安排方式,进入国际市场的生产要素是企业的无形资产,如专利、商标或专有技术等,通常不涉及股权安排;直接投资方式,企业进入国际市场的生产要素不仅仅是无形资产,还包括物资、人员与资金等有形资产,并且以股权参与的形式投入。

对于企业进入方式的选择的影响来自两个方面:一是企业外部因素,比如东道国的市场规模、资源状况、政策法规、与母国之间的社会文化差异等;二是企业内部因素,如产品的技术含量、所处的生命周期以及企业在资金、技术、管理知识与营销技能等方面的资源拥有等。

(二)当地扩张阶段的策略选择

国际市场当地扩张阶段,企业的营销目标是通过产品扩张与市场扩张,充分利用已经获取的市场知识与营销经验,分摊生产设施、分销网络与管理系统运作的成本费用,取得范围经济的效益。当地扩张策略,可选择市场渗透、产品扩张、市场扩展与多样化发展等不同的方向。

1.市场渗透。指企业利用现有产品扩大现有市场销量的策略。企业可通过拓展现有产品用途的方法,增加现有顾客对产品的需求数量。比如,针对消费者早餐喝橘汁的习惯,美国橘汁生产厂商通过广告宣传,突出在午餐、晚餐或工作之余、运动之后等多种不同场合饮用橘汁的好处,成功地扩大橘汁的市场销量。企业还可通过劝说现在顾客增加对现有产品的消费数量或使用频率的方法,增加现有市场对产品的需求数量。例如,宝洁公司强调洗发两遍的效果远佳于仅洗一遍,企求增加消费者对洗发液的使用量。

2.产品扩张。指企业通过改进产品、开发新品或延伸产品线等方法增加现有市场销量的策略。例如,纳贝斯克公司增加饼干甜味,而肯德基则推出鱼类菜单,来适应日本消费者口味,扩大日本市场销量。又如,亨氏公司专为中国市场开发婴儿米粉食品,而为墨西哥儿童推出水果饮品,企望通过产品开发和产品拓展等途径加深对当地市场的渗透。

3.市场扩展。指企业利用现有产品进入更多细分市场或地域市场的扩张策略。例如,随着美国人口出生率的下降,强生公司将儿童沐浴露的目标市场扩展到成年人市场,并从国内市场转向海外市场。又如，菲利普·莫里斯公司通过西部牛仔形象的塑造与万宝路广告的全球传播，将万宝路香烟从女性烟转为男性烟，进入对吸烟限制较少的发展中国家，有效地拓展了香烟市场。

4.多样化发展。指企业通过推出新产品进入新市场进行扩张的策略。可有三种形式：一是利用现有产品的生产技术或营销经验，开发相关产品，吸引新顾客，进入新市场。比如，冰箱生产厂家利用技术优势，开发空调产品，进入空调市场。二是利用现有的顾客基础，开发与现有产品并不关联的新产品，满足现有顾客的新需求。例如，电话公司为用户开办邮购业务。三是拓展与现有产品或现有顾客毫无关联的新业务，进入全新的行业市场。如电脑生产厂家进入保健品市场，或者饮料生产厂家经营房地产业务。

(三)全球营销阶段的策略选择

在这个阶段，企业的营销目标是在全球范围内统一协调经营活动，合理配置企业资源，追求营销活动全球化的协同效应，实现企业利润的全球最大化。为此，企业面临的营销决策是如何在全球范围内协调营销活动与配置营销资源。

1.营销活动的协调。从全球营销的角度，对企业在不同行业和不同国家的经营活动进行协调与整合，既可避免营销努力的重复与营销资源的浪费，又可实现规模经济的效益，提高企业的营销效率。对企业全球经营活动的协调，不仅仅限于产品开发、广告促销、实体分配与定价策略等营销活动，而且还包括生产、采购、资金筹措与研究开发等其他经营活动。例如，苏格兰纸业公司根据欧洲市场一体化趋势，协调自己的经营活动。虽然纸业因运输费用高而不宜集中生产，但公司对分布在各地的工厂使用同样的生产技术、工艺流程与管理模式，实现经验曲线效应。公司在欧洲市场使用同一品牌，协调不同国家的产品投放、市场定位与广告促销等营销活动。

2.营销资源的配置。全球营销阶段，企业应在不同的目标顾客、业务组合与国别市场之间选择确定发展方向与资源投向，以保证资源配置的全球合理化与经营利润的全球最大化。对此，首先要选择目标顾客群体，确定他们的需求偏好、地理分布与市场位置。其次要考虑业务组合的全球合理性，实现企业生产、销售、采购与资金筹措等活动的全球协同效应。

第五节 国际市场营销管理

在现代市场经济条件下，国际企业必须十分重视市场营销管理，根据市场需求的现状与趋势，制订计划，配置资源。通过有效地满足市场需求，来赢得竞争优势，求得生存与发展。

一、国际市场营销管理的含义

现代管理学原理指出，凡是组织的活动，就需要进行统一的计划、组织、指挥、协调与控制。企业是一个组织，在现代市场条件下企业必须十分重视市场营销管理。所谓市场营销管理，就是指为了实现企业目标，创造、建立和保持与目标市场之间的互利交换与关系，而对所设计方案进行的分析、计划、执行和控制。这一概念包括如下主要含义：

1. 营销管理是一个过程，这个过程以市场交换为基础；

2. 营销管理是在特定的经营思想指导下进行的；

3. 营销管理要求达到的目的是实现企业所期望的交换；

4. 营销管理包括分析、计划、执行和控制等基本活动。

二、国际市场营销管理的实质

市场营销管理，就是为了有效地适应不断变化的市场需求，使组织的活动与最佳市场机会保持动态平衡。所以，市场营销管理的实质是需求管理。这一点对于国际市场营销也同样适用。国际市场营销管理的任务就是为促进国际企业目标的实现而调节需求的水平、时机和性质。特别是跨国企业在国际市场开展市场营销的过程中，一般要设定一个在目标市场上预期要实现的交易水平，然而，实际需求水平可能低于、等于或高于这个预期的需求水平。换言之，在目标市场上，可能没有需求、需求很小或超量需求。因此，国际市场营销管理就是要对这些不同的需求情况和规律作出判断，以便决定如何采取对策和行动。

三、国际市场营销管理任务

根据需求水平、时间和性质的不同，可归纳出八种不同的需求状况。在不同的需求状况下，市场营销管理的任务有所不同。如表 1-4 所示。

表 1-4 市场需求与营销任务的关系

需求状况	举例	营销任务	任务名称
负需求	拔牙	解释需求	转换性营销
无需求	新产品	产生需求	刺激性营销
潜在需求	无害香烟	发展需求	发展性营销
下降需求	过时产品	再生需求	再生性营销
不规划需求	旅游景点	配合需求	同步性营销
充分需求	理想状态	保持需求	维持性营销
过度需求	畅销产品	减少需求	降低营销
有害需求	烟酒、毒品	消灭需求	反向营销

(一)负需求

负需求是指绝大多数人对某个产品感到厌恶，甚至愿意出钱回避它的一种需求状况。在负需求情况下，市场营销管理的任务是改变市场营销，即分析市场为什么不喜欢这种产品，以及是否可以通过产品重新设计、降低价格和积极促销的市场营销方案，来改变市场的信念和态度，将负需求转变为正需求。

(二)无需求

无需求是指目标市场对产品毫无兴趣或漠不关心的一种需求状况。通常，市场对下列产品无需求：

1. 人们一般认为无价值的废旧物资；

2. 人们一般认为有价值，但在特定市场无价值的东西；

3. 新产品或消费者平常不熟悉的物品等。

在无需求情况下，市场营销管理的任务是刺激市场营销，即通过大力促销及其他市场营销措施，努力将产品所能提供的利益与人的各种需要和兴趣联系起来。

(三)潜伏需求

潜伏需求是指相当一部分消费者对某物有强烈的需求，而现有产品或服务又无法使之满足的一种需求状况。在潜伏需求情况下，市场营销管理的任务是开发市场营销，即开展市场营销研究和潜在市场范围的测量，进而开发有效的物品和服务来满足这些需求，将潜伏需求变为现实需求。

(四)下降需求

下降需求是指市场对一个或几个产品的需求呈下降趋势的一种需求状况。在下降需求情况下，市场营销管理的任务是重振市场营销，即分析需求衰退的原因，进而开拓新的目标市场，改进产品特色和外观，或采用更有效的沟通手段来重新刺激需求，使老产品开始新的生命周期，并通过创造性的产品再营销来扭转需求下降的趋势。

(五)不规则需求

不规则需求是指某些物品或服务的市场需求在一年不同季节，或一周不同日子，甚至一天不同时间上下波动很大的一种需求状况。在不规则需求情况下，市场营销管理的任务是协调市场营销，即通过灵活定价、大力促销及其他刺激手段来改变需求的时间模式，使物品或服务的市场供给与需求在时间上协调一致。

(六)充分需求

充分需求是指某种物品或服务的目前需求水平和时间等于预期的需求水平和时间的一种需求状况。这是企业最理想的一种需求状况。但是，在动态市场上，消费者偏好会不断变化，竞争也会日益激烈。因此，在充分需求情况下，市场营销管理的任务是维持市场营销，即努力保持产品质量，经常测量消费者满意程度，通过降低成本来保持合理价格，并激励推销人员和经销商大力推销，千方百计维持目前需求水平。

(七)过量需求

过量需求是指某种物品或服务的市场需求超过了企业所能供给或所愿供给的水平的一种需求状况。在过量需求情况下，市场营销管理的任务是降低市场营销，即通过提高价格、合理分销产品、减少服务和促销等措施，暂时或永久地降低市场需求水平，或者是设法降低来自盈利较少或服务需要不大的市场的需求水平。需要强调的是，降低市场营销并不是杜绝需求，而是降低需求或欲望的水平。

(八)有害需求

有害需求是指市场对某些有害物品或服务的需求。对于有害需求，市场营销管理的任务是反市场营销，即劝说喜欢有害产品或服务的消费者放弃这种爱好和需求，大力宣传有害产品或服务的严重危害性，大幅度提高价格，以及停止生产供应等。降低市场营销与反市场营销的区别在于：前者是采取措施减少需求，后者是采取措施，将需求降为零。

四、市场营销管理过程

所谓市场营销管理过程，也就是企业为实现企业任务和目标而发现、分析、选择和利用市场机会的管理过程。这一过程的具体步骤和内容包括：发现和评价市场机会，细分市场和选择目标市场，制定市场营销组合和决定市场营销预算，执行和控制市场营销计划。在不断变化的环境条件和激烈的市场竞争前提下，任何企业的营销活动都包括两个层次的管理过程，即战略计划过程和市场营销管理过程。战略计划过程明确了企业重点经营的业务，而市场营销管理过程则用系统的方法寻找市场机会，进而把市场机会变为有利可图的企业机会。

五、市场营销组合内涵与发展趋势

营销组合这一概念一直都是市场营销学的一个核心的概念之一，是企业进行市场研究、市场开拓等工作所必不可少的工具。自尼尔·博登(Neil Borden，1953)在美国市场营销协会的一次演说中创造了"市场营销组合"(Marketing Mix)这一术语后，市场营销组合这一概念开始成为以后几十年时间内最为流行的词语之一。按照尼尔·博登的定义，所谓的市场营销组合是指"市场营销人员根据其营销目标和营销战略，综合运用并优化组合多种可控因素，以实现其营销目标的活动的总称"。他提出，营销组合应该考虑12种不同的可控因素，包括产品计划、价格、品牌、分销渠道、人员销售、广告、促销、包装、产品陈列、服务、产品实体处理、发现和分析事实等12项因素。至此，开启了企业研究目标市场并寻求其营销目标的一套营销工具。

(一)4P营销组合理论

1960年，美国著名的营销学者杰罗姆·麦卡锡(E. Jerome McCarthy)在尼尔·博登提出的营销组合的12项要素的基础上，在*Basic Marketing*一书中将市场营销组合表述为产品(Product)、价格(Price)、渠道(Place)、促销(Promotion)四个要素，即著名的4P组合。麦卡锡将营销组合定义为"营销经理所能支配的用于满足目标市场的所有要素的组合"。麦卡锡的这一划分更加强调了营销组合的可控制特点。我们纵观营销理论的发展，可以发现这一组合是迄今为止影响最大、最深远的一种模式。菲利普·科特勒(Philip Kotler，1967)又进一步确认了以4P为核心的营销组合方法，奠定了4P营销组合的模式。自此，4P组合方法对市场营销理论和实践产生了深刻的影响，而且不断得到广泛的传播。在4P营销组合中，它将企业经营过程中所面临的一切要素分为两大类：第一类是不可控因素，包括诸如政治、经济、社会、技术、公众等外部环境因素；另一类是涉及企业经营的微观环境因素，诸如产品、定价、渠道、促销等因素。而企业经营活动的任务就是通过各种可控因素，去影响和作用于各种不可控因素，从而为企业的发展创造一个有利的外部条件，促进企业经营目标的实现。

(二)多P营销组合理论

20世纪80年代以来，外部市场环境发生了剧烈的变化，许多企业界人士和营销学者发现，原来的4P组合存在比较大的局限性，无法更有效地指导企业的经营实践，于是纷纷提出对传统的4P组合进行修正。波姆斯和比特勒(Booms&Bitner，1982)从服务营销的视角出发，对营销组合的构成进行了更深入的研究，扩展了4P营销组合。他们在原来4P的基础上增加了从业人员(People)、营销过程(Process)、实体分销(Physical Distribution)。波姆斯和比特勒认为，原来的4P组合法相对机械，更侧重于短期行为的分析。在他们看来，“从业人员”是顾客对企业销售部门或服务部门工作效率的一个最直接的反映；“营销过程”是企业与顾客有关的各种业务过程和生产过程的反映；“实体分销”则是企业将其产品或“服务”有形化或具体化的一个重要标志。这一概念的扩展，更加强调了信息在企业与顾客之间的传递与沟通，体现了现代营销学所倡导的服务理念，有利于当时企业去引导并挖掘无形资产。随着当时国际市场竞争的加剧，各国经济发展中出现的“滞胀”状态，许多国家均不同程度地加强了贸易保护主义的措施，使得企业在国际市场中举步维艰。针对这一现实，1986年，科特勒认为，在“大众营销”(Mega Marketing)背景下，为了更好地发挥营销组合的作用，还应增加另外2个P，即政治力量(Political Power)和公共关系(Public Relation)，去指导企业打破国际贸易壁垒。此后，逐渐形成了其战略营销的观点和理念，这就是我们通常所说的10P和11P组合。科特勒认为，麦卡锡的4P组合只是企业市场营销的战术组合而已，而如何确定企业的“4P”战术，还需要战略性要素进行指导。这些战略性营销要素包括：探查(Probing)、细分(Partitioning)、优先(Prioritizing)、定位(Positioning)。这一概念的提出，便将传统的4P组合发展到10P组合。最后，科特勒吸取了服务营销的某些成果和观点，在他的战略营销组合中加入了第十一个P因素，即人(People)，从而完成了营销组合从战术上到战略上的提升。应该说，此时的11P营销组合已经把营销组合发展成一个全面而且庞大的系统，但是其考虑问题的出发点，更多的还是从麦卡锡原来的立场，难免在扩展的过程中带有卖方市场的痕迹，而且该理论体系本身就是从消费品生产行业的实践总结出来的，并没有很好地去考虑行业的特点，结果也必然会导致将该方法用于其他行业的分析时，很难越过行业的障碍，从而在一定程度上降低了该方法的实用性。

(三)4C营销组合理论

随着经济的发展和企业生产效率的逐步提高，企业与企业之间的竞争逐步加剧，产品之间的差异也越来越小。在这种情况下，运用传统4P理论，很难有效地指导企业的生产经营实践取得成功。许多学者对营销组合理论的研究也就从以企业为中心的4P理论的研究发展到以消费者为中心的4C理论。布鲁纳(Brunner,1989)提出4C组合方法，该组合包括概念(Concept Mix)、成本(Costs Mix)、渠道(Channels Mix)、沟通(Communications Mix)四个子组合。布鲁纳认为，概念组合比产品组合更好地描述了不同组织向目标市场提供的不同产品、服务等；成本组合不仅包括货币成本，还包括顾客所面临的运输、信息搜集等成本；渠道类似于4P中的地点；沟通包括传统的促销因素，也包括企业的市场研究活动。然而，布鲁纳的4C理论只是4P名称上的变化，并无本质上的不同。鉴于此，该4C理论并没有得到学术界的广泛认同。在学术界得到广泛认同的，是劳特伯恩(Robert F. Lauterborn,1990)在《广告年代》上发表的著名的《4P退休，4C登场》论文中提出的4C理论，该理论是从消费者角度来考虑企业营销活动：顾客的需求和欲望(Customer Needs and Wants)、顾客的成本和费用(Cost)、顾客购买的便利性(Convenience)、企业与顾客的沟通(Communication)。劳特伯恩认为，在一定的搜集成本的条件下，顾客选择的最基本标准是顾客价值最大化。要求企业考虑和重视顾客的感受，强调企业与顾客之间的双向互动沟通，把顾客当作是共同创造人价值的伙伴。通过充分倾听客户意见，满足他们的各种需求，提高顾客的价值，从而提高顾客的忠诚度。可以看出，该营销组合扭转了原来立足于卖方立场的4P组合，试着以买方为中心进行扩展，使得营销组合的方向发生了由内向外的变化，关注的重心也相应地从企业的内部转移到了企业的外部。这一理论，也奠定了顾客满意管理的理论基础。但是，4C理论也存在较大的不足。首先，过多地强调了顾客的地位，强调企业应该把顾客的需求放在日常经营的首位，而顾客的需求在当时的社会条件下也呈现了日益多样化的趋势，这也导致企业为了适应多样性的顾客需求，必然要付出更大的成本，这必将影响企业的长期发展。此外，在如何有效地提高顾客价值，提升顾客满意度和忠诚度上也没有进行深入的探讨。最后，4C理论更多的是关注顾客的短期需求和利益，而在如何建立企业与顾客之间的长期关系上仍然有所欠缺。

（四）4V营销组合理论

随着以IT技术为代表的高科技产业迅速崛起，吴金明(2001)提出了4V理论，即差异化(Variation)、功能弹性化(Versatility)、附加价值(Value)和共鸣(Vibration)，在营销学界掀起了一场风暴。差异化是指消费者需求多样化和个性化时代中，顾客需求的显著差异。因此，企业应相应地进行差异化营销，通过产品差异化、形象差异化和市场差异化以满足顾客的不同需求。功能弹性化应该根据消费者消费的不同，提供不同功能的系列产品，以便消费者根据自己的习惯与承受能力选择其具有相应功能的产品。附加价值化是指企业在向消费者提供产品的基本价值的同时，应不断地提高技术创新、营销与服务创新、企业文化或品牌的附加价值。共鸣则是企业持续占领市场并保持竞争力的价值创新给消费者或顾客所带来的“价值最大化”，以及由此带来的企业的“利润极大化”，强调的是将企业的创新能力与消费者所重视的价值有机地联系起来，通过为消费者提供价值创新，使其获得最大限度的满足，从而不断提高顾客的满意度和忠诚度，实现企业与顾客之间在价值提供与价值追求之间的互动与共鸣。

（五）4R营销组合理论

随着产业组织营销学和服务营销学的发展，关系营销理论开始出现并广泛为人们所接受，4R理论由此应运而生。目前营销理论界流行的4R理论有两个不同的表述。一是舒尔茨(Don E. Schultz，1999)提出的4R理论：关联(Relevancy)、反应(Reaction)、关系(Relation)、回报(Reward)。舒尔茨认为企业与顾客是一个命运共同体，关联是建立企业与顾客关系的第一步，企业应分析和选择顾客，通过更好地满足顾客的需求和欲望而与顾客建立联系；其次，企业应该转变视角，主动站在顾客的立场上看问题，及时满足顾客需求，主动与顾客展开互动交流，建立快速反应机制，对市场变化作出快速反应；再次，企业与顾客之间应建立长期而稳定的关系，从实现销售转变为实现对顾客的责任和承诺，从管理营销活动转变为管理顾客关系；最后，企业应满足客户需求，为客户提供价值，顾客也将为企业带来回报，为企业赢得长期的利润。二是艾略特·艾登伯格(Elliott Ettenberg，2001)提出的4R理论：关系(Relation)、节省(Retrenchment)、关联(Relevancy)、报酬(Reward)。艾登伯格认为，美国经济正处于“后经济时代”，这一时期的消费者将从需求层次走向欲望层次，企业应以最佳顾客为中心，通过了解最佳顾客来提升传递给他们的价值。在新形势下，传统的 4P 组合将被 4R 组合所替代，即关系、节省、关联、报酬。关系策略是企业和企业的目标市场之间构筑一种独特的关系，其核心是服务；节省策略是企业应接近顾客，其核心是技术和便利；关联策略是将企业的品牌资产与顾客的主要购买动机相联系，其核心是专业技能和商品；报酬策略是酬谢顾客，其核心是品位和时间。应该说 4R 理论有效地体现和实施了关系营销的基本思想，在一个全新的层面上描述了市场营销的构架，与 4P、4C 相比，其更具动态性、互动性、可持续性和互利性。

六、营销组合演进轨迹分析

纵观以上各种营销组合的发展演进过程，各营销学者都是从当时他们所处的时代背景出发，去研究和分析企业的营销组合方式。从各营销组合的本质和内涵上看，4P、4C、4V、4R 作为不同时期因营销环境的不同而提出的不同变量所构成的营销组合，其发展进程有深层次的原因。我们只有理清各营销组合理论发展的轨迹和脉络，才能更有效地看清各理论之间的关联性。如表 1-5 所示。

表 1-5　主要营销组合理论对比

项目 类别	4P 组合	4C 组合	4R 组合	4V 组合
营销理念	企业导向	顾客导向	竞争导向	价值导向
营销模式	推动型	拉动型	整合供应链	系统和社会营销
满足需求	相同或相似需求	个性化需求	感觉需求	差异化需求
营销方式	规模营销	个性化营销	关系营销	差异化营销
营销目标	满足相同或相似的需求，并获得目标利润最大化	满足个性化需求，培养顾客忠诚	适应需求变化，并创造需求，追求各方互惠关系	通过有效的价值提供，增加顾客忠诚，最终培养形成企业核心竞争力
营销工具	4P	4C	4C	4V
与顾客的沟通	一对多的单向沟通	一对一的双向沟通	一对一的双向或多向沟通和合作	双向或多向沟通，形成差异化形象

（一）营销组合理论的发展变化体现了外部竞争条件的变化

每种营销组合理论实际上都是在独特的时代背景条件下，从当时的企业经营实践活动中归纳和发展出来的。企业的经营离不开它所处的实际市场环境，当外部环境和市场竞争的条件发生了变化，就必然会要求企业的市场经营活动行为要随之发生调整。4P 理论是在外部市场产品相对稀缺的环境下产生、发展起来的。因此，4P 理论不可避免地会更多地站在企业的角度去分析和看待企业的营销活动，通过对内部可控制因素的有效组合，提出由上而下、由内向外的运行原则，以适应外部环境，满足顾客需求，从而实现企业的利润最大化目标。20 世纪 80 年代以来，市场饱和、经济危机和不断增加的全球化竞争，伴随着非连续性和非可预测性的消费者行为进一步推动了关系营销领域的发展，4C 理论就是在这样的外部市场竞争条件下应运而生。不少营销学者，如 Gronroos(1994)、Gummesson(1994)、Sheth & Parvatiyar(1995)、Ailawadi(2001)提出应在顾客的视角下发展出一种新的营销工具,即 4C 理论,该理论所包含的营销理念框架应突出沟通(企业与顾客之间)、个性化和企业与顾客之间的互动。应该说 4C 理论是企业站在消费者的角度去关注消费者的需求,不断追求高度的顾客满意,通过降低顾客的购买成本,尽最大努力提供顾客购买过程的便利性,强调企业与顾客之间的双向性沟通,以满足消费者个性化需求,从而实现企业的盈利目标。4R 理论则是在关系营销逐渐成熟的时期下产生,其更进一步地深化顾客立场,同时兼顾企业的竞争对手,在满足外部顾客需求时主要通过整合企业内部的各种资源,对企业与顾客的长期关系维护进行投资,从关系营销的角度去追求企业的长期利润最大化。4V 理论则是典型的系统和社会营销论,企业与消费在互动过程中,通过在质量、品牌、服务等方面去迎合顾客的需求和时尚,以培育和构造企业的核心能力,通过满足顾客的差异性的个性化需求,为顾客提供"附加价值",从而使企业"利润最大化",达成供求双方的共鸣。

(二)营销组合的发展变化体现了营销理念的更替

4P 理论形成于 20 世纪 50 年代,当时的社会生产力水平相对低下,市场整体供不应求,企业本身由于资源、生产能力的限制,无法也不可能为整个市场的全部消费需求提供有效的服务。因此,企业应着重解决以何种手段或工具,把目标市场的消费需求有效地挖掘和开发出来,同时结合企业的能力,去决定产品和服务的生产。这也决定了企业在营销理念上必然会奉行企业导向的思维,从企业角度去分析如何有效利用企业现有的资源去满足顾客的需求,实现企业的利润最大化目标。随着社会经济和信息经济的发展,消费者掌握的产品知识和信息也越来越多,其对交易的控制力度也越来越大。同时,由于企业之间的竞争程度的加剧,产品同质化越来越严重。在这种情况下,传统 4P 理论无法有效地指导企业的市场经营行为。此时,4C 理论为企业提供了一种新的视角,该理论体现了顾客导向的营销理念,从对企业的研究全面转向对顾客的关注,实现了企业"由内向外"到"由外向内"的转变,强调企业如何有效提升顾客的让渡价值。但是该理论在如何建立企业与顾客之间的长期关系方面的研究仍显不足。20 世纪 90 年代以来,企业在实际的经营中也发现,仅有顾客满意是不够的,如何让满意的顾客向忠诚的顾客转变则是企业在经营实践中面临的一大课题。在这种情况下,4V 理论应运而生。进入 21 世纪以后,知识经济的特征更加明显,竞争日趋激烈,企业与顾客之间的长期互惠关系的建立对企业的生产和经营尤为重要,4R 理念正是在强化关系营销的背景下形成的。4R 理念强调竞争导向的营销理念,通过企业和顾客长期关系的建立和维护,强化客户的价值,在实际经营中不断地实现企业与顾客之间的双赢和互惠。

(三)各种营销组合理论是一脉相承,相辅相成,互为补充

各种营销组合理论都是对企业市场实践的总结,同时又反过来去指导企业的市场实践。每一种理论都是在批判以前理论的基础上,"扬弃"并发展了现有思想,结合企业所面临的新的实际问题去不断地完善营销组合方法,因此都有其合理的逻辑、思想内核和方法体系,也都有一定的发挥作用的价值空间。每一种理论都对企业的经营实践产生了一定的指导作用,但也都不可避免地存在着一定的不足和缺陷。笔者认为,单靠一种营销组合理论均无法一劳永逸地解决企业所面临的营销问题。从 4P 理论到 4R 理论的演变,也正反映了企业经营目标从短期转向长期,长期目标的有效实现往往要求在短期交易或营销

活动的完成条件的基础上还必须新增一些新的因素，这就要求营销组合的扩展必须要有新的功能来满足新增加的变化了的外部条件。因而确切地说，营销组合不是从 4P 演变到 4R，而是在 4P 的基础上，充分考虑 4C、4V、4R 的合理因素，不断完善和发展营销体系，为企业的发展提供新的营销思路。

七、营销组合的未来发展趋势分析

随着世界经济一体化的进一步加深，区域经济一体化亦蓬勃发展，各国经济与世界经济的发展更加密切。当今社会，以信息、知识和文化为特征的网络经济环境已是当前营销外部环境的一大特征。这一新的外部环境的变化，对企业而言，既是机会又是挑战。此时，企业和企业的竞争对手、顾客，以及与企业可能发生攸关利益的其他团体之间的关系都将趋于复杂化和多样化。这就要求企业在进行营销活动时就不能再从单纯或单维的角度去看待各种营销问题，而应从立体化的角度看待环境中存在的机会和威胁。Hoffman 和 Novak 曾经指出，"市场营销人员应该集中他们的注意力建立一种新的有机的营销模式，以在新的电子化社会中能有效地推动销售，而不应该在已经存在的原始的机械僵化的营销模式上花太多的精力"。也就是说，企业在市场上从事各种营销时应根据外部市场环境条件的变化，不断地修正企业自身的营销模式，调整营销方案以适应市场的发展。笔者认为，在新的时代背景下，应对传统的 4P 组合进行调整，更多地结合新经济时代的特点，不断地进行丰富，在其丰富发展的过程中，4P 最本质的特性即简单化、可应用性及丰富化是不可否定和抛弃的。在 4P 营销组合思想影响深远的今天，将新经济时代的特点融合到传统的 4P 组合的框架之下，将是今后营销组合理论发展的一大趋势。

首先，在未来的新营销组合中，不断地深化服务意识，以服务带动顾客价值的实现。良好的服务对于企业与顾客之间关系的维系和顾客忠诚度的培育方面的重要性毋庸置疑。服务是有形产品的延伸，能够给消费者带来更大的利益和更好的满足。随着社会经济的发展，服务在企业参与市场经济活动中的作用日益突显，服务必将成为产品差异化的一项最重要的指标参数，并构成企业竞争优势的重要基础。未来，营销组合的目标将更突出顾客满意和顾客价值的实现，相应的，营销组合要素中还应包括可能影响顾客满意和顾客价值的实现的可控制因素。

其次，在网络时代，互联网的普及孕育了一些新兴的商业领域的发展，诸如在线商务活动的蓬勃发展，我们称之为电子商务。目前在营销理论界还没有一种能够在电子商务环境下用于解释和指导这类商务活动的营销组合工具。电子商务在未来仍有广阔的发展空间，这将对营销组合理论的发展提出挑战。未来企业可能面临更强势的顾客、新的更复杂的沟通和互动方式、更高的市场透明度等方面的压力，企业将发现，在未来的市场经营中要想维持其市场竞争优势将更加困难。在这种情况下，能够指导企业营销实践的组合思想的发展就尤为重要。目前已有部分营销学者予以了高度的关注，如 Constantinides (2002)针对网络营销的兴起，提出 4S 网络营销组合理论。该理论来源于对电子商务市场的四种营销要素——范围(Scope)、网站(Site)、协同(Synergy)、系统(System)的辨析。虽然 Constantinides 提出了一种基于网络环境下的新思想，但这种思想如何才能更有效地与企业的生产经营过程相结合，如何去指导企业的营销活动，进行营销策划，而且这一思想是否对于各种行业的企业都具有普适性，还有待于进一步的验证。但有一点可以肯定的是，未来由于电子商务的高度发展，企业、行业之间的界限将更加模糊，各行业领域交错重叠，这必然要求企业的营销组合要进行横向和纵向的拓宽和发展。笔者认为，传统4P理论仍然可以为企业的营销活动提供基础性的指导，但未来的4P组合发挥的作用和适用的对象将大大拓宽。未来的4P营销组合将同时关注顾客、企业和外部的竞争，利用网络平台，不断地丰富4P营销组合的内容。在产品组合上，顾客将更多地参与企业产品的开发和设计，企业将根据顾客提供的个性化信息，提供更多的个性化消费选择，产品信息完全公开，产品革新更能体现顾客消费习惯的演变；在价格组合上，价格也必将呈现出个性化和差异性，而且价格的差异完全是由企业无形资产如品牌的长期沉淀所致，企业产品的价格体系也将更加透明；在渠道组合上，将更注重与顾客之间的直接联系，为顾客提供更及时、不受约束的供货等；在促销组合上，顾客行为导向的促销活动将成为企业的日常促销活动的主流，促销组合将更为灵活便捷，能不断地根据市场环境条件的变化即时作出调整，同时实现对顾客消费行为的把握和控制，促销手段体现更强的、真正意义上的互动。

最后，企业、行业之间的界限将进一步被打破，营销组合应用的范围和领域将无限延伸和扩大。在以信息、网络、知识和文化为本质特征的未来，企业之间甚至是行业之间的界限将进一步被打破，企业与顾客之间也不再是单纯的一一对应关系，而是复杂的网状关系。在这种复杂的网状关系中，企业的各种经济活动都将具有某种外部效果，企业与包括顾客在内的各种利益相关群体之间也不再是以往的你死我活的零和竞争，企业的营销活动可能突破单个企业、单个行业的边界，这一趋势也将为企业以及包括顾客在内的利益相关群体实现各方共赢提供广阔的战略空间。反映到企业的营销组合上则表现为，企业的营销组合中，可以充分地引进战略合作者，通过第三方目标企业（可以是行业内的企业甚至是不相关行业但有相关利益的企业）、第三方目标顾客参与到企业的产品价值创造过程，如产品、渠道、促销组合，使企业成本部分向外分摊，以实现增加收益或降低成本，从而培育企业的长期竞争力。

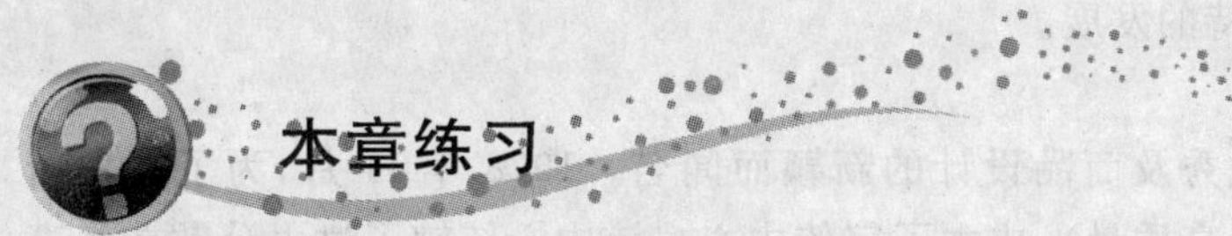

本章练习

一、思考题

1. 试分析国际营销与国内营销的异同。
2. 试分析国际营销与国际贸易的异同。
3. 国际营销是否就意味着产品的跨国转移？为什么？
4. 企业从事国际营销活动的原因是什么？
5. 企业进行国际营销有哪些方式？
6. 请解释说明市场营销组合的理论沿革历程。

二、案例分析

美国皮尔斯堡面粉公司，于1869年成立，从成立到20世纪20年代以前，这家公司提出

“本公司旨在制造面粉”的口号。因为在那个年代，人们的消费水平很低，面粉公司无须太多宣传，只要保持面粉质量，降低成本与售价，销量就会大增，利润也会增加，而不必研究市场需求特点和推销方法。1930年左右，皮尔斯堡公司发现，竞争加剧，销量开始下降。公司为扭转这一局面，第一次在公司内部成立商情调研部门，并选派大量推销员，扩大销售量，同时把口号变为“本公司旨在推销面粉”，更加注意推销技巧，进行大量广告宣传，甚至开始硬性兜售。然而随着人们生活水平的提高，各种强力推销未能满足顾客变化的新需求，这迫使面粉公司从满足顾客心理实际需求的角度出发，对市场进行分析研究。1950年前后，公司根据战后美国人的生活需要开始生产和推销各种成品和半成品的食品，使销量迅速上升。

1958年后，公司着眼于长期占领市场，着重研究今后3年到30年的市场消费趋势，不断设计和制造新产品，培训新的推销人员。

请问：皮尔斯堡面粉公司营销观念是如何转变的？该公司在各阶段的营销观念有什么特点？

三、案例讨论

★索尼的神话

索尼公司是战后日本经济高速增长和走向国际化的象征。1946年，第二次世界大战刚结束的时候，索尼公司的资金只有19万日元，是一个小企业。经过30年的时间，年销售额超过了6 000亿日元，成为日本的代表性企业，称之为“索尼的神话”。特别是在国际市场的发展方面更为显著。现在，包括出口和海外生产在内，约70%是面向海外的。可以说，在日本企业中，它是推进国际化方面走在最前列的一家企业。

在开展国际化的同时，索尼公司在国内建立了许多合办的企业和分公司，形成了称之为卡特尔式的企业大军。它的事业范围是极其广泛的。索尼总公司不仅包括电子工业领域，而且还发展到化妆品以及生命保险等许多领域。它的经营真可谓“四通八达”、“神通广大”。不容忽视的是，索尼公司具有较高的信誉。顾客对索尼商品怀有很深的信赖感，这不仅在日本国内，而且在世界上也是名不虚传的。这是支撑“索尼的神话”的强大力量。进入80年代后，索尼典型的经营能力、技术力量、市场力量充分发挥出来，作为企业集团的尖端的经营，进一步得到独特的发展。

★创造索尼商品的魅力

索尼公司以商品规划的优秀及商品设计的新颖而闻名。1978年11月，为了开发新的商品（为适应社会的变化，提高质量），成立了宣传中心。该中心统辖了过去分散在各事业部的设计室，作为面向市场的宣传本身优势的设计集团，为追求索尼商品的魅力而作出了努力。

1979年7月，索尼公司向市场销售便携式（用电池）立体声录音机，牌子叫“Walkman”。这是根据索尼青年研究室（1972年成立的索尼集团的市场调查部门）研究出来的成果，博得群众的信赖。舞厅、剧院一下子购买了60万台，适应了年轻人的习俗和文化生活的需要。向海外出口时命名为“Sound about”。1981年时，和国内一样，以“Walkman”牌子出售。把商品名称变为普通名词，这一点受到群众的好评，在海外也取得了世界有名的指挥家卡拉扬等音乐家们的好感，还作为超越单纯的年轻人的风格的、具有生活情趣的变革型商品，受到好评。“行人”并不包括新技术，而是在构思方面决定胜负的商品。但是，这可以说是像哥伦布发现新大陆那样极少有的典型事例。

★国际化战略

在日本，索尼是向跨国发展的企业中的最先进的厂家之一。索尼公司成长的主要原因在于：它有着高超的“技术力量”，能生产出附加值高的商品，具有能够努力开拓海外市场和实现国际化的能力。引人注目的是，索尼公司还能够独立自主地开展各项活动，实现向国际化企业飞跃发展的战略。

索尼公司实现国际化的第一个特色是，开拓海外市场的创造精神。索尼公司最初向国际市场提供的商品是半导体收音机，在美国市场上受到高度的评价。在20世纪60年代，它建立了独资企业——“索尼·美国”。把这种附加值高的商品，做到生产和销售一元化。当时，在国外以自己的力量销售自行制造的产品的日本企业，只有索尼公司一家。因而可以说，索尼公司是开发海外市场的先驱。

第二个特色是，首先将新产品在美国市场上进行销售，有了成效之后，再引进日本市场销售。索尼公司以优势的高级商品的信誉为背景，在市场成熟度较高的美国市场上获得成功之后，再将产品销售到日本及其他国家。索尼公司主要以这种方式销售商品。从1981年夏季开始，将新的情报机器首先在美国市场上销售。这充分发挥了索尼公司在美国的强有力的销售能力。

★“技术的索尼”和“世界的索尼”

索尼公司给人的印象是“技术的索尼”、“世界的索尼”。已故的大宅壮一在评论索尼公司时说，索尼公司在当初所起到的作用同“豚鼠的作用”一样。在战后日本的电子工业中，规模很小的索尼公司担负了技术革新的任务。1950年生产了录音机，1954年生产了半导体收音机，1962年生产了小型电视机，1968年生产了彩色电视机(单电子枪式的显像管)，还开发了高密度录像方法等划时代的新商品供应市场。80年代开发了以立体音响录像产业为核心的数字式手表等先进技术。另外，索尼公司很早就开始重视海外市场，全力以赴，积极扩大出口。半导体收音机、录音机等都是首先进入美国市场的。即索尼公司在海外比在日本国内有名，用索尼商标开拓自己的市场。1962年10月，索尼公司在纽约5号街开设索尼商品展览会，挂上日本国旗。当时在美国，由DDB公司做的联邦德国小型大众车的广告引人注目。索尼公司依靠它制作了小型电视机的广告。广告丰富多彩，引人入胜，引起消费者的兴趣，因而获得很大成功。如“放在肚子上面的电视”、“边看电视边钓鱼”等。

请结合案例情况，试从索尼公司的成功经营谈谈企业经营思想应如何适应市场形势的变化，从而引导企业走向成功。

四、思维训练

利用本章所学知识，在志愿者日结合本校专业特长，通过策划一次青年志愿者为社会服务的活动，吸引媒体，宣传学校，扩大学校在社会上的影响，展示本校学生的专业知识与技能，营销学校。

第2章 国际市场营销的社会文化环境

学习目标：

通过本章的学习，以期达到：

1. 理解文化的含义及在企业国际市场营销活动中的重要性；
2. 掌握文化的基本构成要素及其对企业国际营销活动的影响；
3. 了解企业面对文化障碍的两种基本对策：文化变迁和文化适应；
4. 培养细心的观察能力、敏锐的分析能力和准确的判断能力。

【案例导入】

为中国饮食文化而改变　肯德基早餐卖油条

肯德基早餐家族又添新成员。备受关注的"安心油条"于2008年1月21日出现在售卖早餐的青岛城各家肯德基餐厅。

这次全新上市的肯德基早餐新产品是中国老百姓再熟悉不过的油条，俗称"油果子"、"油炸鬼"。但由于肯德基采用精选优质植物油，不添加明矾，香酥味美有嚼劲，所以给这款传统产品起名为"安心油条"，售价每根3元，作为肯德基早餐长期产品保留。

肯德基于2002年开始在全国部分城市的部分餐厅供应早餐，并于同年推出了两款极具中国本土特色的花式早餐粥——海鲜蛋花粥和香菇鸡肉粥，至此正式拉开了中国肯德基加快产品本土化的大幕。此后每年，无论早餐还是正餐，肯德基都会推出一定数量符合中国消费者口味需求的本土化产品。这次推出的"安心油条"，是继花式粥之后推出的又一个本土化全新品种，由此，肯德基早餐餐牌上具有本土化特色的长期产品已达四种：皮蛋瘦肉粥、香菇鸡肉粥、牛肉蛋花粥和安心油条。

据肯德基产品研发负责人介绍，中国肯德基照顾国内消费者的需求，重视本土化产品研发由来已久，一方面是品种、口味，另一方面是营养、习惯搭配。自从肯德基早餐推出花式粥以来，受到不同年龄群体消费者的欢迎，但与之对应的中式配餐还有待丰富。这次上市的"安心油条"，可谓成就了花式粥＋油条的干湿组合，同时，用餐分量上也会更加合理。当然，对于喜欢创新的消费者，油条＋牛奶、油条＋奶茶，或者是油条＋咖啡，也是不错的尝试。只要消费者有需求，肯德基早餐还会陆续推出具有中国特色的本土化产品。

背景资料

肯德基隶属全球最大的餐饮集团百胜餐饮集团。百胜在全球100多个国家拥有超过34 000家连锁餐厅和85万多名员工。其旗下包括肯德基、必胜客、塔可钟、A&W及Long John Silver's(LJS)五个世界著名餐饮品牌，分别在烹鸡、比萨、墨西哥风味食品及海鲜连锁餐饮领域名列全球第一。目前，肯德基在中国内地开设有2 000余家餐厅。

社会文化是人类生产与生活的积累，它深深影响着人们的思维与行为，在不同的社会文化背景下，人们的生活方式、消费需求和购买行为会呈现出不同的特征，这必然会对企业的国际营销活动提出不同的要求；同时，在经济全球化的浪潮中，世界各国各地区的交往日益频繁，不同的社会文化也处于相互撞击和融合中，因此，国际营销人员必须充分了解各目标市场所在国的社会文化环境，在营销战略制定与营销策略的实施中密切关注各国文化差异及其发展变化规律，从而作出适应性改变。

第一节　文化环境与国际营销

国际营销是跨国的经济行为，从某种意义上说，更是跨文化的经营活动。在跨国经营中，国际营销者首先面对的就是文化环境的差异和冲突问题，从市场调研、谈判，到商品设计、包装，到经销商的选择与合作，以及广告促销策略的运用，他国社会文化环境的影响渗透于国际市场营销的方方面面。所以，对文化环境的研究和理解，成为国际营销成败的关键。

一、文化的含义及特征

文化影响无处不在，关于文化的界定也众说纷纭。比较权威的文化定义是：

1.“文化学之父”爱德华·泰勒(Edward Tylor,1891)认为，所谓文化或文明，是指知识、信仰、艺术、道德、法律、习俗以及包括作为社会成员的个人而获得的其他任何能力、习惯在内的一种综合体。

2.《大英百科全书》(1973—1974)将文化概念分为两类。第一类是“一般性”的定义，将文化等同于“总体的人类社会遗产”；第二类是“多元的相对的”文化概念，认为“文化是一种来源于历史的生活结构的体系，这种体系往往为集团的成员所共有”，它包括这一集团的“语言、传统、习惯和制度，包括有激励作用的思想、信仰和价值，以及它们在物质工具和制造工具中的体现”。

3.中国《辞海》的文化定义流行较广泛，并被广为接受。它认为文化有广义和狭义之分，广义的社会文化是指人类在社会历史实践过程中所创造的物质财富和精神财富的总和，狭义的社会文化是指社会的意识形态以及与之相适应的制度和组织机构。

因此可以看出，文化源于错综复杂的社会关系，最终由群体成员内化为一定的形式，它具有以下特征：

1.文化的习得性。文化是通过后天学习获得的，而不是与生俱来的，是人们作为社会一员经过一段时间学到的；同时，文化是代代相传的，不仅可由父母传给子女，而且可以通过有影响的社会组织传播，一旦形成，就会深入到工作和生活的方方面面，不会因外部冲击而较易改变，因此也构成了文化的差异性，同一群体中大家共同享有特殊的信念、价值观和行为方式。例如，不同文化下的人们对美丽有不同的理解，东方人对女子相貌的评价以白为美，认为“一白遮百丑”，西方人却以橄榄色为健康肤色的标准，其实这就是不同地域的人们在不同的环境中传承习得的。

2.文化的共享性。虽然每一种文化都有其独立性,但人类文化也有共性的一面,不同文化之间存在着互相理解、交流的可能性。比如,各种文化背景的人都喜欢音乐,需要娱乐,这些社会文化特征是超越民族、宗教和国界的,尤其是随着国际政治经济往来的深入,文化逐渐相互渗透和借鉴,全世界人们共有的东西越来越多了。正是由于这种共享性,许多产品才有可能直接或略加改变就可销往全球市场。

3.文化的规范性。规范源于社会价值观,是关于特定情境下人们应当或不应当作出某种行为的规则,它可以防范在该文化下成员可能发生的偏差行为,并对该文化下的社会成员产生某种程度的约束力,违反这种规范将受到某种形式的惩罚。比如,穆斯林恪守伊斯兰教义教规,有严格的饮食限制和特殊的喜好,如果我们在与穆斯林的商务交往中忽视了他们的这种文化规范,就会招致他们的不满,影响谈判的进程。

二、文化环境对国际营销的影响

文化并不是静止古板的,它在缓慢地变化着。事实上,任何一种现有文化都是对以往文化的一种变革,而且随着国际交流的增多,文化借鉴、融合的步伐也在加快。但是,文化的习得性又使群体成员不自觉地抵抗外来文化的侵入,这就使当地文化面对一个外来产品或商业模式时,处于一种既接受又抵抗的微妙状态中。国际营销者必须深入了解并融入某国或某地的文化环境,才能作出正确的适应性营销手段,成功打入国际市场。

(一)文化环境差异导致国际营销的成败

国际营销是跨国的经济行为,从某种意义上来说,更是跨文化的经营活动。国际营销者追求的是满足各种社会文化背景下的消费者的需求,研究的是相异文化环境下的企业和个人的合作方式,因此他们首先面对的就是社会文化环境的差异和距离问题。从市场调研、产品设计、经销商选择到广告促销策略的应用,他国文化环境都影响着国际营销的方方面面。据调查,缺乏跨文化的沟通技巧是全球营销失败的重要原因之一,企业如果不能了解并适应国际市场的特殊文化环境,就难以获得理想的经营效果,甚至将为此付出惨痛的代价。因此,对文化环境的研究和理解,成为国际营销成败的关键。

(二)全面分析文化环境,帮助企业制定正确的国际营销策略

由于各个市场都有自己的文化特征,决定了消费者的购买偏好不同,导致不同地区在不同文化背景下的消费习惯不同。这就要求企业在制定和实施国际营销策略时,必须认识到文化的差异,做到因地制宜,投其所好,才能有的放矢,适合不同国家的市场偏好。20世纪90年代中期,麦当劳在进入印度市场时,发现印度人不吃牛肉的习惯让大多数快餐业都在其市场难以立足。为了解决这个问题,麦当劳用被宗教接受的羊肉代替牛肉,制作出了被称为“土邦兄弟”的快餐食品,从而绕过了文化的障碍。因此,在国际营销中,对自己产品的设计、包装、广告和工厂布置,必须适合当地的文化要求,否则就会被拒绝。

(三)文化环境变革为企业提供新的营销机会

随着社会经济和技术的发展,价值观、生活习惯、教育水平等文化因素也随之变化,这种变化要求国际营销也要相应改变作出调整,以适应新的文化环境。企业要善于把握文化发展的潮流,先声夺人,才有可能在国际竞争中稳操胜券。比如2001年,我国有一些制

衣公司从电视荧屏上看到，出席在上海召开的 APEC 会议的亚太国家领导人一律身着不同款式的唐装，敏锐地感觉到国际市场将兴起一股“唐装热”，于是抢先推出各种款式的唐装投放市场，发了一笔“洋财”。

三、国际营销对文化环境的影响

文化发展与变革推动了营销行为的变化，但国际营销的努力也在促进文化的发展与变革。对国际营销者而言，向国际市场输出产品和服务的过程，就是接近和适应他国文化的过程，同时也是改变他国文化的过程，即文化变迁的开始。这种改变可能只限于浅显的物质层次，也可能触及深层次的价值观念、生活方式。咖啡、牛奶、面包和奶酪是西方人的主食，但是在麦当劳、雀巢等公司长期不懈的努力下，东方人的饮食结构也在发生变化，习惯以茶待客的中国人现在也把咖啡蛋糕待客看做是一件平常的事情，把出入麦当劳餐厅当作家常便饭。日本人的家用电器、汽车和照相机，美国人的电影、音乐、快餐和饮料，欧洲人的住房、服装和悠闲情调，成了各国相当多的消费者共同追逐的目标。追求名牌，模仿最新的潮流消费成了一种没有国界的时尚，这样一种消费趋势正是那些在国际上享有威名的大企业日日夜夜努力促进的。

因此，从某种意义上说，国际营销者是社会文化交流的使者，甚至是社会文化变革的促进者。

第二节　国际营销中的文化要素

文化由许多相互关联的要素组成，要真切地了解文化对消费行为的支配力量，尽量减少或避免在国际营销中的失误，就必须熟悉各个文化要素，包括社会组织、物质文化、语言文字、价值观念、宗教信仰、风俗习惯等。

一、社会组织

社会组织又称社会结构，它决定了人们在社会上所扮演的角色以及人们的权责模式，影响和制约着人类的行为。其主要内容有人们的社会地位、家庭、社会阶层、群体行为等。

(一)家庭

家庭是最基本的社会单位，它是由婚姻关系、血缘关系或收养关系组成的亲属生活组织。家庭的模式和规模直接影响消费者的购买模式，从而直接影响国际营销活动的进行和效果。

1. 家庭结构

按照家庭的规模划分的传统家庭结构有：

(1)核心家庭，指由一对父母和未成年子女组成的家庭。

(2)扩展家庭，分为主干家庭和扩大(联合)家庭。①主干家庭，指由一对父母和一对已婚子女(或者再加其他亲属)组成的家庭；②扩大(联合)家庭，指由一对父母和多对已婚子女(或者再加其他亲属)组成的家庭。

在西方发达国家,家庭往往以核心家庭的形式出现,这样就使购买单位增多,家庭消费品的市场潜力也就随之增大。而在不发达国家,尤其是比较贫困的国家,家庭往往呈现出几代同堂的扩展家庭形式,构成了较大的集合购买力,购买决策也由此显得较为复杂。比如,在墨西哥郊区的贫民窟里,有许多家庭拥有汽车和电视机,这说明,尽管有些国家的人均收入较低,但扩展家庭的集合购买力使之成为一个耐用和高档消费品的潜在市场。因此,国际营销者在制定营销决策时必须考虑因家庭规模大小而引起的市场潜力的变化。

随着时代的发展,传统家庭结构逐渐减少,取而代之的是现代家庭结构:单亲家庭、单身家庭、重组家庭、丁克家庭(双倍收入、有生育能力但不要孩子、浪漫自由、享受人生的家庭)、空巢家庭(只有老两口生活的家庭)等。

因此,一些轻便、小型的商品和包装就更受现代消费者的欢迎,如小公寓、小冰箱、小家具等。

2. 家庭模式

依据妻子在家中的地位,家庭可以分为三种模式,即妻子处于从属地位的家庭、妻子享有一定权力的家庭和夫妻平等的家庭。在我国,丈夫和妻子在不同的消费品类别中各居决策主导地位,他们的决策模式也存在显著差异。丈夫由于生活节奏快,工作忙,在实际的家庭消费决策过程中,除了在住房、汽车等大宗消费品(中国女性对建筑、机械、电子等产品知识往往不了解)的购买过程参与较多外,对其他的耐用消费品往往只扮演终审者的角色。而在耐用消费品的整个购买过程当中,前期的信息搜集和比较工作往往由妻子负责,丈夫只是最终的拍板人,这也使女性更多地担当着商品信息把关者和家庭日常消费主宰者的角色。在西方,女性受教育的程度更高更普遍,社会地位相对也更受重视,因此也常常是大件商品的购买决策者。比如,法国女人在家庭和社会中的地位是相当高的,男人处处礼让女人,家中大小事也由女人拿主意。法国流行谚语“女人排第一位,狗排第二位,孩子排第三位,男人站最后”就形象地反映了女人在法国的地位。

现在,随着时代的发展,妇女和儿童在家庭购买决策中的影响力越来越大。例如,生产凯迪拉克汽车的制造商注意到,女性消费已占到凯迪拉克总销售额的34%,所以,男性设计师们特别为女性设计产品,他们在手指上带上指环以体验女性操作者在使用操作按钮、转换杆及其他细微部件时的感觉,并且还在车内装了有空调的储物盒以保存口红等物品。但不同的国家的家庭在购买决策上还是有差异。美国综合面粉公司为了将其儿童食品打入英国市场,利用曾经在美国被证明成功的包装主题,即画面上有一可爱的小孩说:“瞧,小朋友,这东西美极了!”但结果并不理想,原因就是英国的父母不像美国的父母,让孩子有选择食品的习惯。

(二)社会群体

家庭以外的社会组织可统称为社会群体。社会群体是人类的基本活动方式之一,人类自产生之日起就合群而居,以群体的形式生活着。人是社会的人,人离不开群体,个人只有通过社会群体才能被纳入社会这个大体系中。

但并不是所有的人群聚集形式都称为社会群体,一个人群内部要有相对稳定的成员关系，大家具有明确的行为规范和共同一致的群体意识，并且经常的互动，才可称作真正意义上的社会群体。因此，社会群体的本质在于其内部具有一定的结构，即由规范、地位和角色所构成的社会关系体系。

社会群体对消费者的消费行为影响很大，会促使人们行为的一致性，影响消费者对产品和品牌的选择，并会带动新的行为模式和生活方式。根据个人是否属于群体的一员，社会群体可以分为三类。

1. 首要群体：经常接触，对个人影响最大的群体。如家庭、亲朋好友、同事、同学、邻居等。

2. 次要群体：不经常接触，对个人影响较次的群体，一般是个人参加的各种社会团体。如宗教组织、职业协会等。

3. 向往群体：个人并不直接参加，但渴望加入的群体。如社会名流、影视明星、体育明星等，他们是追星族崇拜、比较和模仿的榜样，所以国内外厂商愿意花很大代价聘请明星代言，目的就是要产生显著的示范效应。

（三）社会阶层

社会阶层指一个社会按照其社会准则将其成员划分成的不同层次。各个国家社会阶层划分的标准不一样，但大多是根据职业、收入来源、受教育程度、居住区域等标准进行划分。社会阶层是影响消费者购买行为的重要因素之一，由于不同社会阶层中人们的经济状况、价值观念和兴趣爱好不尽相同，所以他们对商品的品牌、外观、质量、售后服务等也都有各自不同的偏好。

小资料

美国社会阶层划分

1. 上上层（不到 2%）：他们是继承了大量的遗产、出身显赫的达官贵人。

2. 下上层（2%左右）：他们是职业和业务能力非凡、拥有高薪和大量财产的阶层。

3. 上中层（12%）：他们没有高贵的出身，又没有多少财产，关心的是自己的职业前途。如已经获得较好生活保障的自由职业者、独立的企业家及公司经理等职位。

4. 中间层（32%）：他们是中等收入的白领与蓝领工人，居住在“城市中较好的一侧”，并力图“干一些与自己的身份相符的事”的阶层。

5. 劳动阶层（38%）：他们是中等收入的蓝领工人和那些过着“劳动阶层的生活方式的人”，而不论他们收入多高、学校背景及职业怎样。

6. 上下层（9%）：他们的工作与财富无缘，虽然生活水平刚好在贫困线以上，却无时不在追求较高的阶层。

7. 下下层（7%）：他们是与财富不沾边的，一看就知道贫穷不堪，常失业或干“最肮脏的工作”，他们对寻找工作不感兴趣，长期依赖着公众或慈善机构的救济。

当代中国社会阶层划分

2001 年，中国社会科学院“当代中国社会阶层研究”课题组以组织资源、经济资源、文化资源占有状况作为划分社会阶层的标准，将我国社会阶层划分为十大阶层。

1. 国家与社会管理者阶层：指在党政、事业和社会团体机关单位中行使实际的行政管理职权的领导干部。目前，这一阶层在整个社会阶层结构中所占的比例约为2.1%。中国的社会政治体制决定了其至高地位。

2. 经理人员阶层：指大中型企业中非业主身份的高中层管理人员。这一阶层在社会阶层结构中所占的比例约为1.5%，目前还在发展之中。这个阶层是市场化改革最积极的推进者和制度创新者。

3. 私营企业主阶层：指拥有一定数量的私人资本或固定资产并进行投资以获取利润的人。就全国而言，私营企业主阶层在社会阶层结构中所占比例约为0.6%。这一阶层的政治地位无法与其经济地位相匹配。

4. 专业技术人员阶层：指在各种经济成分的机构中专门从事各种专业性工作和科学技术工作的人员。目前，专业技术人员在社会阶层结构中所占比例约为5.1%。这一阶层是维护社会稳定和激励社会进步的重要力量。

5. 办事人员阶层：指协助部门负责人处理日常行政事务的专职办公人员。在目前的中国社会阶层结构中所占比例大约为4.8%。这一阶层是现代社会的社会中间层的重要组成部分，是社会阶层流动链中的重要一环，未来十几年其人员比例将会有明显提高。

6. 个体工商户阶层：指拥有较少量私人资本（包括不动产）并投入生产、流通、服务业等经营活动或金融债券市场而且以此为生的人。根据国家工商部门的登记数计算，目前，个体工商户阶层在整个社会阶层结构中所占比例为4.2%，但该阶层的实际人数比登记人数多得多。这一阶层是市场经济中的活跃力量。

7. 商业服务业员工阶层：指在商业和服务行业中从事非专业性的、非体力的和体力的工作人员。目前，商业服务业员工阶层在社会阶层结构中所占比例约为12%。这一阶层与城市化的关系最为密切。

8. 产业工人阶层：指在第二产业中从事体力、半体力劳动的生产工人、建筑业工人及相关人员。目前，整个产业工人阶层在社会阶层结构中所占的比例则为22.6%左右，其中农民工占产业工人的30%左右。经济改革以来，产业工人阶层的社会经济地位明显下降，使得这一阶层的人员构成发生了根本性的变化。

9. 农业劳动者阶层：这是目前中国规模最大的一个阶层，是指承包集体所有的耕地，以农（林、牧、渔）业为唯一或主要的职业，并以农（林、牧、渔）业为唯一收入来源或主要收入来源的农民。由于这个阶层几乎不拥有组织资源，所拥有的文化资源和经济资源往往也低于上述所有阶层，所以在整个社会阶层结构中的地位比较低。

10. 城乡无业、失业、半失业者阶层：这是特殊历史过渡阶段的产物，是指无固定职业的劳动年龄人群（排除在校学生）。这一阶层目前在整个社会阶层结构中所占比例约为3.1%，其中的许多成员处于贫困状态。目前，这一阶层的数量还在继续增加。

二、物质文化

物质文化是指人类创造的物质产品，包括生产工具和劳动对象，以及创造物质产品的技术。它与社会组织和社会经济活动紧密相连。

国际市场物质文化的差异主要体现在经济、社会、金融和市场等方面基础设施的投入和建设上。具体包括：交通运输、通信系统、能源、住房、医疗保健、教育体系、银行等。

物质文化决定了人们的生活方式。由于各国经济发展处于不同阶段，因此各国的物质文化水平也不尽相同，这直接影响它们对进口产品的需求。许多非洲国家的消费者比较喜欢法国的产品和技术，不太喜欢美国的产品和技术，就是因为法国厂商切实考虑到了非洲各国国民文化技术水平普遍较低的状况，产品在向非洲出口时，特别注重操作简便、维修保养要求不高的特点，而美国厂商却没有注意到这些。再如，洗衣的方式不同，对洗涤用品的需求也就不一样，在一个绝大多数人用全自动洗衣机洗衣服的国家，推销肥皂会失败；同样，在一个仍是手工洗衣为主的国家内，推销机用洗衣粉也会碰壁。因此，国际营销者在进行营销决策时要结合当地的物质文化水平，比如，电视、收音机和个人电脑普及率的高低，就直接影响着媒体向目标市场传播营销信息的能力。

三、语言文字

语言文字是地方文化最具代表性的要素，它是人类最重要的交际工具，人们借助语言文字保存和传递人类文明的成果。只有通晓一国的语言，才能真正认识该国的文化。所以，学习和掌握当地语言，是国际营销者融入东道国市场，正确制定营销决策的关键和前提。

世界各国的语言文字非常复杂。据有关资料统计，全世界共使用6 912种语言，其中使用人数超过5 000万的语言有 13 种：汉语、英语、印度语、俄语、西班牙语、德语、日语、法语、印度尼西亚语、葡萄牙语、孟加拉语、意大利语和阿拉伯语。被定为联合国正式语言的有五种：汉语、英语、俄语、法语、西班牙语。其中，汉语是世界上使用人口最多的语言，英语是世界上使用最广泛的语言。按被规定为官方语言或通用语言的国家数目来说，英语占第一位(约 44 国)，法语第二(约 31 国)，西班牙语第三(约 22 国)。语言的多样性和复杂性往往使语言成为国际市场营销活动中双方沟通的障碍。品牌和商标的确定、产品说明书的翻译、广告促销中的信息传递，都要求语言表达严谨准确，一旦失误，不仅会发生令人啼笑皆非的误解，还会造成经济上的损失。

语言分为有声语言和无声语言。有声语言是指人们相互交流时所使用的声音或书写符号，无声语言主要是指身体语言，包括面部表情、身体姿势、眼神、手势等。不管是有声语言还是无声语言，都要注意其跨文化的不同含义，以免造成歧义。

就有声语言来说，由于语言文化的差异，同样的一些字母拼成的词语在不同语言中，其意义可能有很大差异。如百事公司曾经有一句著名的广告词“Come alive with Pepsi”，原意是“百事让您生气勃勃”，但翻译成德文，变成“百事和你一起从坟墓中走出来”，在台湾地区则被译成“百事使你的祖先复活”，让人哭笑不得。中国上海原有一款老牌护肤品，取名“芳芳”，意指像花儿一样芬芳美丽，非常符合中国女性的审美要求，后来出口到美国市场，在品牌名称上沿用原发音，以“FangFang”直接销售，结果遭到冷遇，原来“FangFang”在美语中是青面獠牙、毒蛇的意思，试想，谁会买这么“恐怖”的护肤品呢？另外，国际营销者也必须注意，同一词语或语句在不同文化中的含义可能千差万别。如，英美人都说英语，“Table the Report”这一短语在英国表示马上处理某事，而美国人理解为推迟处理某事。在拉美同样都是讲西班牙语的国家，“Tombo”在玻利维亚、哥伦比亚、厄瓜多尔和秘鲁等国意为“路边店”，在阿根廷和乌拉圭是“奶牛场”，而到了智利，则变成了“妓院”。

因此，国际营销者必须慎重对待语言差异的问题，在涉及翻译外国语言文字的各项事务时，必须深入了解各种语言文字在表达上的特点、忌讳、隐喻等。为避免歧义，可以请国外经销商充当企业与当地市场之间的文化桥梁，聘请懂得本国语言和东道国语言的人士进行相关翻译工作，或者委托当地广告公司做广告策划和宣传，当然也要懂得谋求在国外环境中的本国人的帮助。

无声语言与某一民族特定的习俗直接相关，因此，面对不同交流对象所使用的同一无声语言，有时却可能有不同的含义。在保加利亚，摇头表示“是”，点头则表示“不是”，这与大部分国家和地区正好相反。英美人的 OK 手势，大部分地区认同是赞许和肯定，在巴西、意大利南部和希腊则具有粗俗的含义，在苏联地区和德国的一些地方被认为是不礼貌，在日本表示“钱”，而在法国南部代表“零”或“不值钱”。

四、价值观念

价值观念是指一个社会或群体对于客观事物的评价标准和崇尚风气，这种价值观念往往根深蒂固，对人们看待事物的态度和行为准则具有很大的影响力，并形成不同社会和不同群体的行为规范。

价值观念具体表现有苦乐观、时间观、劳动观、成就观、审美观等，每一个地域的人们都拥有趋同的价值观念，并固执地认为自己的态度和观念是优于他人的，这种优越感使得人们定性化地看待别人，从而引起误解和冲突。比如，中国人的传统观念要求先苦后甜，反对铺张浪费，而美国人却主张即时享受，先消费后赚钱。所以，国际营销者应主动调整自己的营销手段以适应这一社会文化的要求，而不是试图去改变当地人的价值观念。

价值观念不同，各国消费者对同一产品的需求也不同，价值观念往往决定东道国的消费者对本企业产品的态度，进而影响到企业的产品定位、设计策略以及推广速度。比如，美国人有不服老的价值观，所以贴上“老年人专用”字样的产品在美国就极其不受欢迎。

一般来说，新产品、新技术以及产品宣传方式越接近当地传统文化和价值观，就会越快被人们所接受。因此，在产品进入一个新的国家市场前，我们就必须深入了解该国民众的价值体系，以此价值观为依据对产品外观、包装进行设计或适应性的改进，并以该国民众喜爱的方式进行相应的广告宣传。例如，与美国有关的产品在某些国家受到人们的青睐，很多美国公司就常常利用这种情结作为卖点。在南非，玛氏公司为了强调其子公司 Uncle's Ben's 的大米与美国的渊源，特意在标签上贴上“100％美国产”的标签。

五、宗教信仰

宗教是一种超自然、超生存的力量，它制约着人们认识事物的方式、行为准则和价值观念，进而影响人们的购买动机和消费习惯。世界上有多种宗教，并且有自己的主要流行区。在美国、大洋洲和北欧，信奉基督教的占大多数；南美和南欧各国是天主教的流行地区；中东和北非属于伊斯兰教的范围；亚洲则盛行佛教。此外，还有泛神教、犹太教、印度婆罗门教等。其中佛教、基督教、伊斯兰教被称为世界三大宗教。

小资料

世界三大宗教简介

基督教是世界上信仰人数最多的宗教，产生时间为 1 世纪上半叶。基督教形成于亚洲的西部，目前主要集中分布在欧洲、美洲和大洋洲。基督教是以信仰耶稣基督为救世主的宗教。天主教(Roman Catholicism)、新教(Protestant Church)、东正教(Eastern Orthodoxy)、基督教马龙派等等统称基督教——中文中"基督教"往往特指新教(又俗称"耶稣教")，三大教派(天主教、东正教和新教)和基督教马龙派的统称一般用"基督宗教"这个词。但在本词条中，"基督教"指"基督宗教"，即总称，而不是新教。目前基督教在全世界有约 21.4 亿信徒，为拥有信徒最多的宗教，以亚洲、非洲的信徒的发展最快。它的经典是《圣经》。特点：博爱，人人平等。

伊斯兰教产生时间为 6 世纪，中国旧称大食法、大食教度、天方教、清真教、回回教、回教等。伊斯兰系阿拉伯语音译，原意为"顺从"、"和平"，指顺从和信仰宇宙独一的最高主宰安拉及其意志，以求得两世的和平与安宁。信奉伊斯兰教的人统称为"穆斯林"(Muslim，意为"顺从者")。7 世纪初兴起于阿拉伯半岛，由麦加人穆罕默德(约 570—632)所创传。主要传播于亚洲、非洲，以西亚、北非、中亚、南亚次大陆和东南亚最为盛行。它的经典是《古兰经》，基本信条为"万物非主，唯有真主；穆罕默德是主的使者"，承认和虔诚信仰基本信条，身体力行宗教功课和止恶扬善合为一体，构成伊斯兰教的基本教理。

佛教创始于公元前 6 世纪的古印度，创始人为乔达摩·悉达多。他出生在今天的尼泊尔境内，是释迦部落的王子。他 29 岁时开始修行，创立了佛教的教义。后来传入亚洲其他地区，现在主要分布在亚洲的东部和东南部。佛教，广义地说，它是一种宗教，包括它的经典、仪式、习惯、教团的组织等等；但佛教在世界性的各大宗教和思想之中，显得非常特殊。凡是宗教，无不信奉神的创造及神的主宰，佛教却是彻底的无神论者。因此，佛教似宗教而又非宗教，类哲学而又非哲学，通科学而又非科学。这是佛教的最大特色。狭义地说，它就是佛所说的言教。如果用佛教固有的术语来说，应当叫做佛法(Buddha Dharma)。在《增一阿含》经的序品中所说："诸恶莫作，众善奉行，自净其意，是诸佛教。"用一句话来说，佛教就是佛让人们止恶扬善、自净其意的教法，是佛陀的教育。它的经典有许多，自古以来，大家最重视的佛经是《华严经》，称为"经中之王"。

从市场营销的角度来看，宗教信仰影响了消费者的某些理想、愿望和追求，表现在消费方式和消费行为上的特有倾向。例如，在印度教徒的心目中，等级观念、家庭观念、因循守旧观念都是根深蒂固的，因此，他们对新产品接受慢，需要耐心宣传。佛教的核心思想是四大皆空，无为出世，因此，在信奉佛教的国家销售高档消费品、奢侈品、享乐用品等必须小心翼翼。国际营销者必须对东道国市场的宗教信仰有较深入的了解，才能发现和创造市场机会。日本精工公司根据圣地麦加的时间为伊斯兰教徒设计了一款手表，每天呼叫 5 次，提醒使用者祈祷，受到了伊斯兰教徒的普遍欢迎。

避免宗教禁忌也是国际营销者应该特别注意的方面，许多公司会出于宗教禁忌而对国际营销策略组合进行相应的调整。例如伊斯兰教徒禁忌猪肉和禁止饮酒，印度教徒禁忌牛肉，佛教徒不沾荤腥，基督和天主教徒忌讳数字"13"等，这些都是国际营销者进入国

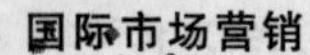

际市场前必须了解的。

小资料

各地主要宗教习俗

许多西方国家，特别是天主教徒认为“13”这个数字是凶险的，应当尽量避开它。有些人甚至对每个月“13”日这一天也感到有些惴惴不安，他们认为星期五也是不吉利的，因此西方在“13”日(特别是星期五)，一般不举行活动。甚至门牌号码、旅馆房号、楼层号、宴会桌号、车队汽车的编号等都不用“13”这个数字，宴会也不安排在“13”日举行，更忌讳“13”人同席共餐。忌讳“13”和星期五的主要原因，据说是因为“13”曾作为出卖并使耶稣致死的犹大参加“最后的晚餐”的排序数和神话中天国凶神的象征；而星期五则是耶稣被钉死在十字架上和亚当、夏娃偷吃禁果被逐出天堂的日子。如果“13”日和星期五碰巧在同一天时，这一天就被西方称为“黑色星期五”，有些人就会感到惶惶不可终日。

中东信奉伊斯兰教的国家，穆斯林都视未放血的动物为禁品，禁食猪肉、狗肉、猫肉，一般也禁食鱼肉、马肉、驴肉。多数的阿拉伯人不喜欢吃海参、螃蟹等食物，也不食无鳞鱼。接待来访穆斯林客人一定要安排清真席，特别要注意冷盘中不要出现猪肉和他们不吃的其他一些食物。古兰经规定，穆斯林在正式场合严禁饮用含酒精的一切饮料，但在公开场合各国对酒的忌讳程度是不同的。有的国家在餐桌上可以摆酒杯，酒杯里可以放矿泉水、橘子汁等饮料代替酒。有的国家自己不喝，但不反感其他人饮用。但有的国家要求桌子上只能摆水杯，不能出现酒杯。有的不喝烈性酒，有的连啤酒也不能喝。这些对酒的忌讳程度是不一样的，在接待不同国家的客人时要具体了解清楚。对完全不喝酒的人，如果讲话，是不能祝酒的。信奉伊斯兰教的国家每年有斋月，斋月是按回历推算的。在斋月里日落之前、日出之后不能吃喝，所以来访、出访时都要尽量避开这个时期。虔诚的穆斯林每天都要面向圣城麦加方向祈祷 5 次。穆斯林都自带小地毯，到了钟点就朝麦加方向做礼拜。碰到这种情况应给予理解，注意避开他们朝拜的方向。伊斯兰国家规定星期五为休息日，一般要到清真寺做礼拜，如果正好碰到星期五，要注意人家的这个习俗。注意安排时间让人做礼拜。进入清真寺前要脱鞋，在参观清真寺时一定要注意不要穿破损的袜子。

信仰印度教的国家(比如印度、尼泊尔等国)奉牛为神，牛在大街小巷上行走，人、车辆一定要避让。在印度、尼泊尔很多人不吃牛肉，而且也忌讳用牛皮制成的皮鞋、皮带。在尼泊尔黄牛被视为国兽，受到尼泊尔人，特别是印度教徒的尊重。尼泊尔的法律规定，神牛和母黄牛受到法律保护，一律不得宰杀。

在信奉佛教的国家里如缅甸、泰国等东南亚一带，人们非常敬重僧侣。僧侣乘车、坐船，人们都要起立、让位。家家户户都要奉斋，黎明时准备好饭菜，等待僧侣的光临。男子一生至少要剃度一次，当过和尚才算成人，连王储也不例外。僧侣和虔诚的佛教徒一般是素食者。另外他们非常注重头部，忌讳别人提着物品从头上掠过。长辈在座，晚辈不能高于他们的头部。所以经常看到他们把姿势压得很低。小孩子头部也不能随便抚摸，有些中国人喜欢摸小孩的头部，这是犯忌讳的。

印度是伊斯兰教和印度教并存的国度，麦当劳在 1996 年进入印度市场时，出于对当地印度教徒的尊重，放弃了与牛肉相关的食品；为了迎合穆斯林教徒的要求，进而又放弃了与猪肉相关的食品。在西方基督教盛行的地区，写字楼不设 13 层，重要的商务活动不安排在星期五。

如果不了解宗教禁忌，就有可能在无意中冒犯某种宗教信仰，进而破坏企业或产品在当地消费者心目中的形象。香奈儿时装公司(Chanel)曾经将《古兰经》诗文绣在夏季时装展览会展出的裙子上，设计师称该设计取材于一本关于印度泰姬陵的书，他觉得很美，但并不了解它的含义。穆斯林组织觉得在裙子上使用诗文亵渎了《古兰经》，因而非常愤怒，最后香奈儿公司只好销毁带有这些图案的裙子以及这些裙子的相片底片。

许多国家的法定节假日也与宗教有关，如基督教的圣诞节、天主教的万圣节、伊斯兰教的开斋节和朝圣季节等，往往是企业推销商品的大好时机。据统计，美国百货公司每年有 1/3 的销售额和 1/5 的利润来自圣诞节前后的销售。在中东，朝圣季节是消费品生意最好的时候，当地人习惯于在前往麦加参拜时购买家庭用品或衣服等。

六、风俗习惯

人类有群居的特性，因此同一社会、同一民族的人在长期的共同生活中形成了相似或趋同的思维模式和行为方式，这就是风俗习惯。由于各国各地区的历史传统、生存环境、教育方式、宗教信仰等的不同，不同国家和地区有不同的风俗习惯，表现在饮食起居、人际交往、婚丧仪式、节日习俗、喜好判断上的千差万别，从而对国际营销活动产生各方面的影响。

在饮食上，中国人的主食是米面制作的米饭、馒头、面条、包子、饺子等，而西方人则主要是面包和牛肉；中餐讲究色、香、味、形，多是用明火煎、炒、炸，而日本饭菜则以清淡简洁为特点，主要吃鱼，以生鱼片和清蒸为主。这样，相应地对一些烹煮的锅具和食材的需求就不同。在中国家庭，压力锅和弧形炒锅是主要的烹煮工具，而在美国家庭，微波炉和电烤箱随处可见。还有，法国人爱喝酒，美国人爱喝咖啡，中国人爱喝茶，因此在迎来送往上，也表现出不同的行为。由于饮食习惯的不同，在一个国家畅销的产品，到了另一个国家则需要改变口味或成分。例如，金宝汤公司(Campell Soup Company)在美国提供的是传统的鸡肉面条汤，在墨西哥提供的是辣汁汤，在阿根廷提供的是火腿豆子汤，在波兰提供的是胡椒牛杂汤，在中国提供的则是鸭杂汤。

在人际交往上，美国人谈生意喜欢开门见山，热情地回应，但不符合己方利益时，会坚决果断地拒绝；德国人严谨细致，和德国人约会，绝对不能迟到；日本人则很少当面做成拒绝或否定的表示，而且他们注重团队的集体配合；中东人痛恨对方赴约时迟到，但自己却经常不守时，因为他们认为“人类的一切活动都是真主安排的，我在赴约途中的意外事件阻碍我的前行，这是真主的安排”；法国人视自己的民族和文化为世界上最优秀的，天生有种优越感，和法国人商谈最好用法语。

在喜好上，中国人喜好荷花，认为它出淤泥而不染，但日本人却忌讳荷花，因为荷花是用于祭奠的；猫头鹰在美国是智慧的象征，而在印度则是不祥之物；西方的新娘喜欢白色婚纱，认为白色表示纯洁，但中国传统观念认为白色不适用于喜庆场合；希腊人和泰国人视黄色为吉祥色，而中东人则视黄色为死亡之意；西方人不喜欢“13”，因为和耶稣遇害的典故有关；中国人不喜欢“4”，因为它与“死”谐音，但较喜欢“8”，因为与“发”谐音；日本人不喜欢“4”和“9”，因为和“死”和“苦”读音相似，意味着倒霉和不幸，在日常生活中礼品不送 4 件，剧场不用 4 号，医院没有 4 号病房和病床。给日本人送礼还要注意花式，绿色被视为不吉祥，礼品上不要有狐狸的图案，因为这种动物狡猾，贪婪；不要把菜汤和饭拌在一起吃，因为这是喂猫的方式。另外，西方人因战争死亡的恐怖，还忌讳“3”，特别是在点烟的时候，当点到第三个人时，他们往往会面呈难色，有的人甚至会婉拒。

第三节　文化适应与文化变迁

在国际营销中，文化环境的重要性已经得到了广泛的重视，当企业在某个国外市场销售一种新产品时，往往会遇到各种文化障碍，从而使新产品的销售困难重重。一般来讲，这些障碍的形成有五个原因：

1. 消费者对采用新产品的必要性缺乏认识。如果人们认识不到采用新产品给自己带来的利益，也就不会产生购买新产品的动机。

2. 当地缺乏必要的条件。如配套设施跟不上、教育水平落后会阻碍对新产品的理解和操作。

3. 新产品与人们的价值观念或社会传统相冲突。如速溶咖啡的初次上市，以“省时省力”为宣传的诉求点，违背了当时美国民众对家庭主妇“贤惠勤劳”的价值要求，因而受到了市场的抵制。

4. 消费者规避风险的要求。与已有产品相比，人们对新产品的性能、质量往往不熟悉，也缺乏必要的信心。因而，为了规避风险，人们对新产品采用观望的态度。

5. 消费者的民族自豪感和优越感。人们普遍都具有民族中心主义倾向，其表现就是对自己文化中已知的和熟悉的事物持有强烈的认同感，并自觉不自觉地贬低其他文化中陌生和未知的部分。

面对新产品销售的障碍，企业可以采取两种对策，一是文化适应，二是文化变迁。

一、文化适应

文化适应是指企业制定一套适合当地文化特征的国际营销策略组合。这种营销策略组合可以保证东道国的风俗、习惯和禁忌不会对营销活动的实施造成障碍。乐于采取适应措施是一种至关重要的态度，对不同的文化，我们不仅要忍受，还要能够认同接受。但是，在实践中，文化适应往往是比较困难的，其主要原因是“自我参照标准”(SRC)倾向的存在。

“自我参照标准”是美国市场营销学专家詹姆斯·李在其 1966 年发表的论文《海外经营中的文化分析》中首先提出来的，它是指人们看问题时总是“无意识地参照自己的文化价值观”，一旦遇到具体的情况，就会用自己的价值观来作为衡量和理解这种情况的尺度和标准，并对环境作出相应的反应。在国际营销中，SRC 经常成为适应文化环境的绊脚石，在它的影响下，人们常常无意识地参照自身的价值观来判断文化差异的问题，造成决策的失误。

詹姆斯在论述 SRC 及其影响的同时，提出了有效避免 SRC 不良影响的四个步骤：

第一步，按照本国社会文化的特点、习俗和规范来确定业务问题或目标；

第二步，按照目标市场的社会文化特点、习俗和规范来确定业务问题或目标；

第三步，把"自我参照标准"在该问题中的影响孤立出来，研究"自我参照标准"如何把问题变得复杂化；

第四步，在没有"自我参照标准"的影响下，重新确定业务问题，确定最适当的目标。

需要强调的是，这里的"适应"是指既要保持本国特点，又要能够理解并且乐意适应文化差异。

从本质上讲，对目标市场社会文化的适应性有三个范围：产品、机构制度和人员。

1."产品"要适合目标市场的环境、各种产品制造和检验的规定等。如芭比娃娃在美国的销路一直很好，却有很长一段时间打不开日本市场。后来，美泰公司将芭比的生产许可权授予了一家名为 Takara 的日本企业，该企业通过调查发现，大多数日本女孩及家长认为，芭比娃娃的外形不符合日本文化的审美观。在对芭比娃娃的外形做了改动之后，这种玩具的销量大增，两年内就卖出了 200 万个。今天，芭比在世界诸多国家销售，开发出适合各国各民族审美观和传统文化的经典造型，产品外形依当地文化和时代进步而不断更新和改进。

2."机构制度"包括符合目标市场观念的商业交往和组织方面的适应性。企业熟悉一个新市场的最好途径便是发展人力资源和商业伙伴关系，从而与市场共同成长。美国 3M 公司在国外的34 000名员工中，只有 1%的员工来自美国，其余的雇员均为通晓当地风俗和购物习惯的本地人，公司力求尽可能使当地员工享受与他们美国同事相同的待遇。

3."人员"则要努力摆脱 SRC 倾向。简单地说，国际营销者摆脱 SRC 倾向，适应文化差异可以遵循以下十项指导原则：宽容、灵活性、谦逊、公平和公正、适应不同的工作节奏、好奇心与兴趣、了解他国、喜欢他人、赢得别人尊重、入乡随俗。总之，这些应变能力再加上一个优秀的管理者应具备的素质，是成为一个完美的国际营销者的必要条件。

需要强调的是，文化适应并不是要求企业盲目照搬东道国企业的做法，而是指既要保持本国特点，又要能够理解并且乐意适应文化差异。在战略实施上，可以在保持国际化的同时，在当地施行本土化战略，在这方面，沃尔玛就做得非常好。

【案例借鉴】

沃尔玛在中国的本土化战略

对沃尔玛来说，赢得当地市场需要两个步骤：了解当地情况，确定需要进行本地化调整的规模与内容；要对当地竞争对手的行动与反应作出应变。要想在新打入的市场立足，企业首先必须了解当地市场的特殊性，这样才能确定企业的经营模式中有哪些部分可以原封不动地保持下来，哪些需要进行本地化，还有哪些必须彻底改变。沃尔玛进入中国市场的经历就是一个明证。

1996 年，沃尔玛在深圳开设了亚洲第一家购物广场和山姆会员商店，截至 2002 年，已在中国开设了 26 家分店。目前沃尔玛中国公司经营的商品 95%来自本地，其在中国的采购以每年20%的速度递增，中国已经成为沃尔玛全球最大的供应商之一。

在中国，沃尔玛在华南以深圳为中心、西南以昆明为中心、华北以北京为中心、东北以大连为中心的区域发展格局已经初步形成。2001年，沃尔玛把全球采购总部从香港搬至广东，并以深圳为基地，再向世界延伸20个采购据点。沃尔玛已在东北和珠三角布点，并开始设点华东地区。走出珠三角，加快在中国布点的速度和范围，无疑是沃尔玛中国公司今后的重点。

本土化就是沃尔玛国际化的保障。它在中国的做法正好验证了这一策略：

★管理团队本土化。沃尔玛明白，要真正实现其全球扩张的战略，在中国扎下根，就必须坚决地实行本土化战略。沃尔玛公司一直以其良好的团队建设及对员工的有效培训著称。1996年在中国开设第一家商店之前，沃尔玛曾花了整整8个月的时间对其主管级以上的管理层进行系统的培训。尽管到目前为止，沃尔玛的决策层基本上仍然是美国人，但它希望在今后几年，创建基本上能够自治的、由本地人员管理的团队，这些本地管理人员将负责当地的人力资源、财务及营运。人才的本地化是沃尔玛的管理基础。本地员工对当地的文化、生活习惯比较了解。在运作时，还懂得节约成本，所以人员和管理的本地化能增强企业竞争力。目前，整个沃尔玛中国总部的外籍管理人员占中国所有员工的1%，正在向本地化发展。公司根据其业务发展趋向，加大专业培训力度，委派当地有才华的商业管理人员进行管理。

★采购本土化。"采购中国"是沃尔玛中国发展战略的一部分。本土化采购不仅可以有效地节约成本，而且还能促进与当地政府、商界的关系，可谓一举两得。沃尔玛中国公司经营的商品有95%以上是由中国生产的，这样，一方面满足了当地顾客购买美国生产的高档消费品的愿望，另一方面又缓解了当地政府鼓励购买本国产品而给商店带来的压力。2002年，沃尔玛在中国直接采购和通过供应商间接采购的中国产品总额，超过了任何一家外贸出口企业的业绩。如果按照每个工业职工年均产品销售收入12万元人民币计算，沃尔玛公司的采购额相当于解决了我国100多万人的就业问题。

★经营方式本土化。沃尔玛在中国的本土化战略已取得阶段性成效。这几年，沃尔玛除了在中国培养人才外，进行适应中国市场的调整也一直在进行。近来，沃尔玛新开设的分店和最初进入中国开设的店铺已经有不小的变化，调整的范围不仅包括产品结构，还涉及经营方式，比如设专柜，而国外沃尔玛店没有专柜。而且从最初的购物广场向现在的大卖场、社区店转变，实行多业态共同并举，形成了以大型超市卖场与会员店为"纲"、小而多的社区店为"目"的格局。同时沃尔玛也和中国的零售企业一样，对供应商的付款，也延长了账期——给供货商的货款结算周期从以往的3～7天延长到2个月。2002年，沃尔玛向中国供应商宣布，不收取供应商的"进场费"，此举立即赢得中国供应商的喝彩，也使中国的同行们大跌眼镜。沃尔玛的零售工业化开始崭露锋芒。可以看出，沃尔玛的国际化和本土化是并行不悖的。

二、文化变迁

所谓文化变迁，是指企业通过推动东道国的文化转变，使得企业的产品能够被东道国的客户所接受。由于社会的发展和进步，各种文化的借鉴和交融，所以，文化总是处于动态的变化中，但是出于对原有文化的习惯和固守，这种文化变迁往往又是一个缓慢的过程。外来新文化的渗入，会受到来自各方面的抵制和破坏，能否克服这种抵制，推动文化变迁的顺利进行，在很多时候会决定企业国际营销活动的成败。

在进行文化变迁的时候，企业有两种策略可以选择。一方面，企业可以采用“无计划变革”的策略，引进一种新产品，然后等待文化自然发生变化。另一方面，企业也可以采用“有计划变革”的策略，即有目的地改变那些会对实现预定营销目标产生阻力的文化因素。

文化的“无计划变革”往往比较漫长，而且是在其他社会因素的带动下发生的。例如，20 世纪 90 年代前，所谓西方的圣诞节在东方人的心目中是没有什么概念的，但是今天，圣诞节、情人节、母亲节等“洋节日”已渗透到了中国等大多数东方国家普通人的家庭，特别是年轻人和学生中间，尽管他们中的绝大多数不信耶稣，但是圣诞节的气氛、格调使他们陶醉。伴随着欢快美妙的圣诞音乐，各大酒楼饭店纷纷推出圣诞大餐，举办圣诞晚会，来自国内外各种渠道的圣诞礼品摆在货架最显眼的位置上。从深层次来说，这种文化的无计划变革，是因为随着经济的发展，人们开始追求更高层次的需求。

企业进行“有计划变革”的难度较大，一般要付出巨大的耗费和长期的努力，但是一旦成功，往往会使产品在短时间内被迅速接受。人们都只知道，欧美一些大公司在推销西式的饮料、食品、快餐上作出了巨大的努力，以改变东方人的饮食习惯，使现在经营牛排、汉堡包的西式餐饮店在东方国家也比比皆是。而现在一群日本人在日本政府和一些大企业的支持下，正在美国几个州用各种营销手段试图改变美国人的饮食结构。这些营销人员把目标盯住美国的家庭主妇和儿童，通过广告、送大米样品、送电饭锅、为一些小学的儿童送免费的大米饭午餐等，让美国人慢慢地喜欢、习惯吃米饭，特别是吃美国加利福尼亚州盛产的大米。其最终目的是让美国人自己消费掉加州盛产的大米，从而减轻美日两国在大米贸易上的严重摩擦以及由此带来的不利影响。用营销手段改变美国人的饮食结构从而减轻日本人未来可能受到的贸易压力，需要花多少时间，这在某些人眼里看来简直不可思议，但这正体现了日本政府、日本企业家那种持之以恒、具有长远眼光的特点。

一、思考题

1. 举例说明文化变迁对国际营销的影响。

2. 国际文化环境对国际营销的影响有哪些？中国的国际营销企业应该如何应对？

3. 中国企业到美国开展营销活动，可能会受到哪些利益相关群体的影响？

二、案例分析

1. 这天上午，我们来到位于沙特首都市郊公路边上的麦加其家。在他家的客厅里，我被墙上一幅美女画吸引住了。真是太美了，画中的姑娘栩栩如生；我目不转睛地观赏着，禁不住连连夸道：“这幅画真的不错，这是我见过的最好的画。”话音刚落，我的腰立即被翻译狠狠碰了一下，我陡然一惊，马上想起了在当地做客的一个大忌：不能随便夸奖人家的摆设或死死盯住物品，否则主人会以为你想要，就会把这件东西送给你。而且主人送的东西客人必须收下，不收等于瞧不起他。想到这儿，我马上闭上嘴巴，然而已经迟了，麦加其看我赞叹不已，微微一笑，就把这幅画拿下来，用纸包好，塞在我手中。麦加其告诉我，画中的人物是他妻子。我们又继续聊天，不知不觉天渐渐暗了下来。我没有戴表，心有点急，这时我又犯了一个同样的错误：向麦加其问时间。他二话没说，又十分慷慨地把表给了我。望着麦加其，我真是哭笑不得。有此教训，我再也不敢把目光停留在物品上了，而是把头朝上仰着，死死盯住天花板。我想：你总不能把天花板拆下来给我吧。麦加其看我不断朝上张望，十分纳闷地说："我的朋友，你是不是想要那吊灯，等一下我把它拆下来吧。"

请用国际营销相关理论解释国际营销人员的行为。

2."经过将近8年打拼，TCL彩电品牌已在越南市场占有20%的份额，仅略低于韩国三星的份额。"TCL越南分公司总经理邓伟文表示。作为TCL大规模进军新兴市场的第一站，越南市场对整个TCL国际化战略的标志性意义，甚至不亚于欧美市场的并购之举。

1999年，TCL初试越南，连续18个月亏损几乎使得该项目功亏一篑，当时甚至一些集团管理者都产生了畏难退出的想法。2001年，为了摆脱困境，提升销售，邓伟文去拜访越南西部朔庄省最大的电器经销商，十几次登门，对方均拒绝合作。这一方面是因为经销商对中国品牌不太认可；另一方面，日韩品牌尤其是三星等竞争对手对主要经销商都投入了大量资源进行覆盖。

为了攻克朔庄省这家最核心经销商的堡垒，TCL开始在其周边进行渠道开发，招募中小商家进行合作，最终通过迂回策略成功搭线。如今，这家商户平均每月销售TCL彩电1 500台，而其原来主销的品牌降至700余台。反过来，主流渠道的加盟迅速发展了大批分销商的加盟，最初培育的中小商家也更加稳固。

"渠道关节的打通，是TCL能站稳越南市场的关键。"邓伟文向记者透露，在新兴市场选择渠道一定要可控，在批发与零售的方式上，TCL则选定了零售，业务人员直接下到最偏远的地区与经销商展开合作。由于越南几乎没有强势的全国性连锁卖场，几年来，TCL在当地独创了召开省级经销会的模式，目前已在越南构建了1 000多家经销商的强大网络。

与此同时，在当地建厂扩产的步伐紧锣密鼓。几经技改和扩产后，目前TCL位于越南南部同奈省的工厂彩电总年产能达60万台，比当初产能扩张了6倍。"索尼、三星都有设厂，国内企业在越南直接生产有助于保持成本优势和市场竞争力。"在邓伟文看来，这种产销一体的操作模式，对于攻克如越南等劳动力相对便宜的新兴市场功不可没。

据悉，TCL澳洲公司300多名员工中绝大多数都是当地人，四大办事处经理均拥有10～22年的销售经验，这支本土化的团队显然是TCL迅速适应澳洲市场"水土"的重要推手。其中的核心人物——TCL澳大利亚公司总经理David在当地家电行业有着20多年的销售经验，曾成功把松下、三星品牌引入澳洲，与各大电器零售商建立了良好的关系和信誉。TCL高层直言，能在一年之内成为当地主流经销商认可的"黑马"，与本土领军人物的"江湖地位与功力"密不可分。

"2006年前7个月，TCL在澳洲市场占有率排名第四，市场份额8.8%。"David表示，选择双赢和稳扎稳打的渠道策略是TCL开拓新兴发达市场初步成功的基石。坚持必须进一流渠道的原则除了可以建设良好自有品牌，同时也有利于向周边市场拓展。据其透露，随着澳洲主流家电商抢滩邻近国家市场，TCL今年将奏响进军新西兰的号角。

请问TCL的国际营销受到了哪些因素的影响？TCL是如何应对的？

三、思维训练

1. 三个工人在砌一堵墙。

有人过来问："你们在干什么？"

第一个没好气地说："没看见吗？砌墙。"

第二个抬头笑了笑，说："我们在盖一栋高楼。"

第三个边干边哼着歌曲，他的笑容很灿烂，说道："我们正在建设一个新城市。"

10年后，第一个人在另一个工地砌墙；第二个人坐在办公室中画图纸，他成了工程师；第三个人呢，是前两个人的老板。

同样的环境，不同的命运，一切全在自己掌握。

讨论：你想成为哪一种员工？

2. 形象代言人的选择：假设你是某公司男性化妆品品牌推广经理，请你从中选择一位形象代言人，一位是黑脸张飞，一位是贾宝玉，并解释一下选择的理由。

将本班同学分为两组，分别代表张飞、贾宝玉，各自讨论后可进行辩论。

讨论中思考：当今社会对男性审美的观点如何？东西方国家有何差异？产品的推广应怎样适应社会审美观？

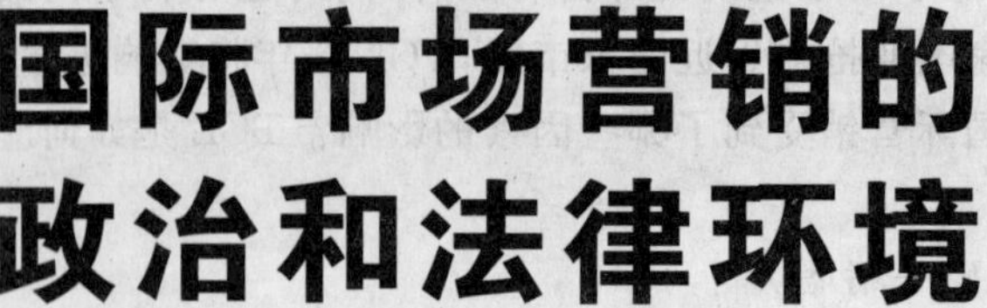

第3章 国际市场营销的政治和法律环境

学习目标：

通过本章的学习，以期达到：

1. 了解政府在社会经济中的作用及其对国际企业营销活动的影响；
2. 了解政治风险的评估方法；
3. 了解国际法律环境的构成要素及其对国际企业的影响；
4. 培养敏锐的市场营销环境观察和分析能力。

【案例导入】

动荡不安的利比亚局势

2011 年 2 月 15 日，利比亚第二大城市班加西爆发了反政府的抗议活动，不少年轻人高呼“打倒腐败分子”，还有人喊出了反对总统卡扎菲的口号。利比亚反政府示威者手举讽刺卡扎菲的海报。

2 月 16 日，数百名利比亚民众在班加西举行抗议活动，与当地警方和政府支持者发生冲突。2 月 17 日，在班加西等多个城市爆发示威活动。在东部城镇艾贝达，目击者表示，有军警狙击手埋伏在屋顶上，造成多名示威者丧生。2 月 18 日，利比亚国家电视台播放了卡扎菲和支持者见面的电视画面，政府支持者在首都等多个城市举行集会。2 月 19 日，班加西形势急剧恶化，利比亚军队向示威者发射迫击炮弹并用机枪进行扫射。美英等国发表声明，谴责利比亚政府的暴力行径。2 月 20 日，卡塔尔半岛电视台称卡扎菲已离开利比亚。此后卡扎菲之子称父亲仍在国内且获军方支持，并警告说利比亚有内战危险。2 月 21 日，据美联社报道，示威者声称已控制班加西。反政府动乱继续蔓延，在首都的黎波里的绿色广场发生了冲突，甚至有目击者称，示威人群遭到射击。2 月 24 日，中国公民陆续撤离；中国海军派出 530(“徐州”号)护卫舰执行护侨任务。

由于利比亚局势持续紧张以及美元走低为油价提供支撑，纽约商品交易所原油期货 2011 年 2 月 21 日的亚洲电子盘交易价格大幅攀升。由于不断增加的避险性需求支撑，国际金价也延续此前上涨势头，在纽约商品交易所交易的黄金期货价格再次站上每盎司 1 400 美元的高位。截至北京时间 2011 年 2 月 21 日 20:30，纽约商品交易所 4 月交货的轻质原油期货价格上涨 4%至每桶 93.3 美元，纽约商品交易所 4 月份交货的黄金期货上涨 0.99%至每盎司1 402.2美元。

有消息称，由于骚乱的影响，中方驻利比亚的企业基本都停止了施工。包括中交、中建、中铁、中水等大型中资企业的项目工地日前都发生了遇袭案。中国商务部已提醒拟赴利比亚开展投资合作业务的企业密切关注当地局势发展，近期暂缓派人赴利比亚开展相关业务。

在进入一国市场时，企业不仅要考虑该国的文化环境，还有必要分析其政治和法律环境。在某些情况下，政治环境可对营销发生直接影响（如一国的政治暴乱将直接影响国际企业在该国的经营），而在另外一些情况下，东道国政府是通过法律和规章来鼓励或制约企业的营销活动的。可见政治因素和法律因素往往是交互作用的，其对国际营销的影响有时也是难以分开的。

第一节　政治环境

这里所讲的政治环境，是指影响企业国际营销活动的各种政治因素。这些政治因素中，有些是来自国际企业母国的，有些是来自东道国的，有些则是国际性的。本节主要讨论的重点是源自东道国的政治因素，主要包括政府的作用及行为目标、政治稳定性、政治干预以及东道国的国际关系等。国际企业到某国去从事营销活动，必须对该国的上述因素进行系统分析，并在此基础上进行政治风险评估，进而确定出躲避或减少风险的措施。

一、政府的作用及行为目标

（一）政府在经济中的作用

目前，各国政府在其本国的经济事务中都起着重要的作用，这种作用主要表现在两个方面：一是经济事务的参与者，二是经济法规的制定者。

政府作为经济事务的参与者，其参与程度因国而异。一般来说，社会主义国家比资本主义国家的参与程度高，发展中国家比发达国家的参与程度高。国际企业之所以关心东道国政府在经济事务中的参与程度，是出于以下几个原因：第一，在政府参与程度较高的东道国，国际企业的力量明显减弱，因为政府往往垄断了某一行业的生产与经营，使国际企业无法涉足其间。第二，在任何国家，政府都是产品和服务的最大买主。这也是政府作为经济事务参与者的一种重要形式。例如，日本政府和瑞士政府的支出分别占各自国民生产总值的19%，美国约占25%。第三，政府参与经济的另一形式是直接与外商建立合营企业。在这里，政府是以合伙者的面目出现的。在社会主义国家和一些发展中国家，这种情况很常见。

政府还是经济法规的制定者。政府的货币政策和财政政策一般都是通过制定法规来实施的。况且，政府的某些法规还更直接、更具体地规定了外来企业的经营方式、经营范围等，进而限制了企业营销组合中产品、渠道、促销、定价等因素的运用。

（二）政府行为的目标

东道国政府对国际企业的经营活动往往既有鼓励，又有限制。在不同时期，不同政治、经济环境下，政府的态度和政策都可能有所不同。为了趋利避害，国际企业应了解东道国政府的行为目标或行为动机。

许多政治学家指出，政府行为的动机或目标在很大程度上取决于政府自身的利益（往往被称为国家利益）。各国政府的利益都有区别，但归纳起来，主要有五种目标：

1. 自我保护目标。主要是指主权的完整。某些国家的政府往往将外来企业视为对国家主权的一种潜在威胁，因而制定一些相当严格的限制性措施。

2.安全目标。各国政府都将尽最大努力寻求生存下去的机会,并将外来威胁保持在最低限度。为达此目标,各国政府除建立以军事力量为主的防御体系外,还在另外一些领域中保持着高度的敏感性。许多政府规定在基础设施、国防工业、重要原料(如石油)的供应等方面,不能依赖外国企业,并尽可能减轻外国企业对这些行业的影响力。

3.繁荣目标。提高本国公民的生活水平是各国政府的重要的和经常性的目标。当国际企业的行为符合东道国这一目标时,政府就会对国际企业的经营活动给予鼓励;反之,则对其活动加以限制。

4.声誉目标。多数国家和政府或是把提高本国声誉本身作为目标,或是将其作为实现其他目标的一种手段。

5.意识形态目标。政府往往把保护某种意识形态的存在并促进其发展作为目标之一。

上述五个目标是东道国政府对外来企业的营销活动所采取的鼓励或限制性行为的出发点。当然,在不同时期,东道国政府的重点目标有所不同,因此鼓励或限制性措施也不同。国际企业只有经过细致的分析,才能对东道国的政策导向保持预见力。

二、政治稳定性

东道国政治环境的另一个方面是该国的政治稳定性。各国的政治环境都在变化,但有的变化平缓,有的变化突然。平缓的变化使企业有调整策略之余地,而突然的变化往往使企业措手不及。这种政治环境的突然变化就是政治不稳定状态,使国际企业不得不采取相应的措施,如停止投资、减少在该国的经营活动以至全部撤出该国市场等。在考虑一国是否稳定时,应注意以下两个重要方面:

(一)政权更替的频繁程度

东道国执政党的更迭,往往代表着该政治环境的变化。一般来说,国际企业对渐进的、非暴力的变化是能够适应的。但如果变化太频繁、太突然,企业就无法在策略上作出适应性的调整,在这种极为不稳定的环境中是无法开展营销活动的。譬如缅甸对外来投资者限制极为严格,但这些法规比较稳定,外国企业比较熟悉。因此,许多外国企业都申请在那里投资。相反,秘鲁比较欢迎外来投资,但其政策经常变化,环境很不稳定,使外国企业难以适应,因此,外来投资者愈来愈少。

(二)政治冲突

政治冲突是指一国的动乱、内战、政变等不安全因素。一国发生政治冲突的原因有很多,主要有政府的更迭、政党的对立、劳资关系的对立、不同宗教集团的对立以及同一宗教集团中不同教派之间的对立等。政治冲突对国际企业的影响包括直接影响和间接影响两个方面。直接影响是指对管理人员的人身伤害、公司财产的破坏以及工人罢工等。间接影响是指导致政府对外来投资和经营在态度上和政策上的变化等。一般来说,直接影响是短暂的,而间接影响是长期的、深刻的。

三、政治干预

政治干预是指政府采取各种措施,迫使外国企业改变其经营方式、经营政策和策略的行为。政治干预的形式主要有没收、征用、国有化、本国化、外汇管制、进口限制、税收管制、价格管制以及对劳动力的限制等。

(一)没收、征用和国有化

没收是指政府强迫企业交出其财产,不给企业以任何经济补偿。征用是指政府强迫企业交出财产,给企业一定的经济补偿,但对企业来说,这绝不是一桩自愿的交易。国有化是指政府将企业的资产收归国有,由政府接管。没收、征用与国有化的区别在于:前两者是政府强迫外国企业交出其资产,但不一定由政府接管,而可能由该国的私人企业接管;而后者则是指政府强迫外国企业交出资产后由政府接管。

东道国政府的没收、征用和国有化是国际企业面临的最严重的政治风险。在这方面比较著名的事例如:1937 年墨西哥政府接管了所有外国人经营的铁路系统,1938 年接管了整个石油工业;1960 年古巴政府将所有工业收归国有;1962 年巴西政府接管了美国公司拥有的发电厂;1979 年伊朗政府没收了所有的外来投资;1983 年法国政府将所有银行收归国有。

东道国政府之所以采取这些措施,是认为该行业对国家的国防、国家主权、国民福利、经济增长等是至关重要的,不能掌握在外国人的手中。一般来说,最容易被没收、征用和国有化的行业包括公共事业和某些自然资源的开采业,如煤炭、石油等。

近年来,采用这些极端措施的国家愈来愈少。原因主要有三:其一,愈来愈多的国家政府逐渐认识到外来投资对本国经济发展的巨大作用;其二,东道国一旦没收某国际企业的资产,便会遇到其母国的反对甚至严重的经济制裁;其三,国际企业采取了各种策略保护自己,如与当地企业或政府共办合营企业,培训并聘用当地人在公司中担任重要职务,向当地银行或第三国银行贷款等。

尽管愈来愈少的政府采取没收、征用和国有化等极端措施,但这些现象依然存在,仍然是企业从事国际营销的最大政治风险,企业对此切不可掉以轻心。

(二)本国化

近年来,愈来愈多的政府采取本国化的措施来对付外来企业的投资。本国化实际上是一种逐渐地控制外来投资的过程,最终结果与征用或国有化无异,只是不像征用和国有化那样突然和激烈。本国化的具体措施包括:把外资企业股权逐渐转移到本国公民手中、提升本国公民担任重要管理职务和提高外资企业产品的国有化程度等。

对国际企业来说,东道国的本国化政策同样构成了政治风险。即使企业在一定时期还能在该国经营下去,但政府派来的“高级管理人员”是否称职?是否全心全意维护公司的利益?国产化的产品质量是否合格?更何况本国化无非是一种逐渐的征用而已,企业迟早要被彻底接管。可见,对国际营销者来说,东道国政府的这种干预形式也是一种较严重的政治风险。

(三)外汇管制

有些外汇短缺的国家往往对外汇的使用规定一些限制条件,这就是外汇管制。外汇管制对国际企业的影响主要表现在两个方面:一方面,企业的利润和资本不能汇回母公司;另一方面,企业生产所需的原料、设备和零部件不能自由地从国外进口,因为东道国政府限制企业自由买进外汇。

（四）进口限制

进口限制是指东道国政府所采取的限制进口的各种措施，如许可证制度、外汇管制、关税、配额等。政府采取进口限制的主要目的在于保护本国工业。东道国的进口限制必然影响到国际企业在该国的经营。例如，甲国（东道国）经营的某制药公司过去一直从乙国（母国）进口制药原料，如果甲国政府采取了限制进口的措施，该公司就不得不改从当地购买原料，但此举可能会带来至少两个方面的问题：第一，当地的原料质量差，导致成品药质量下降；第二，当地制药原料供应紧张，导致生产开工不足，成本上升。

（五）税收管制

东道国政府在税收方面的管制措施也会对国际企业的经营活动产生影响。有时政府决定对外来企业征收特别税，这种歧视性的税收政策就间接地表明东道国政府不再欢迎外国企业在本国的经营。有时政府违背前约，提前结束免税期。这些措施都会给外国企业的经营带来不良影响。

（六）价格管制

社会主义国家大多对价格实行计划控制。在市场经济国家中，价格控制也时常发生。如70年代初美国的尼克松政府就曾为遏制通货膨胀而冻结物价。政府实行价格管制通常是为了维护公众利益，保障公众的基本生活。但这种价格控制直接干预了企业的定价决策。从产品角度来看，生活必需品的价格最容易受政府的控制；从时间角度来看，政府在通货膨胀时期最可能采取价格管制措施。

（七）劳动力限制

在许多国家，工会的力量强大，很有政治影响，往往能使政府制定很严格的法规来限制企业的人事政策，如不许裁减工人，不许关闭工厂等，从而构成了对劳动力的限制。这是一个令国际企业棘手的问题，有时不得不撤出某国市场。例如，1977年日立公司经英国政府批准，在英国的一个失业率较高的地区建立一个电视机组装厂，可以为当地提供500个就业机会。但英国工会坚决反对，认为此举将严重打击英国国内工业，最终导致2 000人失去工作机会。英国政府最后决定支持工会的立场，日立公司不得不放弃建立组装厂的计划。

四、东道国的国际关系

在研究一国的政治环境时，还要考虑该国的国际关系。主要原因在于：首先，对东道国来说，国际企业本身就是外国的一部分，因而也是该国的国际关系的一部分；其次，国际企业在东道国的经营过程中，在产品的供需方面都或多或少地与其他国家发生往来，东道国与其他国家的关系也必然会影响到国际企业的这些贸易往来。

东道国与企业母国的关系是研究东道国国际关系时的最重要的一个方面。例如，我国企业到某国去投资建厂，如果该国与我国的关系正常，则对企业在那里的经营是有利的；反之，如果该国对我国政府的内外政策持敌对态度，就有可能对我国的企业采取某种不利的态度或政策，在这种情况下，我国的企业继续在那里经营，就可能面临较大的政治风险。

研究东道国国际关系时应注意的另一个重要问题是该国与其他国家的关系。如果某国是某一区域性组织（如欧盟、东南亚国家联盟、阿拉伯联盟、拉美自由贸易联盟等）的成员国，企业在决定是否在该国进行贸易或投资时，就必须考虑这一因素。如果某国与许多国家均属敌对关系，企业在决定是否在该国进行贸易或投资时就需要谨慎行事，要认真研究该国一般从哪些国家进口，向哪些国家出口等。例如，非洲国家限制与南非的贸易；阿拉伯国家不仅不与以色列进行贸易，而且对于在以色列投资建厂的任何国家的企业实行抵制政策。

此外，一国参加国际组织的状况也对该国的经贸政策产生影响。例如北约成员国不得单独采取重大的军事行动和政治行动；《关税与贸易总协定》的缔约国不得擅自增设新的贸易壁垒；一国参加了国际货币基金组织可以改善该国的财政状况，但同时其经济政策亦受到某种程序的约束。许多其他国际组织或国际协定都对其成员国或缔约国的经济政策和经济行为规定了某些限制性条件。一般而言，某国参加的国际组织或国际协定愈多，则其被各种规章束缚愈大，采取各种极端性经济政策和措施的可能性愈小。

五、政治风险的评估

根据美国有关专家的统计，在 1975—1980 年期间，有 60％的以美国为基地的跨国公司在国际经营中受到了某种程度的、出于政治动机的损害。因此，自 80 年代初以来，西方许多大型的跨国企业越来越重视国际营销中政治风险的评估。随着我国企业对外直接投资的增加，对国外政治风险进行评估也变得愈加重要。

(一)政治风险的评估方法

企业可采用多种方法进行政治风险评估。常用的方法包括：实地走访法、专家咨询法、德尔菲法和定量分析法。

1. 实地走访法。由一位或数位企业高层管理人员对打算投资的国家进行实地走访。实地走访前，通常要对该国进行初步市场调研，掌握一些最基本的情况。到达该国后，可以通过与政府官员和商界人士会晤，了解当地政局、经贸政策、投资环境等具体情况。

2. 专家咨询法。向有关专家和专业咨询人员(如外交人员、政界和商界的消息灵通人士及专业咨询公司的咨询人员等)了解某国情况。

3. 德尔菲法。按照这种方法，企业向若干位专家发放事先拟定的问卷，由他们独立地对问卷中的各个问题进行打分。企业将打分后的问卷进行汇总，并将结果分发给每一位专家。各位专家可在参考他人的意见的基础上，更正自己的最初意见，并对问卷中的各个问题进行重新打分。企业将这一过程重复若干次。实践证明，企业将诸位专家最后一轮打分结果汇总之后，可以对某些问题得出比较明确的结论。

4. 定量分析法。除使用定性方法外，许多企业还试用定量法来评估政治风险。其中，最常见的方法是判别分析法，即将一系列相关因素用数学关系式表示出来，以预测某一事件发生的可能性。这种方法要求预测人员收集多种数据。复杂的分析过程往往需要借助计算机来完成，并需要专家来解释分析结果。

上述几种方法各有利弊，企业可以根据具体情况选择使用。

(二)政治风险评估的内容

企业在研究国际营销的政治环境时，可对本公司在某一东道国中从事营销的政治敏感程度进行初步分析。分析的内容可分为两大类：一是公司外部因素，二是公司内部因素。

1. 公司外部因素

(1)公司母国与东道国的关系。在其他条件相同的情况下，公司母国与东道国关系愈密切，到该国从事营销就愈顺利。

(2)产品或行业。研究表明，企业从事某些行业、某些产品的生产和经营时(如原料、公共设施、通信、药品以及国防产品等行业)，在东道国面临的政治风险较大。

(3)经营规模及地址。公司经营规模愈大，被东道国视为一种威胁的可能性愈大。特别是当公司的经营地址选在东道国的大城市(如首都)时，其政治敏感程度愈高。

(4)公司可见性。公司可见性指公司在东道国的显露程度或知名度。可见性愈大，政治敏感程度愈高，风险愈大。可见性的高低是由多种因素决定的，如公司在东道国的经营规模及地址、产品的性质(消费品比工业品更具有可见性，制成品比零部件更具有可见性)、广告、牌号等。

(5)东道国的政治情况。公司按某种标准对各国进行评估，并选出其先后次序。例如，美国一家调研公司从政治不稳定性和对企业活动的限制程度两个方面对世界上 60 个国家和地区进行排列，其结果如图 3-1 所示。

对企业经营的限制程度

政治不稳定程度	高	中	低
高	萨尔瓦多 伊朗 扎伊尔	菲律宾	玻利维亚
中	利比亚 肯尼亚 尼加拉瓜 赞比亚 尼日利亚	阿根廷 多米尼加共和国 加拿大 厄瓜多尔 埃及 印度尼西亚 摩洛哥 巴基斯坦 巴拿马 秘鲁 匈牙利 突尼斯 土耳其 南斯拉夫	巴西 哥伦比亚 印度 意大利 以色列 南非 西班牙 泰国 乌拉圭 津巴布韦
低	中国	阿尔及利亚 希腊 墨西哥 沙特阿拉伯 委内瑞拉	澳大利亚 奥地利 智利 丹麦 芬兰 法国 爱尔兰 日本 科威特 马来西亚 荷兰 新西兰 挪威 新加坡 韩国 瑞典 中国台湾 英国 美国 德国

图 3-1　从政治不稳定程度和对企业经营的限制程度两个方面对 60 个国家和地区的划分

2.公司内部因素

(1)公司的行为。在东道国经营的不同公司,都有着不同的经营政策和管理行为,因此在东道国中的形象亦不一样。形象好的公司政治敏感度低,形象差的公司政治敏感度高。在这里,公司的形象和声誉也是公司的宝贵资产之一。

(2)公司对东道国的贡献。公司给东道国所作的贡献中,很多是比较明显的,而且是可用数量表示的。例如:为东道国提供了多少就业机会?向政府缴纳了多少税收?出口额有多少?等等。

(3)经营的当地化。可以表现在许多方面,如使用当地的资金、管理人员和技术人员;产品的生产中使用当地的原料、零部件和服务;在当地开发新产品等等。概括地说,经营愈当地化,愈容易为东道国所接受,政治敏感度愈低。

(4)子公司对母公司的依赖性。这一因素与上述几个因素或多或少有些冲突:在东道国经营的子公司对母公司的依赖性愈强,在当地受到政治损害的可能性愈小,或者说其政治敏感度愈低。这是因为,如果子公司在关键性资源、市场等方面严重地依赖于母公司,东道国政府即使接管这一子公司,也不能使这一企业独立地运转和发挥作用。

(三)减少政治风险的措施

根据以上对政治风险的分析,我们可以总结出减少政治风险的下述几项措施,企业可根据具体情况斟酌使用。

1.寻求当地合作者。合作者既可以是个人,又可以是企业。例如,可以在当地聘请合格的管理人才担任管理工作,甚至担任高层管理工作;与当地企业共同投资,举办合营企业等等。这样做可以利用当地合作者在东道国的关系和影响力,来疏通各种渠道,使国际企业比较容易地跨越文化障碍,从而减少政治风险。许多国际企业的实践证明,这是一种行之有效的做法。

2.突出技术上的不可替代性。在采用这种策略时,国际企业将产品的研究与开发工作放在母国进行,在东道国只从事某种特殊产品的生产。企业应向东道国强调这种产品对东道国经济的特殊贡献,同时使东道国政府了解该产品的生产技术是不可替代的。

3.保持子公司对母公司的依赖性。前已述及,国际企业在重要原料、零部件、市场等方面使子公司依赖于母公司。这种做法可以减少子公司被东道国接管的可能性。

4.在东道国筹资。许多国际企业采取了在当地举借资金,而不是向东道国大量带进资金的做法来减少政治风险。

5.搞好公共关系。如果企业在当地建立了良好的公众形象和有利的公众舆论,那么它所面临的政治风险要小得多。

第二节　法律环境

对于国际企业来说,仅仅了解国际营销的政治环境还是不够的,因为一个国家政府对外来产品和投资的态度往往是通过法律来体现的,法律具体地规定了企业竞争和经营等行为的"游戏规则"。可见,营销人员还应了解从事国际营销活动的法律环境。在本节中,我们只

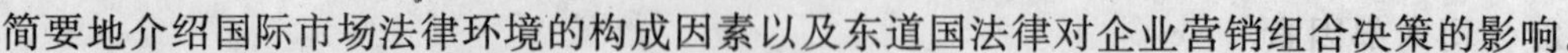

简要地介绍国际市场法律环境的构成因素以及东道国法律对企业营销组合决策的影响。

一、国际市场法律环境的构成要素

企业从事国际营销所面临的法律环境主要由三部分构成：一是本国法规，二是国际法规，三是东道国法规。

（一）本国法规

我国从事国际营销的企业，首先必须了解并遵守我国政府颁布的关于经营、贸易、投资等方面的法规，如《涉外经济合同法》、《专利法》、《商标法》以及有关进出口许可证制度的各种规定。

（二）国际法规

国际法规来源于两个方面，即国际商务条约和国际商务惯例。

1.国际商务条约

(1)涉及国际货物买卖领域的国际公约。例如，1964年海牙会议通过的《国际货物买卖统一公约》、《国际货物买卖合同成立统一法公约》等。

(2)调整国际货物运输关系的国际公约。例如，1968年签署的《布鲁塞尔议定书》，1978年签署的《联合国海上货物运输公约》等等。

(3)关于票据的国际公约。主要有：1930年的《关于统一汇票和本票的日内瓦公约》和《关于解决支票的若干法律冲突的公约》。

(4)关于知识产权的国际公约。例如，1891年的《关于商标国际注册的国际公约》，简称为《马德里协定》；1973年在维也纳缔结的《商标注册条约》。

2.国际商务惯例

国际商务惯例是指由国际组织或商业团体加以编纂或进行解释的，并在国际商务活动中得到反复实践的习惯做法。对企业国际营销活动影响较大的国际商务惯例有：

(1)对国际贸易术语进行解释与规范的三个惯例，即：国际法协会制定的《1932年华沙—牛津规则》；美国九个商业团体修订的《1941年美国对外贸易定义修订本》；国际商会制定的《2000年国际贸易术语解释通则》，简称为《INCOTERMS 2000》，该惯例于1936年制定，而后经过1953年、1967年、1976年、1980年、1990年和2000年6次修订。

(2)对国际货款支付方式加以规范的几个惯例。例如，国际商会制定的《托收统一规则》，从1967年公布后于1978年和1995年作了两次修订，现使用1995年修订的规则，简称《国际商会第522号出版物》。

（三）东道国法规

构成国际营销法律环境的第三个因素是东道国法规。世界上大多数国家的法律体系，大致可分为两种：一种是英美法系，一种是大陆法系。

大陆法系又称为罗马法系、民法法系、法典法系或罗马—日耳曼法系，是以古代罗马法为基础而发展起来的法律的总称，以法国和德国为代表，其他许多欧洲国家，如瑞士、意大利、比利时、卢森堡、荷兰、西班牙、葡萄牙、奥地利、丹麦、挪威、芬兰、瑞典、希腊等国均属大陆法系。并且，随着历史上欧洲资本主义国家的殖民扩张，各宗主国把自己的法律体系带到各个殖民地，在殖民地建立了相应的法律制度。所以，除上述国家之外，整个拉丁美洲、非洲的一部分、近东的一些国家以及日本和泰国等均属于大陆法系。

就法律渊源而言，大陆法系国家特别强调成文法的作用。它在结构上强调系统化、条理化、法典化和逻辑性。它所采取的方法是运用几个大的法律范畴把各种法律规则分门别类地归纳在一起。同时，大陆法系各国均把全部法律分为公法和私法两大部分。其中公法中包括宪法、行政法、刑法、诉讼法和国际公法等；私法中包括民法和商法等。尽管大陆法系各国在各具体法律条文的规定上以及在法典编制体例上有所差异，但在法律制度和法律概念上却是相同的。

英美法系又称为英国法系、普通法法系和判例法系，是指以英国中世纪以来的法律，特别是它的普通法为基础逐渐形成的一种独特的法律制度，以及仿效英国的其他一些国家和地区的法律制度。普通法的主要代表国家是英国和美国。除英美两国之外，过去曾受英国殖民统治的国家和地区，如加拿大、澳大利亚、新西兰、爱尔兰、马来西亚、新加坡、巴基斯坦等也都属普通法系。而南非、斯里兰卡、菲律宾等国原属于大陆法系，后受英美法的影响很大，故它们是大陆法与英美法的混合物。

传统上，英美法系的渊源中判例法占据了主导地位，成文法只是对判例法的改正和补充，居于次要地位。自从 19 世纪以来，成文法的数量日益增多，其地位也不断提高，但判例法仍具有重要地位，它不仅是法律的一个重要渊源，而且成文法本身也要受判例法解释的制约。现在，英美法系国家的法律渊源已经有所改变，主要是由成文法和判例法两者构成，它们相互作用，很难在两者之间分出主次了。除了这两个主要渊源外，条约、习惯法、法理也构成英美法系法律的渊源。

大陆法系和英美法系的区别不仅仅在于不同的历史渊源、法律结构和风格技术，而且在性质上有很大的区别，不同法系的法律对于同一事物可能会有完全不同的解释。因此，国际市场营销者在进入国际市场营销时，必须对国外市场的法律环境进行慎重而明确的分析。

例如在一个英美法系的国家里，财产权利(包括商标等)取决于使用该项财产的历史。哪个当事人在他的包装和广告促销中实际使用了这个商标，就拥有这个商标的所有权。但是在大陆法系国家，财产权利是依据实际注册登记来判定的，率先注册该商标的企业拥有该商标的所有权。

再如对合同中“不可抗力”的解释，不同法系的国家会有不同解释。例如，一家日本公司与英国(英美法系)和意大利(大陆法系)公司签署合同，合同规定在某一规定日期交割电子设备。如果大海中的一场飓风损坏了日本的货物，造成日本公司无法履约。在英国和意大利，这种情况都会被认为是不可抗力所致。但是，假定货物是由于仓储的空调系统的事故而受损，依照英美法系的法律，日本出口商要承担责任，因为在高热的夏季，空调事故是可能预料到的，因而不是“不可抗力”。而依照大陆法系的法律，这仍然可被看做是“不可抗力”。

二、东道国法规对企业营销组合决策的影响

(一)对产品决策的影响

企业国际营销中的产品决策，必然会受到各国法律的影响。首先，在设计产品的物理性能和化学性能时，必须注意各国在安全性能、纯度、功能等方面的要求。例如，美国政府规定了严格的防污染法，向美国出口的汽车，必须装有防污染装置，并要达到美国政府的

汽车排放控制标准。欧洲各国的政府按汽车发动机的规格来征税，向欧洲出口汽车，在设计发动机时，不得不考虑这一因素。

东道国制定这些法规和要求，有时是为了保护消费者的利益，而有时是为了保护生产者的利益，即实行的是贸易保护主义措施。例如，英国禁止进口法国牛奶，原因在于法国牛奶是以公升为单位，不符合英国习惯上使用的单位(品脱)。又如，德国禁止进口英国的割草机，是因为英国的割草机达不到德国的噪音标准。这些限制进口的措施，实际上都是变相的保护主义措施。无论东道国政府规定这些限制条件是出于何种目的，企业都不得不严格遵守。

在产品的包装、标签、牌号、商标、保证和服务等方面，国际企业也必须了解东道国的特殊要求。以标签为例，各国的法律一般都要求企业在标签上标明产品名称、生产者和经销者名称、产品成分和使用方法、净重或毛重、原产国等。但各国又有不同的要求和侧重。企业在哪个国家从事营销，就必须遵守当地政府的规定。

(二)对定价决策的影响

许多国家采取控制物价的做法，但各国在控制范围上大小不同。总的来说，社会主义国家和许多欠发达国家对价格控制得较为严格，而发达资本主义国家则一般鼓励企业在定价方面进行自由竞争。当然，发达资本主义国家在定价方面的做法也有区别，如法国对许多商品在定价方面实行价格限制，而日本只控制大米这一种商品的价格。一般而言，生活必需品，如粮食、药品等，最容易受到政府的价格控制。

在控制价格的手段上，各国亦不相同。有些国家是直接控制价格本身，而另外一些国家则采用控制利润的做法。例如加纳政府曾按不同行业，把生产企业的利润率规定在25%～40%之间；阿根廷政府规定，制药公司的标准利润率为11%。

(三)对渠道决策的影响

各国的法律对企业渠道决策的影响较小，企业可比较自由地在市场现有的渠道中进行选择。但是，当企业在当地与经销商或代理商签订或终止某一协议时，都要涉及法律问题。此外，有些国家对当地中间商的经营范围(如产品范围、地理范围等)可能作出一些规定，企业在选择中间商时应考虑这一因素。

(四)对促销决策的影响

促销的主要方式包括广告、人员推销、营业推广和公共关系等。在此，我们仅以广告为例，探讨各国法律对企业广告决策的影响。

大多数国家都以法律的形式对广告加以管理和限制。一般来说，各国对广告的管制不外乎以下几种形式：第一，对广告信息进行限制。例如，按照德国的法律，企业在广告中不得使用“比……好”或“最好”一类比较性词句。第二，对某些产品的广告进行管制。例如，美国法律禁止在电视上做香烟和酒的广告。第三，对广告媒介进行限制，有些国家的法律规定不允许以电视或无线电作为广告媒介。第四，对广告课税。例如，秘鲁对所有户外广告均课以8%的税款。

从上面的讨论可以看出，各国的法律对国际企业营销组合各方面的决策都有影响，营销人员对这些法律应有所了解。此外，还应了解东道国各种法律的执行情况。有些国家制定了一些法律，但其中有些根本得不到执行，而另外一些法律却得到严格的执行。因此，仅了解法律条文本身还不够，还要了解法律的执行情况。当然，营销人员并非律师。即使是律师，也不可能对本国的、国际的和各国有关营销活动的法律了如指掌。但是营销人员应知道哪些重要的营销决策最易受到法律的影响和制约，以便在制定这些决策时，求得精通该方面法律的律师的帮助。

本章练习

一、思考题

1. 东道国政府行为的目标主要有哪些？

2. 为什么要了解东道国的政治稳定性？一国政治稳定与否的标志主要有哪些？

3. 何谓政治干预？东道国政府对于外来企业的经营进行政治干预的形式主要有哪些？

4. 国际营销的法律环境有哪些构成因素？

5. 简述东道国法律环境对国际企业营销组合决策的影响。

二、案例分析

美国制药公司的销售额有30%是在海外实现的，该公司生产常规药品，除此之外也生产动物保健药品、化妆品和一些其他的专利药品。除常规产品以外的其他产品的销售额占该公司总销售额6亿美元的1/4。

该公司的产品行销世界上70多个国家。在这些市场上，大多数是通过经销商进行销售的，它只在其中的6个国家有制造厂或联营厂。公司在拉丁美洲唯一的一家制造联营厂设立在拉丁尼亚，一个拥有3 000万人口的国家，销往拉丁美洲的产品就是从拉丁尼亚运去的。

最近公司的新药科罗莱恩(Corolane)2号在拉丁尼亚遇到了问题。此药对治疗肠道疾病和传染病十分有效，在几年前就被研制出来了。三年前的检验证明该药具有良好的性能，公司就把科罗莱恩2号在美国和世界各主要市场登记注册。上一年度，公司开始在美国和几个主要的国外市场上推销科罗莱恩2号，这些国家的医药专家们很快就接受了该药并给予肯定的评价。

由于科罗莱恩2号获得初步的成功，该公司决定在所有的国外市场上进行推销。他们计划在拉丁尼亚制造和推销科罗莱恩2号。问题是一位拉丁尼亚公民福志·罗德瑞兹已经用科罗莱恩2号这个名称在拉丁尼亚范围内进行了注册。尽管在程序上有疑问，但这却是合法的。因为按照拉丁尼亚的法律，是根据注册的先后而不是使用的先后给予商品名称独占权的。拉丁尼亚也是世界上少数几个没有参加国际专利和商标协议的国家。

公司的问题是它不能在拉丁尼亚用科罗莱恩2号这个名称来推销产品了，因为罗德瑞兹已经拥有了这个名称的独占权。当然，罗德瑞兹十分愿意以10 000美元的价格出让科罗莱恩2号的独占权。

注册外国商标是罗德瑞兹的一个生财之道。他通过订阅贸易及技术方面的杂志(特别是医学方面)，并注册他能发现的所有新的商标名称而发了大财。当然并不是所有的这些名称都将在拉丁尼亚使用，但即使是其中的一部分也足以使罗德瑞兹大发其财。科罗莱恩 2 号就是典型的一例。早在开发阶段，就已有很多文章报道过此药在检验和应用方面的成功，科罗莱恩 2 号的名称在这些文章上一出现，罗德瑞兹立即就在拉丁尼亚进行注册，比美国制药公司的行动早了两个星期。

美国制药公司以前在拉丁尼亚和其他国家也遇到过类似问题，而且每次都进行了调查研究。不过，美国制药公司的一些管理人员认为，把新产品在每个市场上都注册是不划算的。

请问：

1. 大陆法系国家和英美法系国家在商标注册上的规定有何不同？

2. 如何解决美国制药公司在拉丁尼亚的问题？请列出所有可能的办法并分别评价。

3. 作为国际营销者，应如何避免类似问题？

三、案例讨论：谁在伤害中国制造

2003 年 7 月 9 日，日本著名企业索尼将在香港上市的中国民营电池生产商——比亚迪告上了东京地方法院，起诉理由是比亚迪公司生产的锂离子电池在电极原料及包装结构上侵犯专利。

“比亚迪的锂离子电池工艺、技术均由自己开发，我们绝无侵权的情况。”比亚迪公司董秘邓国锐对《商务周刊》说。“被索尼起诉的电池在日本并没有销售，索尼的诉讼只不过是一种商业手段，我们对此很有信心。”比亚迪公司对索尼的起诉表示了谨慎的乐观。

或许比亚迪所面临的专利之争已经不是新鲜话题。从奥林巴斯数码相机事件，到丰田诉吉利美日车标图案造型侵权；本田诉上海飞羚摩托等三厂商侵犯了其小型摩托车的外观设计和发明专利……“一系列诉讼似乎表明，日本已将专利策略运用到极致。”国家知识产权局有关人士这样评价。

2002 年，日本在中国的专利申请总量达到了 13 736 件，同比增长 38.9%，占整个国外专利申请总量的 1/3 以上。国家知识产权局的数据显示，在中国注册专利数量列前 10 名的国外厂商中，日本占据 5 个，其中包括松下、索尼、丰田、日立、佳能。

“专利正成为日本扩张经济影响力的武器。日本除向中国注册专利以外，还加快了对中国产品销售地的专利注册速度，韩国、印度和蒙古等邻国均是中国的主要出口国，日本在这些国家注册专利数量有明显增加的迹象。”中国律师协会知识产权专业委员会副主任温旭告诉《商务周刊》。

日本商会相关人士表示，自 1885 年日本第一部专利法公布至今，用专利保障整体制造业不落伍，这是日本的传统。现在专利问题在中日企业之间突出起来与“中国制造”有直接关系。业内人士认为，从问题表面来看，比亚迪这样的专利诉讼使中国制造 vs. 日本制造变得十分微妙。而从深层次上，面对越来越细化和复杂的竞争，中国企业可能会生存于专利的夹缝中，这是令人担忧的问题。

国家知识产权局相关人士表示：“《专利合作条约》是国际贸易组成中的一部分。中国作为《巴黎条约》的缔约国，处于起步阶段时，不可避免地遇到专利问题。由于中国是最大发展中国家，制造业处于飞速发展和转型期，专利问题在中日之间被放大了。”数字表明，中国加入《专利合作条约》后，专利纠纷增长 4 倍，近一半专利纠纷与日本企业有关。

日本是从发展中国家成长起来的现代工业国家，从 20 世纪六七十年代以来，日本的发展之路沿袭了从模仿到创新、从促进知识的传播到保护知识的专利产权这一条轨迹。但现在，当中国向现代化工业迈进时，时代已经发生了巨大的变化，模仿和创新成了一个不可回避的矛盾体。

中国于 1986 年加入《巴黎合约》，并多次在缔约方会议上重申对技术革新的保护。而目前的情况是，世界上 97％的专利掌握在发达国家手中，专利已经成为西方发达国家企业获得垄断利润的重要手段。对于开展国际经营的企业而言，研究东道国保护专利的法律和制度，以及相关的专利保护国际公约，才能更好地避免专利纠纷，达到保护自己的权益的目的。

思考并讨论：

1. 请用国际营销的相关理论解释日本的专利保护行为。

2. 日本企业的专利保护行为对我国企业的国际营销之路的借鉴和启示。

四、思维训练

假设你是国内一家经济型轿车生产厂家的营销经理，请就国家汽车消费税率的调整、各地小排量汽车使用政策的调整及能源紧张的现状分析一下经济型轿车发展的环境。

第4章 国际营销的经济环境

学习目标:

通过本章的学习,以期达到:

1. 了解国际营销的经济环境的含义;
2. 掌握国际营销经济环境的分析方法;
3. 了解国际营销经济环境分析的主要内容;
4. 培养敏锐的市场营销环境观察和分析能力。

【案例导入】

底特律的新麻烦:韩国车开始杀入北美市场

好像底特律的烦心事儿还不够多。除了经济衰退和通用汽车、克莱斯勒破产,这几天又有一个新麻烦冒出头:以现代和起亚为首,众多规模更小的汽车制造商已迎头赶上,准备填补汽车巨头留下的巨大空白。

现代和起亚两大汽车品牌同属韩国现代集团,在美国共占7.3%的市场份额,与日本尼桑并列排在美国汽车销售榜单的第六位。

2008年,现代和起亚的市场占有率不过5%。位列美国前五大的汽车销售商分别为通用、丰田、福特、本田和克莱斯勒。眼前的一切就像是40年前日本汽车"暴发户"的翻版。当时,日本汽车制造商首次进入美国市场,如今他们却控制着美国汽车市场40%的份额。

分析人士认为,有两种因素决定日韩中小型车企正在行业衰退中崛起。其一,当前的整体市场份额缩水为年销售1 000万辆车,比两年前下降了40%。这为那些无须卖出数百万辆车就能获利的中小型车企创造了机会。汽车行业咨询公司"汽车数据"主席皮纳力表示,"市场规模小、客户少"的汽车制造商反而能够在此时盈利。其二,皮纳力认为,"小型车企可供选择的好车太多,那些急匆匆出门工作,买点快餐就赶回家看真人秀的购车者已不再执著于品牌,而更看中汽车本身的质量"。

尤其值得注意的是,现代汽车的汽车担保计划也在挑逗着消费者的神经。根据该计划,车主如果一年内失业,现代将负责回购这些车。据悉,其他汽车商也纷纷开始变相效仿类似的办法。

在2009年底特律汽车展上,现代汽车的高端车系劳恩斯荣获北美年度汽车奖。提供购车建议的资深分析师杰西·托普瑞克表示,中小型车企过去几年在创造品牌忠诚度方面做得很成功,它们发布的产品实力很强,在大汽车商的痛苦中渔翁得利。在他看来,现代和起亚的鼓励购车举措已超过了日本和美国的竞争对手。

现代的业绩增长主要得益于吸引了李·费格里奥罗这样的客户。费格里奥罗是一名退休的IT高管，住在佛罗里达州的棕榈海岸区。上个月，他把自己的丰田Solara卖了，改驾现代的劳恩斯。在通用提出破产申请时，他原想买一辆凯迪拉克CTS，“如果是在几年之前，我是不会买现代汽车的。”但一位朋友的现代汽车给费格里奥罗留下了深刻印象，他立刻掏钱买了一辆劳恩斯。费格里奥罗在试开后就爱上了驾驶劳恩斯的感受，他说：“这是我开过的最棒的车。”

（来源：人民网——《国际金融报》2009年6月23日）

经济是文化中的一个重要因素。市场营销本质上是一种经济活动，当然要受到各国经济环境的影响，因而企业营销人员必须使营销决策适应各国的经济环境。

国际营销的经济环境，具有两个层次上的含义。第一个层次是世界经济（或称国际经济），其中主要是指国际贸易体系（包括贸易方向、商品结构、国际收支、贸易政策、区域性经济与贸易联盟等因素）和国际金融体系（包括汇率、国际金融机构、国际支付制度和储备体系等因素）。毫无疑问，无论是国际贸易体系还是国际金融体系，都要给企业的国际营销决策带来影响。因为国际营销是跨国界的经营和销售活动，必须伴随着商品和货币的国际转移，因而也必然受到国际贸易体系和国际金融体系的制约。

国际营销经济环境的第二个层次是国别经济。本书对经济环境的研究，以第二层次为主。企业进入某国市场，必然要研究该国的经济环境及其对营销决策的影响。在研究一国的经济环境时，主要研究其市场规模和经济特性两大类因素。

第一节　市场规模

企业在进入某国市场时，首先关心的是该国的市场规模，如果市场规模太小，潜量不大，就不值得去开拓；如果市场规模足够大，值得开拓，企业就能进一步考虑该市场的其他特性。

市场规模是由多种因素决定的，而不同产品的市场规模又有不同的决定因素。但是大多数产品的市场规模都与人口和收入有着密切的关系，甚至主要是由其决定的。因此，我们重点分析人口和收入对市场规模的影响。

一、人口

人口是构成市场的主要因素之一，在其他条件相同的情况下，人口愈多，市场愈大。当然，“其他条件”绝不会完全相同，因而人口总量本身常常不足以表明一个国家市场的大小。然而，许多产品的消费量是与人口数量有关的，譬如在衡量许多保健用品、食品、教育用品等产品的市场潜量时，人口数量是首要指标。此外，还有一些价格低廉或具有特殊用途的产品，如软饮料、圆珠笔、自行车等，其市场潜量都与人口数量有直接关系。

从事国际营销的企业，不仅要关心某一潜在市场的当前人口总量，而且要注意了解该市场的人口发展趋势，即人口增长率，因为许多营销决策都是长期的，受人口增长率的影响很大。

各国的人口增长率有很大差异。一般说来，经济愈发达，人口增长率愈低；反之亦然。

当然也有例外。对国际营销者来说，国外市场上的人口增长率会产生两个方面的影响：一方面，人口的增长意味着新的家庭增多和对商品需求的扩大，这正是国际营销者所希望的。另一方面，人口增长过快将会限制经济的发展，进而会限制人均收入的提高，从而又使该市场对国际营销者的吸引力减少。究竟哪一方面的影响更大一些，要视产品的具体情况而定。

人口对市场的影响还体现在人口的年龄结构和人口密度等方面。从人口的年龄结构方面来看，老年人和青年人的需求有很多差异。譬如在老年人比重较高的地区，助听器和电池的销售就多；在年轻人比重较高的地区，化妆品、时装的销售量就大。从人口密度方面来看，企业一般都希望在人口密度较大的地区从事营销活动，因为这些地区购买力比较集中，企业可以在促销、分销渠道等方面都比较容易收到较好的效果。当然，其他企业也可能希望在这种地区经营，因而竞争可能比较激烈。

小资料

2009—2010 年世界人口排名

美国人口咨询局公布的最新报告预测，世界人口将在 2010 年超过 70 亿，而亚洲、非洲、拉美等发展中国家集中的地区仍为主要人口增长点。报告并预测，在 2028 年左右，印度将成为世界人口第一大国，届时其人口将超过 14.6 亿；而中国人口也将超过 14.6 亿；美国人口位居世界第三。

报告中指出，2010 年 3 月 1 日，世界人口合计为6 714 341 931人，其中人口上亿的国家有：

1 中国 1 346 000 000　　占世界人口 19.77%；
2 印度 1 198 016 000　　占世界人口 17.52%；
3 美国 315 950 000　　占世界人口 4.53%
4 印度尼西亚 231 627 000　　占世界人口 3.47%
5 巴西 186 500 000　　占世界人口 2.8%
6 巴基斯坦 163 630 000　　占世界人口 2.45%
7 孟加拉 158 665 000　　占世界人口 2.38%
8 尼日利亚 148 093 000　　占世界人口 2.21%
9 俄罗斯 142 499 000　　占世界人口 2.14%
10 日本 127 720 000　　占世界人口 1.91%
11 墨西哥 103 263 388　　占世界人口 1.54%

二、收入

市场上只有人还不行，人还要有钱。人没有钱，没有购买力，也不能构成市场。因此，在分析一国市场规模时，除分析其人口因素外，还必须分析其收入。对收入的分析可以从收入的分配、人均收入和国民生产总值三方面着手。

（一）收入的分配

人均收入作为衡量市场规模的指标，只有在收入分配相对均匀的国家或地区，才有相应的实践意义。而在许多国家，收入的分配是很不均匀的。如，巴西、肯尼亚和墨西哥等国，占人口总数20%的低收入阶层仅拥有不到3%的国民收入。而占人口总数20%的高收入阶层却占有60%以上的国民收入。这种在收入分配上出现的两极分化现象，要求企业的营销人员在对这些国家的市场进行分析时，应注意两极人口的巨大差别，处于两极的人口，具有不同的购买力和需求特性，往往代表着不同的市场，企业应向其提供不同的产品，实施不同的营销策略。

（二）人均收入

我们常用人均收入这一指标来衡量一个国家的经济发展水平，这一指标还在很大程度上反映出一国在现代化程度以及在医疗保健、教育和福利事业等方面的进展。国际营销在分析外国经济时，也往往从分析其人均收入水平着手。人均收入确定是一种很有用的指标。

然而，国际营销人员在使用这一指标分析各国市场潜量时，应注意以下几个问题：

第一，人均收入指标不一定能准确地反映实际购买力。从我们所能见到的二手资料中，各国的人均收入都是将本国货币按一定汇率折算成美元表示的。这种用美元表示的人均收入指标正确与否，在很大程度上取决于汇率是否合理，是否能正确地反映两种货币的实际购买力。在现实中，不少国家货币的价值都被人为地高估或低估，用这种汇率折成的美元表示的人均收入指标就不能准确地反映出实际购买力水平。

第二，各国的人均收入指标缺乏可比性。有些项目在甲国被算入国民收入，在乙国则被排除在国民收入之外。例如，在中国和许多其他不发达国家的部分农村地区，商品生产和商品交换还不够发达，农民的衣食住行在很大程度上是靠自给自足而不是通过商品交换来解决，这些项目就不能全部算入国民收入水平之中。而在商品交换高度发达的国家中，这些项目就有可能全部算入国民收入。可见，各国的国民收入计算范围有所不同，在此基础上算出的各国人均收入就缺乏可比性。

第三，收入分配的不均等使人均收入不能反映一国的实际需求量。例如，科威特是一个典型的两极分化的社会，人均收入高于美国，但广大民众收入很低，对绝大多数产品的需求量要少于美国。

（三）国民生产总值

评估国外市场的另一个重要指标是国民生产总值。对某些产品来说，用国民生产总值这一指标来衡量一国的市场规模比用人均收入要好得多。例如，比利时的人均收入大约是印度的34倍，但印度卡车、公共汽车、水泥和钢铁消费量却是比利时的3倍，收音机是比利时的5倍，这说明使用人均收入指标来就上述产品比较两国市场的大小是不对的，然而用国民生产总值指标却可以说明问题。因为印度国民生产总值大约是比利时的2倍。当然，在衡量另外一些产品（如电视机、私人轿车等）的市场规模时，人均收入指标可能更有用处。可见，究竟使用哪个指标更可行，取决于产品的特性。

小资料

金融危机改变消费 法国73%家庭选廉价货

根据对法国1 000个家庭的抽样调查，2009年有1/4的家庭（26%）表示准备购买一件家具或卧具。由于国际金融危机，有1/3的家庭从现在起已改变了消费方式，有73%的家庭表示首先选择购买便宜产品，57%的家庭表示首要的是储蓄，还有43.9%的家庭明确表示推迟房屋重新调整布置的计划。

法国室内家具工业联合会研究院发布的 2008 年销售评估报告显示，法国家具销售在 2007 年创纪录地增长 7.3%(96 亿欧元)之后，2008 年仅微幅增长 0.2%。

如果所有家庭用品按不同销售渠道分解(客厅、室内装饰、卧具和厨具)，年轻居住者青睐的 Ikea、Alinéa 和 Fly 以及厨具制造商们的销售继续有所增长；相反，家居设备商如 Conforama、But 和 Sésame 则销售下降。

第二节 经济特性

在上一节中我们讨论了市场规模问题。在研究一国经济环境时，除了研究该国市场潜量大小之外，还要研究该国经济中影响企业营销的一些特性，如自然条件、经济活动的特点、基础设施以及城市化程度等。

一、自然条件

一国的自然条件包括该国的自然资源、地形和气候条件。这些因素都会在不同程度上给企业的营销决策带来影响。

(一)自然资源

一国的自然资源是指自然界提供给该国的各种形式的财富，如矿产资源、森林资源、土地资源、水力资源等。企业到某国去投资或从事营销，必须了解该国的经济地理条件。如果该国对本企业产品需求很大，但缺乏必要的生产资源，那么企业只能向其出口；如果不仅需求大，而且必要的生产资源很丰富，企业就有可能前往投资建厂，在当地生产，然后就地销售。可见，一国自然资源丰富，往往是吸引外国企业前来投资建厂的重要原因。

此外，企业营销人员了解一国的自然资源状况，有助于判断该国未来经济发展的前景。例如，中东许多国家正因为丰富的石油资源而成为经济上的暴发户。澳大利亚也因为丰富的矿产资源而使其经济在 60 年代得以迅速发展。

(二)地形

地形是指一国领土的表面特征，由平原、山脉、江河、湖泊、森林、沙漠等因素构成。这些因素也会影响国际营销。譬如，在地势平坦的国家，公路和铁路的运费都较低；反之，如果一国山多，道路崎岖，运费自然就高。可见，地形对产品的实体分配影响甚大。

(三)气候

自然条件中的另一因素是气候，表明某国家或某地区的气温、干湿度以及刮风、降雨等条件。世界各国气候条件的差异也会影响到国际营销决策。以建筑机械设备为例：在中东地区使用时，就得适应当地酷热干燥的气候条件；在南美地区使用时，就要考虑当地热带雨林气候对机械设备的影响；若在北美或北欧国家使用，又得适应严寒多雪的气候。

二、经济发展阶段

各国经济都处于发展之中，但所处的发展阶段不同。关于一个国家经济发展阶段的划分，引用较多的是美国经济学家罗斯托的经济发展阶段理论。罗斯托教授把一个国家经济发展的进程分为五个阶段，即：

第一阶段，传统社会阶段。处于该阶段的国家教育水平低下，缺乏大幅度提高生产力水平的能力，缺乏对现代科技系统应用的能力；识字率低，人口在其他方面的素质亦很差。

第二阶段，起飞前的准备。处于第二阶段的是指那些正在向起飞阶段转化的国家。在此阶段，现代科技方法已经应用于工业和农业生产。运输、通信、电力、教育、保健卫生以及其他公用事业也开始发展，尽管规模不大，但有着重要的意义。

第三阶段，起飞阶段。处于此阶段的国家，经济开始稳定增长，人力资源和社会福利得到发展，经济的稳定发展、农业和工业的现代化导致其规模迅速扩大。

第四阶段，迈向成熟阶段。在起飞阶段之后，国家经济持续发展，现代技术开始应用于各项经济活动，并开始积极参与国际经济。在此阶段，无论从技术上，还是从企业家的管理技能上，都能够生产那些打算生产的东西，而不是生产所有的东西。

第五阶段，大众高消费阶段。在这一个阶段的国家，人均收入达到高水平，以至于多数居民拥有可观的可支配收入，主要经济部门开始转向生产耐用消费品和服务。耐用消费品生产和服务成为国家经济发展的重点行业。

处在不同发展阶段的国家，生产能力和需求模式往往不一样，进出口商品的结构、档次和规模也不相同：处在传统社会阶段的国家，以自给自足经济为主，进出口比重很小；处于起飞前准备阶段的国家，往往要加大对交通运输、通信能源、教育卫生等基础设施的投入，对于这类设备和技术的进口有着强烈的需求；处于起飞阶段的国家，由于经济的高速增长，对国外资金、技术与产品的需求增加，国内工农业生产规模的扩大又为出口提供了充裕的货源，对外贸易在国民经济中占据重要的地位；处于趋于成熟阶段或大众高消费阶段的国家，经济持续发展，国民收入不断增加，生产技术与管理技能现代化，比较优势从资本密集型转向技术密集型产品，技术贸易和服务贸易规模扩大，对外贸易的重要性更加突出。

三、基础设施

一国的基础设施主要包括该国的运输条件、能源供应、通信设施以及各种商业基础设施。运输条件是指多种运输方式(包括公路、铁路、航空和水运)的可获性及其效率。能源供应是指各种能源的可获性及其成本。通信设施是指各种信息传递媒介的发达程度及其传递信息的质量。商业基础设施是指各种金融机构、广告代理、分销渠道、营销调研组织的可获性及其效率。

各国的基础设施条件差异很大。以运输能力为例，如将德国与尼日利亚作一比较可发现，前者拥有的汽车数量是后者的 20 倍，前者的铁路运输能力是后者的 60 倍。再将尼日利亚与墨西哥进行比较，尽管两国都是经济发展速度较快的发展中国家，但尼日利亚却远远落后于墨西哥，其汽车拥有量只是后者的 1/5，铁路运输能力是后者的 1/37。当然在比较两国运输能力时，除了比较其公路、铁路的运输能力外，还应注意航空和水运等运输能力的比较。

国外市场上的基础设施状况对企业的国际营销活动影响甚大。一国运输能力的大小、多种运输方式的发达状况、运费的高低等条件都直接决定了企业在该国的产品实体分配的效率。“一个生产电力机械设备和耐用消费品的企业，要关心出口市场的电气化程序，那些能源消耗数字较低的国家，便不是非常具有吸引力的市场。”从通信设施来看，企业在一国从事营销活动，必须要与企业内部的职工，外部的顾客、供应商、经销商、政府部门以及公众进行信息的沟通，当地通信设施发达与否，直接影响着信息传递的效果。至于商业基础设施，对企业营销的影响更大，而且更为直接。没有各种金融机构、广告公司、市场调研公司提供服务，没有一套完备的分销渠道结构，企业的营销活动就寸步难行。

一般来说，一个国家的基础设施愈发达，在该国的营销活动也就愈顺利。如果该国的基础设施不够发达或极为落后，那么企业或者设法适应该国的条件，或者干脆放弃这一市场。近年来，我国在大量吸引和利用外资的过程中，已逐渐认识到：我国基础设施的落后，也成为进一步吸引外资的桎梏；只有加紧基础设施建设，进一步改善投资环境，才能更大规模地利用外资。反过来，我国企业在打入其他国家市场时，也应将其基础设施状况作为分析和评估其市场吸引力大小的重要内容之一。

四、城市化程度

城市化是各国经济发展中的一个重要趋势。随着生产力的提高，农业人口越来越少，而从事工业、商业、服务业的城市人口越来越多。世界各国城市化程度差别很大。根据世界银行 2006 年的统计，英国城市人口比重为 96%，比利时为 98%，荷兰为 95%，美国为 96%，科威特为 94%，印度为 46%，中国为 58%，俄罗斯为 78%，泰国为 44%，埃塞俄比亚为 25%，卢旺达为 10%，不丹为 6%。

国际营销者在进入某国市场时，要了解该国的城市化程度。因为一般来说，由于社会历史的原因以及经济文化的差异，在生活方式和消费观念等方面，城市居民与乡村农民表现出较大的城乡差别。例如，农村居民在衣食住行等方面是以自给自足为主的，而城市居民则主要通过货币交换来满足这些需求。城市的信息传递媒介比较发达，因此城市消费者掌握的信息较多，在购买时善于对各种商品进行比较。此外，城市居民一般受教育较多，思想较开放，容易接受新事物，而农村则相对闭塞，农民的思想较为保守。因此，一些新产品和新技术往往是首先被城市接受的。企业开发的新产品或者提供的新服务往往率先在城市地区进行试销，而后再向农村地区扩展，形成所谓的消费梯度。企业必须注意这些消费行为方面的城乡差别，相应地调整营销策略。

从事国际营销的企业还必须研究各国城市化程度与企业产品消费量之间的关系。在某些国家，对某些产品来说，城市居民和农村人口，虽属同一市场，但在某些方面存在着明显差别，应被视为不同的子市场；对另外一些国家和另外一些产品来说，农村人口和城市居民在企业产品消费方面没有多大差异。有时农村和城市是两个根本不同的市场，企业只能进入其中一个市场。这就是说，尽管城乡居民在消费行为上存在着差异，但在某些国家(或对某些产品来说)，这种差异可能更大一些；在另外一些国家(或以另外一些产品来说)，这种差异就较小。企业应根据自己产品的特点以及目标市场所在国家的特点，对城乡居民的差别作出具体分析。

五、通货膨胀

国际营销者研究各国经济特性时需注意的另一个问题是通货膨胀。各国都有自己的货币体系和独立的货币政策，导致各国都有不同的金融环境和不同的通货膨胀。通货膨胀一直是令各国政府最头痛的问题之一。进入 20 世纪 80 年代以来，各发达国家相继采取通货紧缩措施，在一定程度上遏制了通货膨胀的发展。企业到这些国家中从事营销，必须了解高通货膨胀率造成的影响。

通货膨胀首先影响需求。从理论上讲，一国发生通货膨胀，人们的实际工资水平下降，购买力下降，需求也会下降。但从实际上看，消费者从心理上担心物价进一步上涨，所以纷纷抢购商品，这样，通货膨胀反而刺激了需求。同时，通货膨胀使企业的成本控制和定价决策变得更为复杂化了。此外，通货膨胀率在各国之间的差异，还影响到企业产品和资金的国际转移。

六、外来投资

当企业考虑进入某国市场时，还应研究该国的外来投资的多寡，即了解有多少外国企业已在或正在该国建立独资或合资企业。通过对外来投资的了解，可以了解该国政府对外国企业的态度，还可以了解该国市场的吸引力大小及竞争状况。

如果该国的外来投资很少或没有，说明该国政策可能不欢迎外国企业，也可能其他方面的投资环境（如基础设施等）条件很差，致使外国企业望而生畏。当然，外来投资少，竞争不会很激烈，本企业前去投资，也可能是一个机会，在这两种可能性中，前者可能性较大，后者可能性较小，但并不意味着绝对没有机会。反之，如果该国中有很多外国企业，说明该国是一个开放的市场，政府欢迎外来投资，但同时也说明该国的竞争比较激烈。

从目前情况来看，各国企业的对外直接投资多集中于两类国家，其一是发达国家，其二是经济发展速度较快、实行开放政策的发展中国家。例如，日本的对外直接投资，大部分集中在欧美国家以及亚洲国家。美国的对外直接投资也主要集中在西欧和拉美国家。

我国的企业近年来开始了对外直接投资活动，虽然规模尚小，但发展迅速。然而，目前的问题在于既缺乏实践经验，又缺乏理论指导。因此，我们在选择和评估海外投资机会时，应特别注意借鉴其他国家企业的经验。具体说，在进入某国之前，应详细了解该国的外来投资现状，使之作为评估市场机会和投资环境的标准之一。

第三节　市场营销环境的分析与对策

一、环境威胁与市场机会

市场营销环境通过对企业构成威胁或提供机会而影响营销活动。

所谓环境威胁，是指环境中一种不利的发展趋势所形成的挑战，如果不采取果断的市场营销行动，这种不利趋势将伤害到企业的市场地位。

所谓市场营销机会，是指由环境变化对企业市场营销活动富有吸引力的领域。在该领域内，企业将拥有竞争优势。

例如某烟草公司了解到以下信息：

从环境威胁看：

1.有些国家政府颁布了法令，规定所有的香烟广告包装上都必须印上关于吸烟有害健康的严重警告。

2.有些国家的某些地方政府禁止在公共场合吸烟。

3.许多发达国家吸烟人数下降。

从市场机会看：

1.这家烟草公司的研究实验室很快就发明用莴苣叶制造无害烟叶的方法。

2.发展中国家吸烟人数迅速增加。据估计，我国目前有 3 亿多人吸烟，占人口总数的 1/3，青年人中吸烟者所占比例最高。

二、威胁与机会的分析评价

任何企业都面临着若干环境威胁和市场机会。然而，并不是所有的环境威胁都一样大，也不是所有的市场机会都有同样的吸引力。企业的最高管理层可以用“环境威胁矩阵图”和“市场机会矩阵图”来加以分析，评价营销环境。

（一）威胁分析

对环境威胁的分析，一般着眼于两个方面：一是分析威胁的潜在严重性，即影响程度；二是分析威胁出现的可能性，即出现概率。其分析矩阵图如图 4-1 所示。

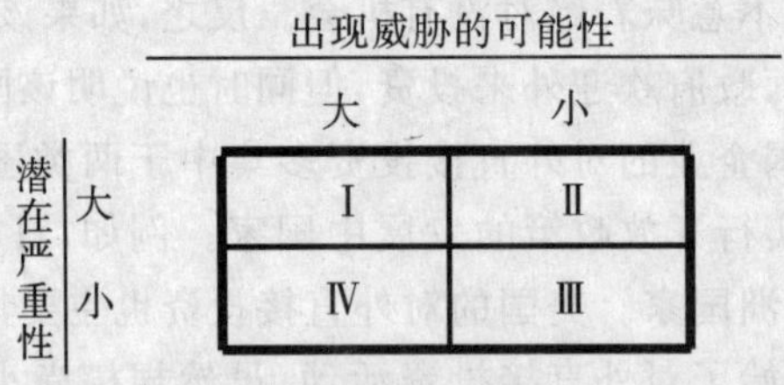

图 4-1　威胁分析矩阵图

在图 4-1 中，区域Ⅰ潜在严重性和出现威胁的可能性均大，一旦出现，将会给企业造成极大的利益损失，应予以高度重视；区域Ⅱ潜在严重性大，出现威胁的可能性小，但一旦出现，会给企业造成较大的利益损失，因而不可掉以轻心；区域Ⅲ潜在严重性小，出现威胁的可能性也小，一般不构成对企业的威胁，是最佳的市场营销环境；区域Ⅳ潜在严重性小，出现威胁的可能性大，出现以后对企业造成的损失虽小，但也应加以注意。

（二）机会分析

机会分析主要考虑其潜在的吸引力和成功的可能性大小，其分析矩阵图如图 4-2 所示。在图 4-2 中，区域Ⅰ是最好的营销环境机会，其潜在吸引力和成功的可能性都很大，企业应抓住和利用这一机会，谋求发展。区域Ⅱ潜在的吸引力大，而成功的可能性小，企业应设法找出成功可能性低的原因，然后设法扭转不利因素，使企业自身条件加以改善；区域Ⅲ潜在吸引力小，而成功的可能性也小，一般无机会可言。区域Ⅳ潜在吸引力小，而成功的可能性大，对中小企业来说，可积极加以利用，而对大型企业来说，应观察其发展变化趋势。

潜在吸引力 \ 成功的可能性	大	小
大	Ⅰ	Ⅱ
小	Ⅳ	Ⅲ

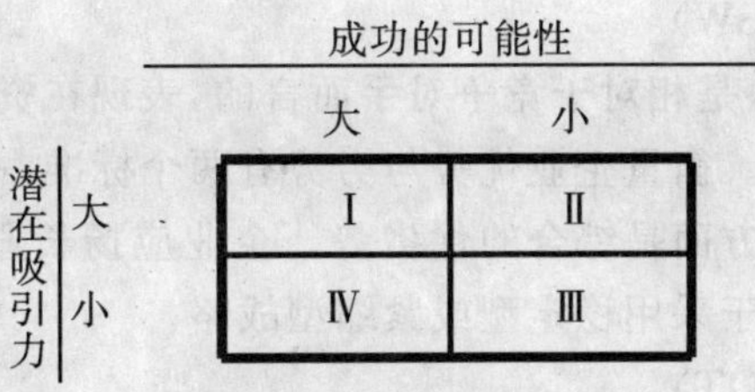

图 4-2　机会分析矩阵图

(三)机会/威胁综合分析

用矩阵图经过以上分析后,可能会出现四种不同的结果:

机会水平 \ 威胁水平	高	低
高	Ⅰ	Ⅱ
低	Ⅳ	Ⅲ

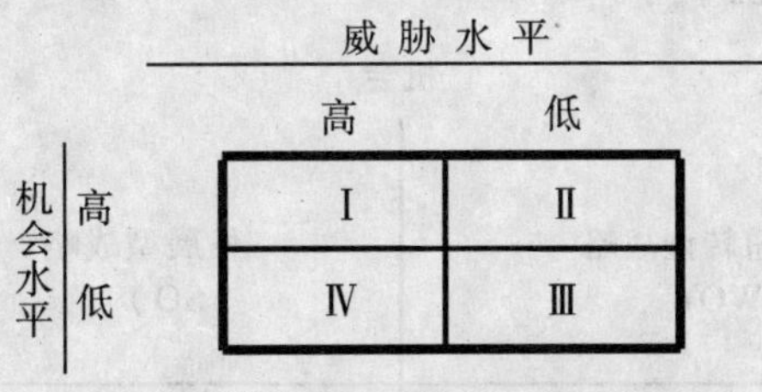

图 4-3　环境分析综合评价图

图 4-3 中:

区域Ⅰ是高机会、高威胁的冒险环境、冒险业务。对策:加强调查研究,进行全面分析,发挥专家优势,审慎决策,以降低风险,争取利益。

区域Ⅱ是高机会、低威胁的理想环境、理想业务。对策:抓住机遇,开拓经营,创造营销佳绩。

区域Ⅲ是低机会、低威胁的成熟环境、成熟业务。对策:一方面要常规经营,规范管理,以维持正常运转,取得平均利润;另一方面,积蓄力量,为进入新行业或新区域市场做准备。

区域Ⅳ是低机会、高威胁的困难环境、困难业务。对策:想方设法扭转环境或果断退出。

三、SWOT 模型分析

一些成功的企业还运用 SWOT 分析法,对企业内部因素的优势和劣势按一定标准进行评价,并把环境中的机会和威胁结合起来权衡抉择,力求内部环境与外部环境协调和平衡,扬长避短,趋利避害,牢牢把握对企业最适宜的市场机会。在此作一简单介绍(如图 4-4 所示):

- 企业自身
  - 优势(Strength)
  - 劣势(Weakness)
- 营销环境
  - 机会(Opportunities)
  - 威胁(Threat)

图 4-4　SWOT 分析图

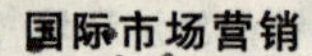

（一）优势和劣势分析（SW）

企业内部的优势与劣势是相对于竞争对手而言的，表现在资金、技术设备、职工素质、产品市场、管理技能等方面。衡量企业优势与劣势有两个标准：一个是资金、产品、市场等一些单方面的优劣势；另一方面是综合的优劣势。企业应扬长避短，内部优势强，就宜于采取发展型战略，否则就宜于采用稳定型或紧缩型战略。

（二）机会与威胁分析（OT）

企业外部环境是企业无法控制的，随着社会经济的迅速发展，特别是世界经济全球化的步伐加快，全球信息网络的建立和消费需求的多样化，企业所处的环境更为开放和动荡。这一方面可能给企业带来发展的机会，如我国加入 WTO；另一方面可能给企业带来威胁，如我国技术的落后、税率等。

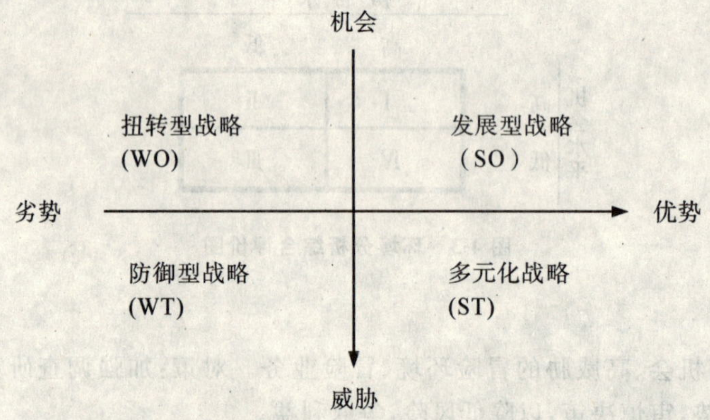

图 4-5　SWOT 分析模型

在图 4-5 中，SO 战略所处位置，表明企业外部有众多机会，内部又具有强大优势。在这种情况下，企业宜采用发展型战略，依靠内部优势去抓住外部机会，为企业赢得利润。WO 战略所处位置，表明企业外部有机会，但内部条件不佳。这时，企业应设法采取扭转型战略，利用外部机会来扭转内部的劣势，即先稳定后发展。WT 战略所处位置，表明外部有威胁，并且内部状况不佳。这时企业应设法避开威胁、消除劣势，可采用防御型战略。ST 战略所处位置，表明企业拥有内部优势而外部存在威胁。在这种情况下，企业宜采用多种经营战略，以有效分散风险，寻找新的机会。

通过 SWOT 模型分析，可以对企业所处的内外部环境进行全面、系统、准确的研究，明确自身的战略地位，并初步选定企业可能采取的发展战略、计划以及对策等。

四、企业对策

对企业所面临的主要威胁和最好的机会，最高管理层应当作出什么反应或可采取何种对策呢？

（一）对机会的对策

最高管理层对企业所面临的市场机会，必须慎重地评价其质量。要学会利用，但有时也要学会放弃。美国著名市场营销学者西奥多·莱维特曾警告企业家们，要小心评价市场机会。他说:“这里可能是一种需要,但是没市场;或者这里可能是一个市场,但是没有顾客;或者这里可能是一个顾客,但是目前实在不是一个市场。又如,这里对新技术培训是一个市场,但是没有那么多的顾客购买这种产品。”

(二)对威胁的对策

企业对所面临的主要威胁有三种可能选择的对策:

1.反抗。试图限制或扭转不利因素的发展。

2.减轻。即通过调整市场营销组合等来改善环境适应,以减轻环境威胁的严重性。

3.转移。即决定转移到其他赢利更多的行业或市场。

一、思考题

1.在使用人均收入这一指标衡量和评估各国市场规模时应注意哪些问题?

2.罗斯托关于各国经济发展阶段的划分对企业的国际营销有何借鉴意义?

3.何谓基础设施?企业应从哪些方面分析一国基础设施及其对营销的影响?

4.一国的城市化程度和通货膨胀对企业在该国的营销活动有哪些影响?

二、案例分析

美国的汽车制造业一度在世界上占霸主地位,而日本的汽车工业则是20世纪50年代学习美国发展起来的,但是,时隔20年,日本汽车制造业突飞猛进,充斥欧美市场及世界各地,把美国的汽车工业打得一塌糊涂。为什么会出现如此戏剧性的变化呢?

美国的汽车注重舒适豪华,当然比较耗油。在20世纪60年代,美国经济一派繁荣景象,再加上石油价格低廉,汽车工业发展迅速。但是日本汽车制造商通过市场调查得出如下结论:①即将要发生世界性的能源危机,石油价格会很快上涨,因此,耗油量大的轿车面临危机,必须改产耗油量小的轿车来适应能源奇缺的环境。②随着汽车数量的增多,马路上车流量增加,停车场的停车费会提高,因此,只有造小型车才能适应拥挤的马路和停车场。③在工业发达的国家,一个家庭只有一部汽车不能满足需要,潜力巨大。于是日本汽车制造商研究制造出了物美价廉的小型节油轿车。在70年代的世界石油危机中,日本车横扫欧美市场,市场占有率不断提高,而欧美各国生产的传统豪华型轿车,却因耗油大、成本高而使销路大受影响。

请问:日本轿车为什么会后来居上?美国汽车业的失败对我国有何启示?

三、案例讨论:香港旅游业发展的“SWOT”分析

旅游业是香港经济的四大支柱产业之一。2005年香港金融服务、旅游、贸易及物流、专业服务及其他工商业支援服务四大行业以要素成本计算的本地生产总值百分比分别为12.7%、3.2%、28.6%、10.6%。本案例将首先介绍香港旅游业的特点,然后运用现代管理学“SWOT”分析理论,从优势(Strong)、劣势(Weak)、机会(Opportunity)、威胁(Threat)四个方面对香港旅游业进行分析。

(一)香港旅游业的特点

1.访港旅客人次多和旅游业收入大,且都快速增长。访港游客人次2000—2005年年均增长达12.3%;旅游收入2000—2005年年均增长11.7%。

2.访港游客和旅游业收入构成中,内地游客比重逐年上升并占主体地位。内地游客比重从2000年的30.0%增长至2005年的53.7%,年均增长27.1%。同时内地游客占香港旅游业收入比重从2000年的33.2%增长至2005年的58.3%,年均增长24.0%。而且,香港旅游业发展的客源市场相对集中。2005年客源市场为:中国内地53.7%、中国台湾9.1%、南亚及东南亚10.3%、北亚7.9%、美国5.0%、其他14%。

3.旅客访港目的以度假、商务/会议为主。香港气候自然环境优越,城市风光秀丽,荟萃中西文化,又享有"购物天堂"、"美食天堂"的美誉,拥有完善的酒店等旅游设施吸引游客前来度假。同时香港又是一个商贸城市,地理位置优越,吸引众多跨国公司在香港设立总部和分支机构,每年有许多国际商务会议和展览会。统计数据显示,在旅客访港目的的比重中,度假和商务/会议占绝大比重。1998—2001年间,度假比重平均约占50.7%,商务/会议比重平均约占30.6%。

4.访港游客消费模式以购物和酒店餐饮消费为主。香港是自由贸易港,一般进口货物都免税,且不存在消费税及工商业增值税,商品价格低廉,加上良好的购物环境和众多的购物商场,享有"购物天堂"美称。香港酒店也发达,美食融贯东西方口味,也是"美食天堂"。购物与酒店餐饮占旅游消费比重在1998—2001年间平均分别约占50%和40%,可见旅游业对香港商业和酒店餐饮等产业的带动效应之大。

(二)香港旅游业发展的"SWOT"分析

"SWOT"分析就是从优势(Strong)、劣势(Weak)、机会(Opportunity)、威胁(Threat)四个方面对香港旅游业发展进行分析,力求从整体上把握香港旅游业的发展态势。

1.香港旅游业发展的优势分析

(1)香港优越的自然旅游资源和独具特色融贯东西文化的人文景观。香港地处亚热带与热带过渡地带,四面环海,冬暖夏热,气候湿润,拥有充足的阳光,能满足常年度假休闲旅游需要。香港拥有秀丽的海滩、迷人的维多利亚湾、翠绿的山岭丘陵、星罗棋布的700多个海岛和各类郊野公园等自然旅游资源。同时香港融贯东西方文化,有体现海内外各国风情的各类博物馆、展览馆、文化艺术中心、现代化的都市风光和不同历史时期风格的建筑物,也有香港独特的古堡、庙宇、古村落等,这些人文景观融合了西方近现代艺术和传统的中国文化。

(2)香港拥有世界一流的酒店设施等旅游基础设施和优质服务。酒店业是香港旅游业中极为重要的一环,发达的酒店业能满足众多游客服务的需要。2005年,香港拥有各类酒店及旅客宾馆585家、房间数目48 891间,入住率为86%,其中甲级与乙级高级酒店60家、房间数目29 424间,入住率分别为84%与86%。香港的各大酒店都采用现代化的电脑管理技术,工作效率与服务质量居世界前列,如文华、丽晶和半岛等大酒店几乎每年都入选"世界十大最佳服务酒店",其卓越的服务设施和服务质量在世界上享有极高的声誉,并成为许多国家和地区效仿的对象。

(3)香港优越的地理位置和便利的海空交通条件。香港位于亚洲大陆东南缘,背靠中国大陆，是粤港澳旅游大三角的重要一翼，是世界各国游客进入内地的一个桥梁和窗口，又是目前台胞回祖国大陆探亲、旅游的主要通道。香港三面环海，地处东北亚至东南亚和南亚交通的中心位置，是国际交通中枢，众多国家的航海航空线路在此交会。2005 年香港机场进出口航班达263 506班次，比 2004 年同比增长 11%。在中国内地实行对外开放以后，转乘香港前往中国内地参观和进行商务活动的旅客络绎不绝；海峡两岸“三通”未实现前，台湾旅客也必须经由香港前往大陆。

(4)香港独特的购物环境和美食文化。香港政府实行自由贸易政策，货物进出口免税，而且也不征收销售税和工商业增值税。因此，世界各国商品荟萃香港，且价格低廉，有的甚至低于原产地售价。良好的购物法律环境保护，简便的出入境手续，使得香港被誉为“购物天堂”，访港旅客购物消费也一直占到全港消费总额的一半以上。香港是美食天堂，世界各地的美味佳肴在此汇集。西餐、中餐味道正宗；法国大菜最具人气；日菜、韩菜、泰菜、意大利菜极为普遍。另外，在香港还能尝到并不多见的地中海菜、尼泊尔菜、越南菜、西班牙菜、阿根廷菜、葡国菜、俄国菜、澳洲菜、印度菜、古巴菜、美国菜等，中餐以粤菜为主，兼收国内各大菜系的风味。

(5)香港发达的会展经济和总部经济吸引众多商务人士来港。香港拥有世界上最出色、最完善的会议、展览设施，是全球会议中心之一，吸引着全球众多参展和观光游客。同时，香港的总部经济发展极为迅速，驻港地区总部公司数目从 2000 年的 855 家增加至 2005 年的1 167家，驻港地区办事处公司数目也从 2000 年的2 146家增加到 2005 年的2 631家。据统计，内地游客中，商务游客约占总数的 20%。总部经济的快速发展，反映了香港经济发展的活力和对跨国公司的巨大吸引力，同时也带动了商务会议旅游的发展。

(6)香港政府的积极扶持和引导。香港政府对经济采取的是“积极不干预”的政策，但对香港旅游业却给予积极的照顾，除鼓励其自由发展外，每年还拨巨款扶持其发展。香港政府在鼓励本地开发旅游资源，引导旅游行业进行专门人才培训和提高服务质量的同时，也积极在海外开展旅游宣传推广活动，拓展香港旅游客源市场。

2. 香港旅游业发展的劣势分析

(1)香港地域狭窄，旅游资源相对不足，旅游市场接待能力有限。香港地区陆地面积较为狭小，2005 年为1 104平方公里；自然景观数目少，规模较小，且活动范围不大。现有旅游接待能力已经趋近饱和，对旅游业的可持续发展形成限制。

(2)香港旅游业成本高昂。香港经济发达，与周边国家和地区的新兴旅游市场相比，旅游业发展所需的土地地价高昂，劳动力工资成本高，在成本竞争上处于劣势。

(3)香港商人自律与从业人员友善对待游客程度不高，经常出现旅游或商业欺诈行为。近年来，少数旅游从业人士与有关店铺串通一气，针对内地游客人路两生，不善于自我保护的弱点，对其进行欺诈，使得香港旅游业整体声誉受损。

(4)香港旅游业人才短缺。香港旅游业中高级专门人才较为短缺，许多从业人员对一些旅游景点的历史背景缺乏深入了解，不能及时回答和解决旅客的问题；同时，部分从业人员普通话未能达标，不能满足内地游客急剧增长的需要。

3. 香港旅游业发展的机会分析

(1)旅游业是朝阳产业，正处于行业发展上升期，具有良好的发展前景。根据行业生命周期理论，旅游业作为“无烟工业”和朝阳产业，目前仍处于行业上升阶段，全球旅游市场在21世纪将呈现快速稳定增长，并发展成为主导产业之一。香港作为全球旅游市场的一部分和最具吸引力的旅游目的地之一，将吸引全球更多的游客赴港旅游。

(2)迪斯尼等新的旅游景点开发与建设，拓展了香港的旅游资源存量。耗资180亿港元的香港迪斯尼乐园位于北大屿山，占地126公顷，是亚洲最大的迪斯尼乐园，已于2005年建成，可为香港提供36 000个就业岗位和1 480亿港元的经济效益。同时香港当局也在建设国际湿地公园、世界级表演场地、海洋奇观、渔人码头等新的旅游景点，着力改善中西区的旅游景点。这些新景点的兴建，能吸引更多的海内外游客前来参观游玩。

(3)内地赴港旅游市场的进一步放开，广东省居民和更多的城市居民个人赴港旅游业务的开办，使得内地游客呈现高速增长。2000—2005年内地赴港游客从3 785 845人次增加到12 541 400人次，年均增长27.1%，同期占总游客比重从30.0%增加到53.7%。

(4)内地对外开放后经济高速增长，形成急剧扩大潜在的旅游市场。近年来，中国内地经济保持高速增长，GDP年均增长10%以上。富裕起来的居民将会增加旅游等休闲消费，使得内地已经成为全球增长最快的旅游市场。2004年内地居民出境人数2 285万人次，比2000年同比增长118.2%，出境旅游业支出2005年达217.6亿美元，比2004年增长13.6%。香港由于其特殊的政治经济文化环境和地缘优势，成为内地游客赴外旅游的首选目的地。

(5)内地的大力支持和香港政府的扶持。香港回归以后，中央政府对其实行优惠政策，从根本上保证了香港经济的繁荣稳定，为其旅游业的发展提供了坚实的政策与经济基础。同时，香港政府也加大了旅游宣传推广力度，着力规范旅游市场。据世界旅游组织“2020年东亚及太平洋旅游业远景”报告预测，香港作为中国的门户，在内地旅游业发展带动下，2020年访港旅客将多达5 600万人次。

4. 香港旅游业发展的威胁分析

(1)内地与海外直航线增多使得以前许多须经香港转乘内地的游客减少，这一过程会随着内地对外交通的快速发展而更为普遍。同时，未来海峡两岸直航后，两岸往来人员将不需经过香港转机，香港“中转站”的作用将淡化。而台湾是香港第二大客源地，2000—2005年间平均比重占12.75%，这会对香港旅游业发展带来一定的冲击。

(2)内地和周边国家地区旅游市场的兴起，将形成对香港旅游市场的强有力竞争冲击。内地有悠久的历史文化、名川古迹，优美的自然风光和日益健全的旅游设施，是全球第四大旅游市场和最具吸引力的旅游目的地之一，将对海外游客形成巨大的吸引力，是香港吸引海外游客的强有力竞争者。同时，东南亚新兴旅游市场的发展，如新马泰游对香港旅游业吸引内地游客形成巨大的冲击。

(三)香港旅游业发展的对策分析

基于以上“SWOT”分析，香港旅游业发展可从如下方面进行：

1. 继续建立新的旅游项目和完善现有旅游景点设施以吸引游客。迪斯尼、国际湿地公园等新的旅游景点能增强香港旅游市场对周边国家和地区的吸引力。同时，完善旅游基础服务设施，大力发展高级酒店业等旅游服务产业，提高香港旅游业的服务质量和整体国际竞争力。

2. 提高旅游行业服务水平，加强政府引导，培养高素质的从业人员，增强行业自律，树立良好的国际形象。旅游业属于服务业范畴，是为游客提供休闲和娱乐的行业。游客关注的不仅仅是旅游项目的价值，更重要的是从旅游活动中获得身心层次上的享受。良好的旅游服务质量能够增加旅游价值，使游客身心愉悦，游客重游率高。政府要加强行业管理，完善行业立法，反对行业垄断，协调服务，促进市场竞争。

3. 进一步简化入境手续，开放内地赴港个人游市场以吸引更多内地游客。简化入境手续，将提高游客旅游价值，同时能节省旅游等候时间，吸引来港中转旅客。个人游已经成为国际旅游业发展的新潮流，加快开放内地个人赴港游，简化通关手续，将能极大地吸引大量内地个人游游客。

4. 加强与内地旅游业的合作，特别是发展“粤港澳大三角旅游区”。香港由于地域狭小，旅游资源有限，加强同内地特别是澳、港旅游业的合作十分重要。广东历史悠久，旅游资源种类较为齐全，自然景观繁多，文化景观丰富；澳门博彩旅游业发达，中西合璧。发展“粤港澳大三角旅游区”，建立区域旅游市场，将能实现资源共享，优势互补，扩大香港旅游业发展空间与旅游腹地，提升香港旅游内涵，增加游客在港逗留时间与消费。

5. 增强香港经济的活力，香港“购物天堂”、“美食天堂”的活力，将香港营造成“动感之都”、“时尚之都”。购物与美食一直是赴港游客的最大消费项目，其中购物占香港消费市场比重一般都在50%以上，可见其对香港经济发展的重要性。继续实行一般进口商品免税政策，吸引游客在港购物消费，延伸旅游业价值链。香港都市的发展，动感、时尚的都市游，也将对游客形成巨大的吸引力。

6. 大力发展商务/会议和会展旅游，吸引高档次旅游者。据统计，商务游客一般比休闲游客逗留时间长一倍，消费更是高出三倍，旅游收益更高。香港总部经济和会展经济发达，拥有良好的高级酒店业等旅游基础设施。发展面向高级商务人士的商务旅游市场，能减少同东南亚等周边国家低档次观光旅游业的竞争，发挥香港旅游业的比较优势，占据中高端旅游市场。

思考并讨论：

1. 根据SWOT分析的结果，香港可以选择哪些发展战略？

2. 如何转变劣势为优势？如何在风险中寻找机遇？

四、思维训练

某地发现了金矿，人们一窝蜂地拥去，但一条大河挡住了必经之路。如果你是挖金矿人群中的一员，这时，你会怎么办？

提示：首先请明确你此行的目标；其次请分析你目前可能遇到的营销机会和威胁；最后想好对策、实现目标。

第5章 国际市场营销调研

学习目标：

通过本章的学习，以期达到：

1. 了解营销调研的概念和程序；
2. 了解企业进行国际营销决策时所需要的信息内容；
3. 掌握企业进行国际营销调研的方法；
4. 培养对市场调研的认识和把握能力。

【案例导入】

可口可乐公司“新可乐”的失败

1985年，可口可乐公司秘密进行了代号为“堪萨斯工程”的市场调查行动，它出动了2 000名市场调查员在10个主要城市调查顾客是否接受一种全新的可口可乐，问题包括：可口可乐配方中将增加一种新成分，使口味更柔和，你愿意吗？可口可乐将与百事可乐口味相仿，你会感到不安吗？你想试试一种新饮料吗？调查结果表明只有10%～12%的顾客对新口味可口可乐表示不安，而且其中一半表示会适应新的可口可乐，这表明顾客们愿意尝试新口味的可口可乐。

在新可乐的样品出来后，可口可乐公司组织了品尝测试，在不告知品尝者品牌的情况下，请他们说出哪一种饮料更令人满意，测试的结果令可口可乐公司兴奋不已，顾客对新可乐的满意度超过了百事可乐。市场调查人员认为这种新配方的可乐至少可以将可口可乐的市场占有率提高1%～2%，这就意味着多增加2亿～4亿美元的销售额。

为了确保万无一失，可口可乐公司倾资400万美元进行了再一次规模更大的口味测试，13个最大城市超过19万名顾客参加了测试，55%的品尝者认为新可乐的口味胜过了传统配方的可口可乐，而且在这次口感测试中新可乐再次击败了对手百事可乐。

新可乐即将投产，面临的问题是：是为“新可乐”增加新的生产线呢？还是彻底地全面取代传统的可口可乐呢？可口可乐的决策层认为，新增加生产线会遭到遍布世界各地的瓶装商的反对，公司最后决定“新可乐”全面取代传统可口可乐，停止传统可口可乐的生产和销售。

在“新可乐”全面上市的初期，市场的反应相当好，1.5亿人在“新可乐”面世的当天就品尝了它，但很快情况有了变化。

在“新可乐”上市后的一个月，可口可乐公司每天接到超过5 000个抗议电话，而且更有雪片般飞来的抗议信件，可口可乐公司不得不开辟了83条热线，雇佣了更多的公关人员来处理这些抱怨和批评。有的顾客称可口可乐是美国的象征，有的顾客威胁说将改喝茶水，永不再买可口可乐公司的产品，更有忠于传统可口可乐的人们组成了“美国老可乐饮者”组织，在发动全国抵制“新可乐”的运动，而且许多人开始寻找已停产的传统可口可乐，这些“老可乐”的价格一涨再涨。面市后两个月，“新可乐”的销量远远低于公司的预期值，不少瓶装商强烈要求改回销售传统可口可乐。

公司的市场调查部门进行了紧急的市场调查，一个月前还有53%的消费者声称喜欢“新可乐”，可现在一半以上的人说他们不喜欢“新可乐”，再过一个月，认可“新可乐”的人只剩下不到30%。

“新可乐”面市后的三个月，其销量仍不见起色，而公众的抗议却愈演愈烈。最终可口可乐公司决定恢复传统配方的生产，其商标定名为可口可乐古典，同时继续保留和生产“新可乐”，其商标为新可乐。但是可口可乐公司已经在这次的行动中遭受了巨额的损失。

市场营销的中心任务是生产和经营能够满足顾客需求的产品和服务，在此基础上实现企业利润。因此，企业必须通过营销调研来收集有关顾客需求和营销决策方面的信息。信息是决策的基础。没有信息，决策就成为无米之炊。

无论是国内营销还是国际营销，营销调研无疑都是十分重要的。然而，由于国际环境与国内环境有着很大的区别，使得国际营销调研工作变得更为复杂和困难。因此，国际营销调研人员除了应具备国内调研人员必须具备的素质外，还应掌握一些特殊的知识和技能。

第一节 营销调研的概念和程序

一、营销调研的含义

营销调研是指运用科学的方法与手段，有目的地收集、整理、分析和归纳有关营销信息资料，为企业营销决策提供依据的一种营销活动。

据此，营销调研的概念应包括以下几个层次的含义：首先，营销调研的目的是为企业营销决策提供依据。这表明营销调研活动依附于企业营销决策问题而存在，营销调研过程具有明确的目的性，营销调研效果取决于对企业营销决策的作用。其次，营销调研的方法和手段应具有科学性，以保证调研结果的真实性和准确性。具体表现为：综合运用多种学科知识，利用现代信息技术与手段，合理组织和科学安排调研活动。再次，营销调研过程包括营销信息资料的收集、整理分析和归纳等几个环节，体现的是调查与研究的结合。营销调研活动，不仅仅限于对营销信息资料的收集和整理，更重要的是对所收集的信息资料的加工、分析和判断，针对调研的营销问题得出结论，提出方法，作为企业营销决策的依据。

二、国际营销调研与国内营销调研的区别

(一)调研活动的重要程度不同

国际营销调研对于企业营销决策的作用更大，地位更加重要，企业国际营销决策显然要比国内营销决策更需要准确及时的营销信息。究其原因，一是国际营销环境要比国内

营销环境复杂得多，特别是多国营销或全球营销，企业同时面临的是多个截然不同的营销环境；二是企业营销人员对国际营销环境的了解和熟悉程度远不如国内营销环境，加上国际营销经验的欠缺，稍有不慎，就可能导致营销决策失误。

例如，美国一家大型软饮料公司看好印尼市场，因为作为位居世界第五的人口大国，印尼拥有1.8亿人口的巨大市场。美国公司采取的营销策略是将浓缩液卖给印尼的瓶装商，由其在当地灌装和分销。但结果却令人大失所望，产品未能在当地市场畅销。究其原因，由于缺乏深入的营销调研，公司管理人员忽视了两个因素：一是印尼虽有近2亿的人口，但绝大多数居住在农村，收入水平很低，根本买不起饮料；二是当地人喜欢带椰子味的甜饮料，并不习惯美国口味的碳酸饮料。在印尼，追求西方口味而又有支付能力的消费群体主要集中在少数几个大城市，人数不过数百万，仅占印尼人口的4%～5%。

（二）调研的范围与信息的内容不同

国际营销调研的范围远比国内营销调研广泛，一则涉及的国别营销环境多，二则考虑的影响因素也多。国际营销调研的信息内容也不同于国内营销调研，这是因为国际营销决策的特殊性所致。例如，国际营销活动首先要决定是否进入某个特定的国别市场以及采取何种方式进入。为此，就要估计目标国家的市场规模和进入障碍，分析该国的外贸、外资和外汇等政策法规，了解该国的能源、原材料和劳动力供应等资源状况，熟悉当地市场竞争结构和分销渠道等。这些信息内容往往是国内营销所不需要收集的。

（三）调研的难度不同

国际营销调研往往要比国内营销调研复杂和困难得多：

一是营销信息收集的难度更大。有些营销信息在某个国家很容易获得，但在另一个国家却很难得到。一般来说，西方国家信息服务行业较为发达，营销信息的收集要比发展中国家容易得多，有时我们在国外收集营销信息反而要比国内容易。从不同国家收集而来的营销信息，由于信息来源、统计口径和资料时间等差异，往往存在可靠性、时效性和可比性等方面的问题。

二是营销调研方法需要相应调整。在某个国家行之有效的调研方法，在另一个国家则存在适用性问题，需要进行相应的调整与改变。比如，有人曾进行提高问卷回收率的试验。向日本企业管理人员寄送问卷并随附1美元作为激励，可使问卷回收率提高一倍以上，但在香港采取相同的刺激措施却导致问卷回收率的下降。

三是调研活动成本和组织调控难度的增加。国际营销调研活动，由于企业要在多个国家展开调研，调研成本费用要比国内营销调研高得多。特别是在发达国家实地调研，由于当地较高的物价水平和劳动力成本，相应抬高了营销调研的成本费用。同时，出于在不同国家或地区之间协调营销调研活动的需要，国际营销调研活动的组织和调控也要比国内营销调研复杂和困难得多。

三、国际营销调研的基本程序

前已述及，尽管国际营销调研比国内营销调研更复杂、更困难，但两者的程序是一致的，一般包括以下几个步骤：(1)明确营销中存在的问题；(2)制订营销调研计划；(3)执行调研计划；(4)分析、解释调研结果并撰写调研报告。

(一)确定问题及调研目标

营销调研的第一个步骤是确定营销中存在的问题。这一步骤看似简单,实际上很复杂,而且对整个营销调研乃至营销决策都是至关重要的。例如,一个时期内企业在某国的销售额直线下降,原因可能有许多,如产品质量下降、服务水平降低、国外代理商责任心下降、出现了强有力的竞争对手、广告媒介选择失当等,这些因素都可能引起企业在该国的销售额下降。如果在该例中导致企业销售额下降的真实原因是出现了强有力的竞争对手,而调研人员却误以为是代理商的责任心下降,就会使后面的各步骤和调研工作误入歧途,并可能导致错误的营销决策(如更换代理商),给企业带来更严重的损失。

(二)制订调研计划

营销调研过程的第二个步骤是制订营销调研计划。在这一阶段,首先要确定营销决策需要哪些信息,然后再确定信息的来源。在上例中,企业已发现导致销售额下降的原因是出现了强有力的竞争对手,于是企业打算采取一些新措施,以增加竞争力。究竟应采取哪些措施呢?为了制定这一决策,必须进行下一步调研程序,即确定决策所需要的信息并搜集信息。需要的信息可能包括:(1)顾客需求是否已发生变化?变化的趋势如何?(2)市场所在国的政治、经济、文化等因素是否已发生变化?变化趋势如何?(3)本企业在该国市场上的营销策略(进入市场的方式、目标市场的选择、产品、渠道、定价、促销等)是否有不适合顾客需求特点和该国经营习俗之处?(4)主要竞争对手的营销策略如何?有何值得借鉴之处?(5)本企业应采用哪些措施提高竞争力并保持较高的市场占有率等。

上例只是一个非常具体的决策。国际营销决策,既包括具体的、战术性的决策(如上例),又包括重大的、战略性的决策(如进入国际市场的决策、市场选择决策等)。当然,决策不同,需要的信息也不同。本章第二节将重点讨论国际营销的主要决策及其所需要的信息。

在确定了国际营销决策所需要的信息之后,还要进一步确定信息的来源,也即取得信息的途径。一般来说,营销调研人员取得信息的来源主要有二:一是二手资料,一是原始资料。所谓二手资料,是指经别人搜集、整理过的资料,通常是已经发表过的。原始资料则是指调研人员通过发放问卷、面谈等方式搜集到的一手资料。营销人员搜集二手资料的过程叫做案头调研,搜集第一手资料的过程叫做实地调研。本章的第三节和第四节将分别讨论国际营销调研中搜集二手资料和原始资料的方法、常见的问题及其解决途径。

(三)执行调研计划

执行调研计划主要包括搜集、处理和分析数据资料等工作。搜集资料的过程,可由企业内部的调研人员完成,也可委托企业外部的专业调研公司完成。在委托专业调研公司时,既可委托国内的公司,又可委托国外的公司。在搜集资料的工作完成以后,下一步就是对搜集到的资料进行处理与分析。没有经过处理的资料是杂乱无章的,况且,从不同来源得到的资料是按照不同的统计方法计算的,其时效性和准确性也可能不同,有些甚至是彼此矛盾的,例如在北欧诸国,啤酒被列为酒精性饮料,而在地中海沿岸国家,啤酒被算作软饮料。因此,只有对搜集到的资料进行加工和处理,才能使其具有可比性并作为决策依据。这种信息处理过程主要包括分类、核对、换算、调整、编校等步骤。在对资料进行加工处理后,调研人员还要用有关统计技术对经过处理的信息进行分析,进一步对营销决策提供依据。

(四)解释并报告调研结果

营销调研的最后一步是对调研结果作出解释和说明，得出结论，向管理部门提交调研报告。调研报告不能只是一系列的统计数据和高深的统计公式，而应当是简明扼要的结果及说明，并且这些结果和说明应与营销决策有直接关系。

第二节 国际营销决策所需要的信息

营销调研是为营销决策服务的。这就是说，营销调研的目标和范围，要由营销决策信息的需要来确定。国际营销决策有很多，归纳起来，主要有下述五种决策：

第一，进入国际市场的决策。即决定企业是否应进入国际市场，从事国际营销。

第二，市场选择决策。即决定在世界 100 多个国家的市场中，进入哪个或哪些市场。

第三，进入方式决策。即决定以何种方式(如出口、许可贸易、国外合资企业、国外独资企业等)进入国外市场。

第四，营销组合决策。即如何最佳组合和运用产品、价格、分销和促销这些企业的可控因素。

第五，资源配置决策。即决定如何将企业的各种资源(如人、财、物)在世界各国市场、各子公司、各产品系列之间进行分配。

不同的决策需要不同的信息。现将这五大决策所需要的信息分述如下：

一、进入国际市场的决策

是从事国际营销，还是继续搞国内营销？要作出这种决策，需要企业将国内外的机会和潜在的困难进行比较。需要收集的资料包括：

(1)国际市场和国内市场的价格。

(2)产品的世界市场总需求量。

(3)企业潜在的世界市场份额。

(4)影响企业市场份额的竞争因素。主要竞争对手来自哪些国度，它们的市场份额是多少，主要营销策略如何。

(5)企业产品进入世界市场是否会导致企业产品单位成本的降低，降低幅度有多大。

(6)企业的人、财、物等资源条件。

企业可以主要根据上述资料对国际营销机会进行评估，看看国外市场机会是否足够大。如果资料表明，企业潜在的国际市场份额非常小，不值得去开拓，那么企业还应集中力量搞国内营销。如果资料表明国际市场潜力很大，而且企业具备足够的实力，就要下决心进入国际市场。

二、市场选择决策

企业在进入国际市场时，不可能一举进入所有国家的市场，而是要选择某个或某些国家作为目标市场。这就需要将各国市场根据其吸引力的大小予以排列。吸引力愈大，次序愈靠前，企业愈优先进入。在评价一国吸引力大小时，需要收集的资料包括：

1.市场潜量

市场潜量是指理想状态下的市场总需求量。在一般条件下，计算某国的市场潜量是比较困难的，所以往往在计算市场销售量的基础上对市场潜量进行估算。

某国市场销售量＝当地产量＋进口量－出口量

但是某国市场销售量并不能真正代表其市场潜量。例如某国政府限制消费品的进口，该国的消费品实际上处于短缺状态。如果外国企业在当地建厂生产消费品，避开进口限制，实际销售量有可能比原有销售量高出若干倍。

2.市场竞争情况

在研究某国竞争因素时，调研人员需要的信息很多，主要包括：(1)该国主要竞争者是哪些公司，它们分别来自哪些国家。(2)这些竞争对手在该国市场各占多大份额，未来发展趋势如何。(3)主要竞争对手的营销策略如何，各自的优劣势如何。

3.市场所在国的政治状况

了解所在国的政治制度如何，政局是否稳定，政策和法规是否具有连续性，政府对外来产品和外来投资的一般态度和政策倾向性如何。

企业要根据上述资料，将各国市场进行比较，选择那些最有吸引力、最有发展前途的市场作为目标市场。

三、进入方式决策

企业一旦选定了目标市场，下一步就要考虑进入市场方式的问题。是出口，还是许可贸易；是国外组装，还是国外生产。在选择进入国际市场的方式时，所需收集的资料主要包括：(1)市场潜量；(2)贸易壁垒(如关税、配额等贸易限制)；(3)运输费用；(4)当地竞争情况；(5)政府给予外来企业的优惠条件和施加的限制；(6)政治状况；(7)企业的人才、技术、管理经验、资金等资源条件。

上述资料对企业选择进入市场的方式是极为重要的。例如，如果目标市场的规模很大，但贸易壁垒高、运输费用昂贵，那么企业愈是采用直接方式进入市场，获利就愈多；如果目标市场的政局不稳，企业应采用比较间接的方式，风险可能会小一些。

四、营销组合决策

产品、价格、分销和促销是企业的可控制因素，如何最佳组合和配用这四个因素是出口企业的产品能否成功地进入市场所在国的关键。国际企业必须尊重客观现实，不能凭主观臆测行事，这就要求调研人员首先了解市场所在国中有关顾客的情况，然后再就产品、价格、分销和促销这四个营销因素分别进行调查研究。

1.有关购买者的信息

对出口企业来说，它的产品不可能适合整个进口国全部人口的各种需求，只能去满足进口国中某一部分顾客(目标市场)的需求。这个目标市场如果是消费者，则他们的收入、年龄、受教育程度、职业、道德准则、消费习惯等情况是企业必须了解的基本内容；如果这个目标市场是工业用户，则要了解其数目、地理分布、规模大小、资信状况、发展前景等有关情况。

对购买者的调查，要着重了解他们的购买动机、习惯和偏好等。例如：顾客为什么购买牌号甲，而不购买牌号乙；他们购买产品后如何使用；他们在选择产品时最注重产品的哪些特性。这些信息都会有助于企业成功地制定营销组合策略。

2.有关产品的信息

产品适销对路是海外营销成功的基础。但要促使产品适销对路，必须对有关产品的信息有足够了解。在这方面需要掌握的主要信息包括：目标市场对产品的颜色、大小、设计风格、所用材料、操作特点、技术性能、用途、使用方式、使用条件等有哪些具体要求；对服务种类、服务方式、服务收费标准和方式等有哪些具体要求；其他公司在这方面有哪些成功的经验，有哪些失败的教训。

3.有关分销渠道的信息

这里所讲的分销渠道，主要是指进口国内部的分销渠道。企业在这方面需要掌握的信息包括：该产品在市场所在国的常规分销渠道有哪些，其他可供选择的非常规渠道有哪些，利用常规渠道有哪些利弊，利用非常规渠道有哪些利弊，等等。

4.有关价格方面的信息

价格是产品进入国外市场最敏感的因素之一，需要企业掌握的信息也很多，主要包括：在进口国中，该产品是由企业定价还是由政府定价，如果是企业定价，是企业家有完全的定价权还是受到政府的某种限制，该产品在市场所在国的需求弹性如何，等等。

5.有关促销方面的信息

促销的主要方式包括广告、人员推销、营业推广和公共关系。为了正确地制定促销决策，也需要掌握大量信息。例如，广告决策所需要的主要信息包括：顾客购买某种产品所追求的根本利益是什么，确定怎样的广告主题才能在最大限度上诱导顾客采取购买行动。

五、资源配置决策

企业的人、财、物等资源是有限的，企业应把它们投放到最能产生效益的市场上和产品上。假设企业在甲国的投资占国外总投资的50%，但在甲国的利润只占企业国外总利润的20%；而企业在乙国的投资只占10%，利润却占30%。在这种情况下，如果甲国的营销前景再不特别具有吸引力的话，企业就应考虑减少在甲国的投资，追加在乙国的投资。这就是一种企业资源的重新配置。企业制定资源配置决策需要的信息包括：

(1)企业在各国市场上的销售潜量。

(2)企业在各国市场上的经营状况。

(3)企业各种产品在各国市场上的生命周期状况。

(4)企业在各国市场上各种经营方式的经营现状及前景。

应该指出，国际企业的资源配置决策是一个非常重要且非常复杂的决策，需要的信息量极大。上述几条只是一个纲目，每一条都包含着大量的、具体的信息。企业只有在充分掌握了这些信息之后，才能不断地调整企业资源在各国市场、各种产品、各种经营方式之间的分配，使其产生最佳的经济效益。

第三节 国际营销调研的方法

根据营销信息来源的不同,国际营销调研的方法可分为案头调研和实地调研两大类。这两种方法在国际营销调研活动中的运用可能遇到国内营销所没有的问题或障碍,需要采取相应的对策。

一、案头调研

(一)案头调研的概念和作用

案头调研又称为二手资料调研或文献调研,是指查寻并研究与调研项目有关资料的过程,这些资料是经他人收集、整理的,有些是已经发表过的。

在国际营销中,案头调研的作用主要表现在如下两个方面:

1. 是重要的信息来源,为某些营销决策的制定奠定基础。例如,企业在制定市场选择决策时,可以通过案头调研搜集到各国人口、收入、政法环境等方面的资料,筛除没有前途的市场,初步选择出市场潜量大、经营环境好的国家作为目标市场。

2. 为国外实地调研打下基础。到国外进行实地调研的成本是很高的。调研人员在进行实地调研之前,一般先进行案头调研,这是因为,案头调研可以为实地调研提供必要的背景资料,使实地调研的目标更加明确,从而节省时间和调研成本。

(二)二手资料的来源

成功地进行案头调研的关键是发现并确定二手资料的来源。二手资料的来源有很多,下面仅介绍最常用的资料来源。

1. 调研者的案卷

有经验的调研人员往往把以前每一次调研中搜集到的各种资料储存起来,以备日后使用。经过一定时期后,调研人员的这些案卷便成了一个非常有用的小资料库,进而成为调研者最方便、有时也是最重要的二手资料来源之一。

2. 企业的营销信息系统

西方许多企业都建立了以电子计算机为基础的营销信息系统,其中储存了大量有关市场营销的数据资料。这种信息系统的服务对象之一就是营销调研人员,因而是调研人员重要的二手资料来源。

3. 企业的记录

有些企业虽无正式的营销信息系统,但也存有某些资料和记录,如某产品在某国市场上历年的销售额,各国客户的名单及简要情况(如规模大小,市场覆盖面大小,历次成交的数量、金额、支付和交货方式等),推销员、代理商、经销商的销售情况报告,顾客的函电等。

4. 政府机构

我国政府在许多国家和地区设有商务处。通过这些商务处,可以系统地搜集到各国的市场情报,如贸易统计资料,关税及海关情况,进口商、零售商、制造商名录,有关政府部门的名称及地址,有关统计资料和出版商的名称及索取办法,官方和非官方的可以提供某种帮助的组织机构，等等。我国国际贸易促进会及各地分会也掌握着大量的国外销售和投资方面的信息。

此外，企业往往可以从外国政府的有关部门得到更多信息。许多国家的政府为了帮助发展中国家对其出口，专门设立了“促进进口办公室”，负责提供下列信息：(1)统计资料；(2)销售机会；(3)进口要求和程序，当地营销技巧和商业习俗；(4)经营某一产品系列的进口商、批发商、代理商等中间机构的名单；(5)某一类产品的求购者名单及求购数量。

5. 国际组织

许多国际组织都定期或不定期地出版大量市场情报，这里只介绍比较重要的几个国际组织。

(1)国际贸易中心(International Trade Centre, ITC)。该中心提供某些产品的市场研究、各国的市场概况以及各国“促进进口办公室”名单和服务范围等方面的资料。此外，该中心还提供咨询服务，提供有关各种产品贸易数据的电脑软盘。

(2)联合国(United Nations)。提供国际的和国别的有关贸易业务及其他方面的统计丛书以及和市场发展有关的各种专题研究报告。

(3)粮食与农业组织(Food and Agricultural Organization, FAO)。提供有关农业及相关领域的统计丛书和包括市场研究在内的专题研究报告。

(4)经济合作与发展组织(Organization for Economic Co-operation & Development, OECD)。提供有关外贸、工业、科技、粮食、运输等方面的研究报告和统计丛书。

(5)联合国贸易和发展会议(United Nations Conference on Trade and Development, UNCTAD)。提供有关国际贸易许多方面(如贸易壁垒、普惠制等)的会议文件和专题报告。

(6)联合国经济委员会(UN Economic Commissions)。提供有关地区的统计资料和专题报告。

(7)国际货币基金(International Monetary Fund, IMF)。提供各国的或国际性的有关外汇管理条例和其他贸易壁垒、外贸、金融及经济发展等方面的报告。

上述大部分国际组织都提供其各种出版物的目录集。然而，它们所编写的许多研究报告和其他资料并不公开出版，在目录集上也找不到，但通常可通过与某组织内部的某一部门直接联系即可得到。因此，调研人员应熟悉这些重要的国际组织的内部结构及其内部各部门的工作范围。

6. 行业协会

许多国家都有行业协会，许多行业协会都定期搜集、整理甚至出版一些有关本行业的产销信息。对调研者来说，这也是一种有价值的信息来源。但是，有些行业协会的信息服务对象仅限于本协会成员。此外，有些行业协会提供的信息是不够准确的，因为这些信息是从其成员那里搜集到的，而其成员数量每年都可能有所变化，一些规模最大的企业有可能并未参加其所在行业的协会。这些问题都需调研者给予注意。

7. 调研机构

这里的调研机构主要是指各国的咨询公司、市场调研公司。这些专门从事调研和咨询的机构经验丰富，搜集的资料很有价值，但一般收费较高。企业在制定重大营销决策

(如到某国设立营销公司或投资建厂等)时,往往有必要利用当地的调研机构。

8.银行

银行是市场信息的重要来源。如果本国的某家银行是一家国际性大银行的分行,或者与国外银行有着广泛的业务联系,那么它一般能提供下列信息和服务:(1)提供有关世界大多数国家的经济趋势、政策及前景,重要产业及外贸发展等方面的信息;(2)提供某一国外公司的有关商业资信状况的报告;(3)提供各国有关信贷期限、支付方式、外汇汇率等方面的最新情报;(4)介绍外商并帮助安排访问。

调研人员应首先接触自己的银行,因为银行一般都愿意向自己的客户提供信息和帮助。此外,调研人员还应与大型的国际银行(在本国的分行或其总部)进行联系,要求其提供有关信息。一些著名的国际银行,如巴克莱银行、劳埃德银行和大通曼哈顿银行等,都出版一些期刊,并免费寄送给需要者。这些期刊能向调研人员提供经济、金融、贸易等方面的有用信息。此外,调研人员还可径向目标市场所在地的主要银行发函联系。这些银行除能提供所在国的经济、金融等信息外,还能将自己的客户介绍给调研人员。这些银行客户有可能成为企业的潜在顾客或供应商。

9.消费者组织

许多国家都成立了以保护消费者利益为宗旨的消费者组织,这些组织的众多任务之一就是测试各企业生产和销售的产品,并向公众报告测试结果。这些组织有时还向公众报告零售价格并进行消费者调查。这些信息对调研者来说都是极有价值的。

10.图书馆

一些较大的综合性图书馆和专业图书馆都藏有大量有关世界经济、国际贸易、国际环境等方面的图书资料。调研人员可以在图书馆查阅一些有用的市场背景资料。在某些专业图书馆还可以查阅一些更为具体的资料,如企业名录、贸易统计资料等。

11.公司

为了成功地打入某一国家的市场或与当地的公司进行有效的竞争,了解有关竞争对手(现实的或潜在的)的信息是十分必要的。

有关竞争者信息的一个重要来源,就是这些公司本身。调研人员可直接与这些公司的公关部联系,索取产品目录、价格单、产品说明书、经销商名单、年度财务报告等。在某些情况下,通过间接途径索取这些资料可能更好一些。

(三)案头调研中应注意的问题

案头调研的优点是省时间、省费用。然而,调研人员务必注意,在许多市场上得来的二手资料都存在着严重缺陷。调研人员特别需要注意下述几个方面的问题:

1.可获性

某些国家统计非常完备,企业可以很容易地得到所需要的资料,可是在另外一些国家(特别是发展中国家),统计手段落后,调研人员很难得到需要的资料。

2.时效性

在某些国家某些信息来源中得到的数据资料往往已过时数年,不能作为企业决策的依据。

3.可靠性

有些国家提供的数据是采用科学方法加工整理的,准确性很高,而另外一些国家提供的数据只是估计数,准确性不高。

4.可比性

有时从不同国家得到的数据不能进行相互比较,这是由于各国条件不同,数据搜集程序和统计方法不同等原因所致。有时,同一类资料在不同的国家可能会使用不同的基期,同一指标在含义上也可能不大相同。例如,电视机的消费量在联邦德国被归入消遣性支出,而在美国则被归入家具类支出。各国数据在各国之间的不可比性,必然会影响到数据的有用性,从而影响到企业决策。

由于二手资料存在着上述几个方面的问题,所以调研人员在使用这些资料时,应考虑以下几点:(1)统计资料的具体范围是什么,即包括了哪些产品的数据资料。(2)资料最初由谁搜集,目的何在,是否存在着歪曲数据的动机。(3)资料从何处搜集而来,提供资料者是否有理由歪曲数据。(4)资料是怎样搜集的,搜集的方法是否可靠。(5)该数据是否与其他地方或国际资料相符,如有严重不符,是否能对不符的原因作出圆满解释。

二、实地调研

实地调研是指由调研人员亲自搜集第一手资料的过程。企业在采用这种方法搜集信息时应谨慎行事,因为相对案头调研而言,实地调研的成本很高。例如,当企业打算在某国选择一个代理商时,就没有必要花很多资金和时间对该国长期市场潜量进行一手资料调研。然而,如果企业打算在该国建厂生产,那么取得该国有关市场潜量的第一手资料就很可能是必要的。

(一)实地调研中常见的问题

实地调研的主要方法有个别访问法、电话调查法、邮寄调查法、商店观察法等。在采用这些方法时,往往需要用抽样调查和问卷调查等技术。在国外营销调研中,应用这些方法和技术会存在一些特殊问题。这些问题的产生,主要是由于各国在经济、社会、文化诸方面存在着差异。

1.抽样调查中的问题

一项抽样调查要取得成功,样本必须有代表性。但是,在许多国家,特别是发展中国家,抽样调查很困难,样本往往具有很大偏倚性,难以得到可靠的概率样本。有的国家人口统计不完全,有的地区根本没有街道图,房屋未编号。在这种情况下,国际调研人员不得不采用就便抽样法。这当然就存在着数据不准确的可能性。

2.问卷调查中的问题

在国外使用问卷(Questionaire)方式进行调查,最重要的问题就是语言的翻译,翻译不当就会引起误解,致使调查失败。在同一个国家有几种语言的情况下,问卷的翻译就更为困难,必须在一国中被译成若干种语言。例如,在印度不同的地区,共有 14 种官方语言;在加拿大,主要是英语和法语两种语言;在扎伊尔,官方语言是法语,但人口中只有少数人能讲流利的法语,大多数人能用本国四种混合方言中的一种流利地交谈。在这种情况下,问卷调查是极其困难的,因为一种语言中的成语、谚语和一些特殊表达方法很难译成另一种语言。问卷调查中的另一个问题是,问卷的邮寄在许多发展中国家中十分困难。

有些国家的邮电系统效率低，例如巴西的国内信函有30%根本收不到，在这样的国家中，邮寄问卷的调查法就行不通。

3.电话调查中的问题

在一些工业化国家，特别是在美国，家庭电话拥有率很高。在这些国家中，即使是进行消费者调研，采用电话调查法也是可行的。然而，在许多发展中国家，电话数量很少。例如，在埃及，每千人只拥有3部电话，土耳其也只拥有4部。况且，安装电话往往要拖延很久，安装费和电话租金也都很高。在这些国家中，即使是进行工业调研，采用电话调查法也是不足取的。

4.个别访问中的问题

在发达国家，用个人访问法进行调查虽然费用高，但也不失为进行消费者调研的一个好办法，个别访问法是获取可靠数据的重要方法之一。但在许多发展中国家，采用这一方法很困难，被访问者或者拒绝访问，或者拒绝回答问题，还可能故意提供假情报等。主要原因在于：(1)在许多文化背景中，人们不愿意与陌生人交谈，妇女与陌生人谈话更是冒天下之大不韪。比如在印度，如欲对家庭妇女进行访问，时间只能安排在早上7点30分至9点30分，晚上6点至9点30分，因为只有这两个时间里，丈夫在家且不是休息时间。(2)在许多场合，被访者不愿意与来访者交流真实情况，担心来访者系政府所派，谈出真实情况有可能造成不利后果，如增加赋税等。(3)在一些发展中国家，来自中等收入阶层的被访者往往虚报自己的消费水平，以满足其虚荣心。例如，在印度进行的一项有关茶叶消费的调查中，来自中等收入阶层的70%的被访者声称自己饮用某种名牌茶叶。这一调查结果是不真实的，因为在印度市场上，60%的茶叶是无牌、无包装的普通茶叶。(4)被访者受教育程度太低，以至连口头交流都有困难。(5)许多发展中国家没有或少有市场调研公司，这就使得与当地居民进行面谈变得更为困难和复杂。

(二)解决实地调研问题的方法

以上介绍了进行国际实地调研中的几个较常见的问题。如何解决这些问题？应该说尚无放之四海而皆准的通用方法。在这里，仅就如何解决这些问题提一些建议。

1.要重视借鉴书本知识

现在美国、日本、西欧等发达国家已出版了一些有关国际营销调研方面的著作。调研人员可从中学到一些专门的调研技能。

2.取得当地人的帮助

尽管各国之间存在着文化差异，但在许多国家中都可找到一些人充当跨越文化障碍的桥梁。这些人应精通两国语言和两种文化，最好系统地接受过营销学和营销调研方面的训练。他们在帮助企业搞好在当地调研项目的过程中，可以起到很大的作用。

3.问卷翻译可采用两次翻译的做法

即首先用中文起草问卷，并请翻译译成外文，然后到市场所在国请当地的翻译译成中文，调研人员再将两份中文问卷进行对比，考察其中的差别。如在含义上无差别，说明外文翻译正确，可在市场所在国使用。否则，还需进一步找出差距之所在，对两次翻译进行推敲。实践证明，这种“两次翻译”的做法是解决问卷翻译问题的有效方法。

4.加强对调研人员的培训

通过培训调研人员，使其熟练掌握各种调研技巧。这样，当在某国不能使用某一种或某几种调研方法时，还可以使用其他方法。

5.通过实践积累经验

经验是最好的老师，只有通过营销实践，才能真正了解一个市场。营销调研费用很昂贵，有些市场在近期内规模不会太大，搞调研不值得，这时企业可以不搞正式的营销调研，而是采用直接向该市场进行试探性出口的方法，借此了解市场。这实际上是一种低成本的调研方法。日本许多公司在中国设有办事处和子公司，其业务量很小，实际上是亏本经营，但日本公司并不撤回这些办事处和子公司，因为可以通过这些办事处和子公司了解许多中国市场的情况。这实际上也是一种低成本的营销调研活动。日本公司的着眼点在于中国的未来市场。

第四节　国际营销调研的组织

国际营销调研的组织工作主要包括两个方面的问题：一是调研工作由公司总部进行，还是由各国的子公司负责；二是调研工作由企业自己做，还是委托企业外部的市场调研公司或咨询公司做。

一、母公司调研与子公司调研

国际企业的营销调研工作既可以在本国的公司总部进行，又可以由国外的子公司负责。一些大型跨国公司往往在两个层次上都设有营销调研部门，然而在不同层次上所调研的内容有所不同，因为不同层次的管理者面临着不同的决策，需要不同的信息。

公司总部所进行的调研一般都是为了制定公司长期发展战略和公司总体规划。例如：公司应进入哪国市场，应撤出哪国市场，应在哪国市场上追加投资。要制定这些战略决策，应由公司总部负责进行营销调研，了解与这些决策有关的信息，如公司在各国市场上的经营状况，各主要产品系列在各国所处的生命周期，各国宏观经济环境、政治环境和法律环境的变化以及各国营销环境的相互比较，主要竞争对手的营销策略及其对世界市场形势的影响等。各国子公司所进行的营销调研主要是为制定日常经营决策和短期经营计划服务的。例如：导致本子公司上一季度销售额下降的原因有哪些；公司是否应辞掉经销商甲，聘任经销商乙；公司打算在专业杂志上刊登广告，应在杂志第几期上登载。要作出这些日常经营决策，就要由子公司负责进行调研工作。

二、委托调研与公司自己调研

营销调研工作是十分重要的，因此许多公司都设有专门的调研部门。以美国 NCR 为例，该公司在总部由国际营销副总裁领导下的一位专职人员负责公司总部的国际营销调研工作。该公司在日本、英国和德国的子公司都设有营销调研部。可以说 NCR 公司的调研力量是很强的。但是 NCR 公司并不是将所有的调研项目都由自己完成。该公司在印度市场上的调研项目就是委托其他调研组织来完成的。许多小公司没有专门的营销调研机构和人员，所以也将调研项目委托给外部机构进行。这就说明，究竟是由企业自己进行调研还是委托外部机构调研，要取决于具体的情况。

当企业处于下述情况之时，最好委托外部机构进行营销调研：

(1)企业没有专门的调研人员；

(2)企业有专门的调研人员，但已无力承接新的任务；

(3)企业到某国去进行营销调研，不能克服信息交流方面的障碍，如语言不通、环境不熟等；

(4)调研项目非常重要，企业所拥有的调研人员不如外部机构的调研人员更有经验，更专业化；

(5)企业在某国市场营业额很小，不值得派人前往进行调研；

(6)调研项目是定量消费者调研，需要在国外有一支完备的实地访问队伍。

当企业处于下述情况之时，最好由公司自己完成调研项目：

(1)企业有足够的调研力量；

(2)企业在该市场上已有丰富经验；

(3)企业在该市场上尚无经验，但该市场潜力很大，值得花力量去获得在该市场上进行调研的经验；

(4)调研项目属于工业调研，而且只需要少量的访问人员；

(5)本公司与外部调研机构在信息沟通上有困难，比如有关高技术产品的调研，企业外部的调研人员可能不懂技术，难以胜任调研任务；

(6)该市场上根本不存在专门的调研机构或咨询机构。

第五节　国际营销信息系统

国际营销信息系统(International Marketing Information System)，就是为搜集、整理、贮存、检索和分析信息并据以制定国际营销决策而设计的一个持续的系统。建立这个系统的目的在于：第一，保证搜集到信息；第二，保证信息与决策有关；第三，保证信息可以被管理部门容易地得到、理解和使用。

一、国际信息系统的构成要素

每个国际企业向国际市场提供的产品不同，打入国际市场的方式不同，企业内部的资源条件不同，因而面临的国际营销决策及其所需要的信息不同。这就决定了每个企业所建立的信息系统的构成要素不同。一个大型多国公司可能有多种产品系列，同时在很多国家和市场销售产品或提供服务，甚至同时有多种经营方式。每一种产品决策、每一个国家和市场的选择决策、每一种经营方式的决策，以及上述各项决策的交叉和组合决策，都需要不同的信息内容，因而在一个总的国际营销系统之下，企业可按不同标准建立不同的子系统。比如按国家设立子系统，每个子系统要包括企业在该国各种产品的供求情况，各种经营方式的经营效果以及该国的宏观经济形势等方面的信息，为制定公司总体控制和长期战略规划服务。各国子系统还可以从母公司的总系统中获取信息，帮助作出各种日常业务决策。总系统与子系统的关系如图 5-1 所示。

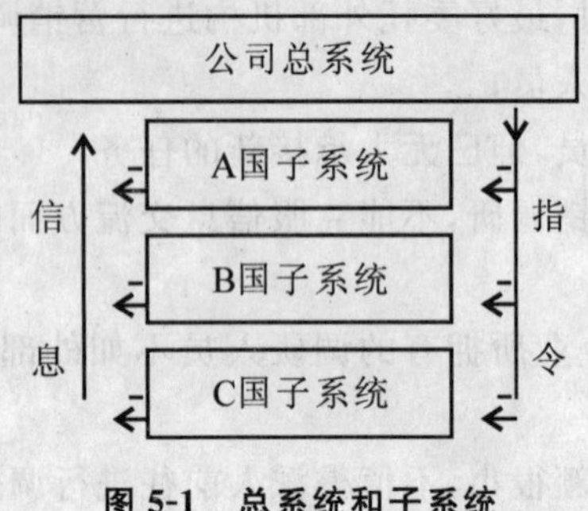

图 5-1　总系统和子系统

二、国际数据的收集和处理问题

(一)资料来源问题

资料来源可以有两种划分方法。第一种划分方法是将资料来源分为第一手资料(实地调研)和第二手资料(案头调研)。第二种划分方法是将资料来源分为企业外部来源和企业内部来源。在此需强调的是企业内部的资料来源。企业内部的信息传递是企业顺利运行的必要条件。在国际营销中，建立一个有效的内部信息传递系统是至关重要的，这是由国际企业的经营范围广、母公司与各子公司之间的距离相对遥远这一特点所决定的。

(二)数据搜集方式问题

数据搜集方式可根据企业投入力量的大小分为四种：

(1)一般观察。对各种信息进行一般性的了解，并不特别注意某一问题。这种方式投入力量最小。

(2)监视。无实际搜寻行动，只是集中观察某一方面的信息。

(3)简单调查。对某一方面的信息进行有限的和非正式的搜寻。

(4)调研。为某一目的、某一信息进行正式的、有组织的调查和研究。

(三)数据的可比性问题

从各国得来的数据能否进行相互比较，是否能按照统一标准而输入企业的信息系统，从而帮助管理部门作出正确的决策，是建立国际营销信息系统必然遇到的一个重要问题。企业必须有一套完备的程序和机制，对这些数据进行调整、换算和加工，使其在具备可比性的基础上输入信息系统，这样才能使信息成为决策基础。

信息系统可简可繁。最简单的系统只提供信息来源，复杂的系统则包括全面使用电子计算机，并提供具体的决策模型。企业应根据自身的条件，建立起或简或繁的国际营销信息系统，使各国国际营销决策逐步走向科学化。

一、思考题

1. 国际营销调研与国内营销调研有什么区别？

2. 某电视机生产企业欲将其产品打入国际市场。为了正确地制定这一决策，需了解哪些方面的信息？可能有哪些信息来源？

3. 在国外进行实地调研可能会遇到哪些问题？应如何解决这些问题？

二、案例分析

日本本田汽车有限公司为了把摩托车打入美国市场，雇佣了格雷广告公司进行市场调研，结果发现，美国人对摩托车没有好印象，认为摩托车出事概率高，骑摩托车的人往往都是流氓等反面印象。为了成功地打入市场，必须扭转人们的观念。

格雷广告公司开发了一系列以“您在本田会遇见最好的人”为口号的广告。一则广告中出现一队身穿制服前进的人，一个戴着美国式帽子的女郎驾着一辆本田摩托车在队伍的前面。其余的系列广告也描绘了年轻的“所有美国人”的榜样。其隐喻如果这些人对于驾驶摩托车表示“OK”，那么其余美国青年也会表示“OK”。

结果大获成功，数以百万计的美国青年人购买了本田摩托。本田及其摩托车牢固地确定了在美国的地盘，得到了美国摩托车市场的50%份额。

请问：

1. 本田是如何把摩托车打入美国市场的？

2. 本田是如何扭转美国人对摩托车的负面看法的？

三、案例讨论：泰国旅华市场分析与预测

亚太旅游协会认为：泰国出境旅游人数强劲增长预示泰国今后将会成为一个新兴的出境旅游客源市场。

泰国前五位出境旅游目的地是马来西亚、老挝、中国、新加坡及中国香港特别行政区。

泰国的主要客源城市是曼谷，约占总体出境旅游人数的80%强。

根据资料调查发现，泰国游客去国外旅游，都会考虑费用的问题。大部分人喜欢在亚洲地区旅游，例如中国、缅甸、越南和日本等。旅游时间大约3～5天，价格是每人2万～3万泰铢。一般去欧洲旅游，价格会高达每人7万～8万泰铢。

泰国游客通常都选择元旦假期、华人新年、泼水节(4月13—15日前后7天)和学校假期(10月份)出国旅游。

根据抽样调查，36.6%的泰国人计划在10月份出国旅游，32.4%计划在12月份，25.4%计划在4月份。这三个月是泰国出国旅游的高峰期。

泰国游客出国计划时间：出行计划制订少于4周的占32.2%，4～6周的占25.4%，6～8周的占12.7%，8～10周的占14.1%，超过10周的占9.9%。

2004年泰国旅华市场恢复增长比较稳健。2004年1—9月份，泰国旅华人数达到30.51万人次，相比2002年单月人数，除了5月份人数略微减少之外，其他月份都实现了增长,4 月份泰国泼水节假期期间旅华人数达到单月最多。

2004 年泰国旅华市场新特点:旅华市场发展快,客源仍然以华人为主;市场价格敏感,淡旺季起伏比较大;泰国旅华重点仍然集中在大城市和热点旅游地区;中泰边贸提上日程;泰国公司奖励旅游所占份额逐年扩大;“中文热”带动泰国游客旅华新高潮;推广旅游产品的捷径是口碑;媒体与公众对中国旅游产品的反应很好。

泰国旅华市场存在的问题:旅行社同航空公司在市场配合上存在不协调,泰国旅华旺季同中国国内旅游旺季冲突,泰国旅华签证费用高,泰国南部动荡以及持续的禽流感疫情可能会对泰国旅华市场造成消极影响,泰国对华旅游批发商开拓市场的力度和勇气不足。

综合上述,泰国是一个可以积极发展的出境旅游客源市场,特别是其持续繁荣的经济和日益增强的个人消费能力,为泰国游客出境旅游,特别是来华旅游提供了强大的物质基础。加上中泰两国传统的友谊,密切的经贸联系,今后泰国游客来华旅游人数一定会再攀高峰。

(资料来源:《中国旅游报》2005 年 6 月 24 日,中国驻新加坡办事处,罗卫建)

思考并讨论:

1. 为什么要对泰国出境旅游市场进行调查?这对我国旅游业有什么积极作用?

2. 影响泰国出境旅游的因素有哪些?

3. 泰国来华旅游呈现出什么样的特点?

四、思维训练

1. 以你感兴趣的某一品牌专卖店为对象,采用某一种调查方法,了解顾客对该品牌的认可和喜爱程度。

2. 以 4～6 人为一小组,为一家洗发水企业设计一份比较完整的调查问卷,并在一定范围内进行市场调研,根据调研结果撰写一份调研报告。

第6章　国际市场目标营销战略

学习目标：

通过本章的学习，以期达到：

1. 理解国际市场细分的含义和意义；
2. 熟悉国际市场细分的标准；
3. 掌握目标市场选择的条件和策略；
4. 善于运用市场定位的方法和策略；
5. 培养市场细分思维能力、分析评价企业目标市场的判断能力、市场定位的运用能力。

【案例导入】

1969年，美国啤酒业中的"老八"，米勒啤酒公司，被菲利浦·莫里斯公司(PM)收购。PM公司，这个国际烟草业的巨人，在60年代凭借高超的营销技术取得了辉煌的战绩。那时美国啤酒业，是寡头竞争的市场。市场领导者安修索·布希公司(AB)的主要品牌是"百威"和"麦可龙"，市场份额约占25%。佩斯特蓝带公司处于市场挑战者的地位，市场份额占15%。米勒啤酒公司排在第八位，份额仅占6%。啤酒业的竞争虽已很激烈，但啤酒公司营销的手段仍很低级，它们在营销中缺乏市场细分和产品定位的意识，把消费者笼统地看成一个需求没有什么区别的整体，用一种包装、一种广告、一个产品向所有的顾客推销。

PM公司兼并米勒啤酒公司之后，在营销战略上作了根本性的调整。它派出烟草营销的一流好手充实到米勒公司。在作出营销决策以前，米勒公司进行了认真的市场调查。它发现，若按使用率对啤酒市场进行细分，啤酒饮用者可细分为轻度使用者和重度使用者两类，轻度使用者人数虽多，但其总的饮用量却只有重度使用者的1/8。

它还发现，重度使用者有下列特征：多是蓝领阶层，年龄多在30岁左右，每天看电视3.5小时以上，爱好体育运动。米勒公司决定把目标市场定在重度使用者身上，并果断地决定对米勒公司的"海雷夫"牌啤酒进行重新定位。"海雷夫"牌啤酒是米勒公司的"旗舰"，素有"啤酒中的香槟"之称，在许多消费者心目中是一种价高质优的"精品啤酒"。这种啤酒很受妇女和社会中的高收入者欢迎，但这些人多是些轻度使用者。米勒公司决定把"海雷夫"献给那些"真正爱喝啤酒的人"。

重新定位从广告开始，米勒公司考虑到目标顾客的心理、职业、年龄、习惯等特征，在广告信息、媒体选择、广告目标方面做了很多改变。米勒公司首先在电视台特约了一个"米勒天地"栏目，广告主题变成了"你有多少时间，我们就有多少啤酒"来吸引那些"啤酒坛子”。

广告画面中出现的尽是些激动人心的场面:船员们神情专注地在迷雾中驾驭轮船,钻井工人奋力止住井喷,消防队员紧张地灭火,年轻人骑着摩托车冲下陡坡。米勒公司甚至请来了当时美国最著名的篮球明星张伯伦来为啤酒客助兴。

为了配合广告攻势,米勒公司又推出了一种容量较小的瓶装“海雷夫”,这种小瓶装啤酒正好能盛满一杯,夏天顾客喝这种啤酒时不用担心剩余的啤酒会变热。这种小瓶子的啤酒还很好地满足了那部分轻度使用者,尤其是妇女和老人,他们啜完一杯,不多不少,正好。“海雷夫”的重新定位战略当然非常成功,到了1978年,这种牌子的啤酒年销量达2 000万箱,仅次于AB公司的百威啤酒,名列第二。

“海雷夫”的成功,鼓舞了米勒公司,它决定乘胜追击,进入另一个细分市场——低热度啤酒市场。进入70年代,美国各地的“保护健康运动”方兴未艾,米勒公司注意到对节食很敏感的顾客群在不断扩大,即使那些很爱喝啤酒的人也在关心喝啤酒会使人发胖的问题。

当时美国已有低热啤酒出现,但销路不佳。米勒公司断定这一情况的出现并不是因为人们不能接受低热啤酒的概念,而是不当的定位所致,错误地把这种啤酒向那些注重节食但并不爱喝啤酒的人推销。

米勒公司看好这一市场,花了一年多的时间来寻找一个新的配方,这种配方能使啤酒的热量降低,但其口感和酒精度与一般啤酒无异。1973年,米勒公司的低热啤酒——“莱特”牌啤酒终于问世。对“莱特”牌啤酒的推出,米勒公司可谓小心翼翼。它找来一家著名的广告商来为“莱特”牌啤酒设计包装,对设计提出了四条要求:(1)瓶子应给人一种高质量的印象;(2)要有男子气;(3)在销售点一定能引人注目;(4)要能使人联想起啤酒的好口味。为了打好这一仗,米勒公司还慎重地选择了4个城市进行试销,这4个地方的竞争环境、价格、口味偏好都不相同。广告攻势自然也很猛烈,电视、电台和整版报纸广告一齐上,对目标顾客进行轮番轰炸。广告主题,米勒公司用的是“您所有对啤酒的梦想都在莱特中”。广告信息中强调:(1)低热度啤酒喝后不会使你感到腹胀;(2)“莱特”的口感与“海雷夫”一样,味道好极了。

米勒公司还故技重演,找来了体育明星拍广告并给出证词:莱特啤酒只含普通啤酒1/3的热量,但口味更好,你可以开怀畅饮而不会有腹胀的感觉。瞧,还可以像我一样的健美。试销的效果的确不坏,不但销售额在增加,而且顾客重复购买率很高。

到了1975年,米勒公司才开始全面出击,广告攻势在美国各地展开,当年广告费总额达1 100万美元(仅“莱特”一项)。公众对“莱特”啤酒的反应之强烈,就连米勒公司也感到意外。各地的“莱特”啤酒供不应求,米勒公司不得不扩大生产规模。

起初,许多啤酒商批评米勒公司“十分不慎重地进入了一个根本不存在的市场”,但米勒公司的成功很快堵上了他们的嘴巴,他们也匆匆忙忙地挤进这一市场,不过此时米勒公司已在这个细分市场上稳稳地坐了第一把金交椅。

“莱特”啤酒的市场成长率一直很快。1975年销量是200万箱,1976年便达500万箱,1979年更达到1 000多万箱。1980年,这个牌号的啤酒销量列在“百威”、“海雷夫”之后,名列第三位,超过了老牌的“蓝带”啤酒。

1974年底，米勒公司又向AB公司赢利最多的产品——“麦可龙”牌发起了挑战。“麦可龙”是AB公司啤酒中质量最高、价格最贵、市场成长率最快的产品，AB公司依靠它一直稳稳地占领着最高档啤酒的细分市场。米勒公司岂肯放过，不过这次米勒公司却没有强攻，而是用了一招漂亮的“移花接木”之术。它购买了在美国很受欢迎的德国高档啤酒“老温伯”的特许品牌，开始在国内生产。米勒把“老温伯”的价格定得更高，广告中一群西装笔挺、气概不凡的雅皮士举杯同饮，说道：“今晚，来喝老温伯。”很快，“麦可龙”在这一市场中的领导地位也开始动摇。

在整个70年代，米勒公司的营销取得巨大的成功。到1980年，米勒公司的市场份额已达21.1%，总销售收入达到26亿美元，米勒啤酒被称为“世纪口味”。

满足消费者需求是企业营销活动成败的关键。然而，世界上有200多个国家和地区，各国政治、法律、经济、文化等营销环境迥异，并导致各国消费者的需求差别很大，一个企业无论其资源条件多么雄厚，也难以同时进入所有的国际市场。同时，即使在一国之内，因收入、性别、年龄、职业、社会阶层等因素的影响，消费者的需求也是千差万别，企业不可能同时满足该国所有消费者的需求。因此，在国际营销中，企业必须对众多的国家进行分类和筛选，选择一个或几个国家作为企业的海外目标市场，有计划、有步骤地开拓和占领这些目标市场。然后，企业还应按照一定的标准对这些国家内部的消费者进行分类，选择某些顾客作为目标消费者群，为之提供适销对路的产品和服务，满足其需要。只有这样，企业才能在竞争激烈的国际市场中寻得一片“天地”，实现其国际营销目标。这种营销思想也称为目标市场营销战略。

目标市场营销战略是二战后市场影响思想和战略的新发展，现已成为当代市场营销战略的核心内容。它包括三个主要步骤：

第一步，市场细分(Segmenting Market)。根据购买者对产品或营销组合的不同需要，将市场分为若干不同的顾客群体，并勾勒出细分市场的轮廓。

第二步，确定目标市场(Targeting Market)。衡量各细分市场的吸引力，选择要进入的一个或多个细分市场为目标市场。

第三步，市场定位(Positioning)。根据产品的关键特征与利益确定定位概念，并围绕该定位拟定营销策略组合。

因此，目标市场营销又称STP营销或STP三部曲。

第一节 国际市场细分

一、国际市场细分的含义和意义

(一)市场细分的概念及产生

市场细分是指企业按照一定的标准，把某一类产品或服务的整体市场划分为若干个需要倾向不同的消费者群的市场分类过程。每一个消费者群就是一个细分市场，也叫“子市场”或“亚市场”，每一个细分市场都是由需求倾向相似的消费者群体构成。不同的细分市场之间，消费者对同一产品的需求有明显差异，同一细分市场内的消费者对产品的需求则是相似或相近的。

市场细分(Market Segmentation)概念最早是由美国营销学家温德尔·史密斯(Wended Smith)在1956年提出的，此后，美国营销学家菲利浦·科特勒进一步发展和完善了温德尔·史密斯的理论并最终形成了成熟的STP理论。自该理论提出后，就得到了学术界和企业界的普遍高度重视，成为企业实施目标营销战略的前提。

(二)市场细分的依据

1.市场细分的客观基础：消费者需求的差异性

消费者需求的差异是客观存在的，它是由消费者所处的不同地理环境及千差万别的文化、社会、个人和心理特征的影响而形成的。正是这种差异性，使得市场细分成为可能。事实上，市场上任何一项产品或服务，如果包含两个以上的消费者，这个市场就可以细分。所以，市场细分的实质就是把一个异质的整体市场划分为若干个同质的子市场的过程。

2.市场细分的外在要求：企业利用有限的资源进行有效的竞争

任何一家企业的资源和实力都是有限的，不可能提供满足消费者需求的所有产品和服务，也不可能在市场上占有所有的优势，正因为如此，市场细分就显得特别必要。尤其是对于实力有限的小企业和处于困境的企业来说，更为重要。经过市场细分，企业可以选择最有利可图的细分市场，集中使用企业有限的资源，制定有效的竞争策略，取得和增强竞争优势。

(三)国际市场细分的含义

国际市场细分是市场细分概念在国际市场营销中的应用。但是由于国际市场环境的复杂性，企业在国际市场上开展营销活动时，需要根据国际市场的实际情况，首先对国际市场进行宏观细分，将市场总体需求相近的国家划归为一个子市场，然后在子市场内，根据消费者的差异再进行细分，这就是国际市场的微观细分。宏观市场细分和微观市场细分是国际市场细分不可缺少的步骤。例如，美国通用汽车公司无法生产一种适合全球各国消费者需要的汽车。它必须将世界市场划分为日本市场、欧洲市场、中国市场、东南亚市场等，针对不同市场特点设计产品。在每一个子市场内部，顾客需求也是有很大差异的，通用汽车公司还将其划分为豪华型汽车市场、普及型汽车市场等。

(四)国际市场细分的意义

国际市场细分有助于企业更好地满足世界市场上消费者的需要，具体地说，国际市场细分的作用主要表现在如下四个方面：

1.有利于营销者发现新的国际市场机会

市场细分的过程，是一个对国际市场进行调查、分析、评价的过程，通过这个过程，企业可以大致了解顾客的哪些需要得到满足，哪些需要还未得到满足或未得到较好的满足。抓住这样的机会，对于企业发展十分重要。

2.有助于企业集中人力、物力和财力投入目标市场，以获取局部竞争优势

市场细分的过程不仅是区分消费者的过程，也是辨别竞争对手、选择竞争对手、获取竞争优势的过程。企业把整个市场划分为若干个子市场后，要对这些子市场的竞争状况

进行调查、分析，摸清竞争对手的基本情况及实力，然后再分析自身资源条件，认清自身的优势和不足。在此基础上，合理地选择自己的目标市场和竞争策略，或避实就虚，或针锋相对，从而保证企业立于不败之地。特别是中小企业初次进入国际市场时，必须重视市场细分工作，通过市场细分发现那些可以避开大企业的子市场，并集中企业资源，努力开拓该市场。

3.有利于企业合理配置和运用资源，调整营销策略，增强应变能力

国际市场范围广阔，各个区域消费者的需求和竞争者状况不断变化。企业通过对国际市场进行细分，可以有针对性地观察和收集细分市场信息，掌握各个细分市场消费者的需求、竞争者策略的变化，并据此及时地调整营销策略。

4.国际市场细分有利于企业分配国际营销预算，提高国际营销效益

企业在对国际市场进行细分后，可以根据各细分市场的市场潜量、竞争状况来合理地分配国际营销预算，使得在每个子市场的投入都能得到相应合理的回报，从而提高企业的国际营销效益。

二、国际市场细分的标准

由于国际市场环境的复杂和多样性，国际市场的细分也就更为细致，要经过宏观细分和微观细分两个步骤。

(一)宏观细分标准

世界上有 200 多个国家和地区，这些国家和地区，不仅人口数量、地理环境不同，而且文化习俗、政治体制和法律体系、经济水平等方面也存在着差异，因此，各国市场需求和营销环境必然不同，国际营销者在各国遇到的机会及要解决的营销问题也会有所不同。为了制定更科学、有效的营销组合策略，更好地满足各国市场需求，企业首先应对国际市场进行宏观细分。

国际市场细分中的宏观细分是指企业决定在国际市场上应选择哪个国家或地区作为拟定进入的市场。这就需要根据一定的标准将整个世界市场划分为若干个子市场，每一个子市场具有基本相同的营销环境，企业可以选择某一组或某几个国家作为目标市场。

国际市场的宏观细分是整个国际市场细分中的第一步，因为只有在宏观细分的基础上，才能进一步进行一国之内的微观细分。在国际市场营销实践中，通常以地理因素、经济因素、文化因素作为主要的宏观细分标准。

1.地理细分标准

地理标准是宏观细分中最常用和最容易掌握的标准。地理因素所包含的具体变量包括地理位置、气候、地形地貌等。比如按照地理位置可以把国际市场划分为北美市场、西欧市场、东南亚市场、中东市场和西非市场等；按照气候条件可以分为寒带市场、温带市场和热带市场等。

地理细分标准之所以被广泛应用，有三方面的原因：其一，同一地理区域的国家因地理上接近而便于管理。例如，在巴西设立地区管理中心，就可以有效地监管企业在南美国家的营销活动。其二，同一地理区域国家往往文化背景相同或相似，如西欧。其三，同一地理区域国家常属于同一区域经济集团或贸易组织，如果企业进入区域集团的某个成员

国，则可享受区域集团内部的优惠待遇。

但是，有的地理相近的国家并非一定具有同样的市场机会和需求特征。如美国和墨西哥，在经济和文化上就有很明显的区别，所以有时在宏观细分上还要考虑其他的细分标准。

2. 经济细分标准

不同国家在经济发展水平、人口和收入、城市化程度、经济基础设施、物价水平等方面存在差异，进而对国内需求、购买者行为模式，以及营销活动成本产生一定程度的影响。所以，在很多情况下，国际营销者需要根据经济因素，对国际市场进行分析研究，并进行市场细分和目标市场选择。

用经济标准细分国际市场的一个最简便的方法就是按人均国民生产总值把经济发展水平相近的一些国家划进同一群体。如被称为"西方七国"的一组国家——美国、英国、法国、德国、日本、加拿大和意大利——指的就是那些高度工业化国家；新加坡、韩国、巴西、墨西哥等被称为新兴工业化国家；而印度等国家则被称为欠发达国家。不同经济发展水平的国家，对产品、服务的需求会有很大的不同，所能提供的市场机会也会不同。世界银行在其 2003 年的出版物中，将世界各国和各地区按人均国民生产总值划分为四类，见表 6-1。

表 6-1　世界各国和各地区人均国民生产总值划分

类　型	人均国民生产总值	国家或地区数量
低收入	745 美元以下	66
中下收入	746～2 975 美元	52
中上收入	2 976～9 205 美元	38
高收入	9 206 美元或以上	52

例如，联合利华公司按照人均国民生产总值标准将国际市场分为四类，在最低收入国家主推肥皂，在较低收入国家主推洗衣粉，在较高收入国家主推洗衣机用洗衣粉，在最高收入国家主推纤维软化剂，取得了非常好的营销效果。

但是，仅考虑经济因素来细分国际市场还是难免有失偏颇。例如科威特、沙特阿拉伯等国家虽然被列入工业化国家行列，但却无法与美国、英国、德国等国列入同一细分市场，两者在文化和地理方面存在着较大的差异。

3. 文化细分标准

文化对国际营销有深远的影响，国际营销者可以用语言、宗教、价值观念、态度、风俗习惯和行为方式的共同点将一些国家归类。比如伊斯兰教国家子市场、西班牙语国家子市场等。

必须注意的是，单纯按照文化因素细分国际市场在很多情况下也是不可行的。以宗教为例，日本和蒙古国都信奉佛教，但企业很难以同样的营销组合策略进入这两个国家；沙特阿拉伯和阿富汗都是伊斯兰教国家，但前者经济发展水平比后者高了许多，两国有明显不同的市场潜量和机会。

小资料

同仁堂的国际细分

我国中药行业的排头兵——同仁堂集团在制定国际营销战略时，就是根据语言把国际市场划分为东南亚市场、北美市场、西欧市场、澳洲市场等，并选择东南亚市场作为企业当前最重要的海外目标市场。同仁堂集团之所以这样细分国际市场，是因为中药的市场需求与当地人对汉语的了解和使用程度有密切联系。从一定程度上讲，要接受中医药，首先要了解并接受中国文化，而是否接受中国文化，又与汉语在当地的使用程度有直接关系。在东南亚地区各国，汉语均比较普及，消费者对中国文化比较熟悉，因此，对中医药的认同程度相对较高，这为中医药产品的进入奠定了良好基础。

4.多指标细分方法

如前所述，采取单一的细分标准细分国际市场或多或少存在着片面性，因此，国际营销者应采取一种多指标的细分方法，把地理、经济、文化因素综合起来考虑，结合企业所经营产品的性质，对国际市场进行多层次的细分，这样的细分结果才有指导意义。比如，生产空调的企业细分国际市场时，不仅要考虑收入水平，还应考虑气候、生活方式等因素。

（二）微观细分标准

当企业选择了某个或某几个国家作为目标市场所在国家后，会发现在这些国家内消费者的需求仍有差异，需要进一步细分成若干个子市场，从中选择其中一个或几个子市场作为目标市场进入，也就是要进行国际市场微观细分。国际市场微观细分和国内市场细分类似，细分的方法和细分标准也大致相同。依据产品性质的不同，可以分为消费品市场细分和工业品市场细分。

1.消费品市场细分标准

(1)地理细分。具体细分变量有国家、地区、城市、农村、气候、地形、人口密度、城镇规模等。

从市场营销的角度看，处于不同地理位置、气候条件各异的消费者，明显存在不同需求和偏好，同时对企业产品价格、分销渠道、广告宣传等营销策略的反应有所不同。地理环境是一个相对稳定的细分标准，比较容易辨别和分析，因而在国际营销中地理细分方法运用十分广泛。

(2)人口细分。具体细分变量有年龄、性别、职业、收入、教育、家庭人口、家庭类型、家庭生命周期、国籍、民族、宗教、社会阶层等。

玩具、服装和食品等行业往往采用年龄作为细分变量，但是要注意的是，年龄并不是绝对的细分变量，不能以此作为细分市场的唯一标准，比如有些 40 岁的夫妇将孩子送到大学念书，而另一些则正在准备迎接他们新出世的小宝宝，所以，国际营销者必须提防所谓的年龄刻板印象。

小资料

“女性专享”——以性别划分的公共服务设施

★2009 年 12 月，在石家庄市日前出现一个特殊的停车场，只允许女性司机停车，这也是我国首个“女士专用”停车场。进入停车场可以看到各种为方便女司机停车的特别设计。从天花板的波浪形灯饰，到墙壁的十二生肖卡通装饰，再到主体立柱，都使用了粉红、亮紫等明亮色彩。据介绍，这可以有效消除女司机进入光线暗淡地区时的莫名紧张感。而车位宽度设计上也比普通停车场的大了不少，达到了3米。另外，为了保证女司机的安全，停车场除了安装比普通停车场密度更大的监控探头外，每个车位前都装有3盏照明灯，以实现无死角全方位监控。停车场聘用的引导员也都是女性，此前专程赴韩国学习了专为女士服务的各种泊车引导动作，整套动作有点像舞蹈，会让女司机在停车的同时感到一种愉悦。

★2010年8月19日，印尼政府在雅加达至茂物段的列车两头设立了女性专用车厢，目的是减少女性在列车上遭受性骚扰现象。据悉，政府以后还要考虑进一步推广这种特殊车厢。女性车厢中的坐椅全部为粉红色，车顶挂着的宣传画显示，只有女性和小孩可以乘坐该车厢。而在沿线的铁路停靠站，地面上也均有粉红色的“女性专用车厢等待区”字样。国营铁路运营公司官员称：“我们想提高服务质量，保护女性乘客，让她们感觉更加安全。”该官员称，妇女专用列车车厢只是一种选择，如女性乘客愿意，她们仍可乘坐其他车厢。

★“女士专享”服务在全球已不罕见。日本东京的通勤铁路早已开辟了女性车厢，莫斯科也推出了以粉红颜色为主的女性专用出租车。提倡舒适、安全的“女性专享”服务广受女大学生、女白领、单亲妈妈等女性人群的喜爱。

收入水平和社会阶层也是企业常用的一种细分方法。例如，美国花旗银行根据收入水平将香港市场划分为高收入者、中等收入者和大众阶层等子市场，然后选择高收入者作为自己的目标市场，并提供外汇买卖、投资顾问、汇率分析等高档服务；与此相适应，其在香港的20多家分行也基本建立在繁华商业区域或高收入者聚集区。

(3)心理细分。具体细分变量有价值观、生活方式、个性、爱好、购买动机等。

人们对产品的兴趣在很大程度上取决于生活方式、个性和爱好。如今以生活方式、个性细分市场的企业越来越多了。比如，众多品牌和口味的饮料市场，就纷纷以消费者的生活方式和个性来细分。崇尚健康和美的年轻女性适合果汁类饮料，爱运动的人群喜欢含盐含葡萄糖的运动型饮料，天真率直的少女爱喝牛奶饮品等，从而使饮料也具有个性，迎合了年轻人的心理。

(4)行为细分。如购买时机、追求利益、产品使用者状况、忠诚程度、使用频率、态度等。

购买者产生购买念头、购买产品或使用产品的时机，可作为细分的基础。比如乘飞机旅行就与生意、假期、家庭等等的时机有关，航空公司可以针对以上情况的乘客展开营销。

以消费者对产品所追求的不同利益为标准，是另一种卓有成效的市场细分方式，比如每个人都需要牙膏，但希望获得的利益却各不相同：有人为了洁白牙齿，有人为了口气清新，有人为了降火除臭，还有人为了防治牙病。所以，牙膏的功能从传统的洁齿功效发展到今天众多的功能，牙膏市场品牌林立，诉求各异，这都是以消费者追求的不同利益来细分市场的结果。

使用情况是指消费者从前是否使用过某种产品或服务的经历。据此，可细分为非使用者、曾使用者、潜在使用者、初次使用者和经常使用者。通常，小企业重视老顾客，大企业重视潜在顾客。对老顾客一般无须多做广告宣传，但应做好一对一的联系和沟通；对新顾客和潜在顾客则需要采取必要的促销手段。

企业还可以按照消费者对品牌的忠诚度来细分市场。坚定忠诚者是只认准某一品牌，从一而终地购买该品牌的商品；中度忠诚者是对两三个品牌忠诚，只从这几个品牌中选择购买商品；转移者是从忠于一种品牌转向忠诚于另一种品牌；多变者是不忠诚于任何品牌，每次都购买不同的品牌。每个市场都是由不同数量的四组忠诚者类型的消费者组成。研究中度忠诚者的消费行为可以使企业发现哪些品牌对本企业的产品来说较具竞争力；研究转移者转移的原因，可以使企业发现自己的不足，从而提高营销水平；对于多变者，企业不妨通过一些特惠活动来吸引他们的注意力。

按使用频率来细分，市场可以被细分为大量使用者、中量使用者和少量使用者。大量使用者通常只是很少的一部分人，但消费量却很大。比如在美国市场，88％的啤酒被只占人口16％的大量使用者消费，少量使用者只消费12％，所以对于一个啤酒企业来说，它宁可花力气吸引住一个大量使用者群体，也比吸引住几个少量使用者要合算。

表6-2列出了消费者市场细分变量应用的部分示例。

表6-2　消费者市场细分变量应用示例

细分变量		示　例
地理细分	气候	热带、温带、寒带
	地形	山区、平原
	城乡状况差别	大城市、中小城市、乡镇、农村
人口细分	年龄	3岁以下、3～6岁、7～12岁、13～17岁、18～21岁、22～35岁、36～50岁、51～60岁、60岁以上
	性别	绝对男性化、中度男性化、中性、中度女性化、绝对女性化
	家庭规模	2人、3～5人、6人以上
	职业	工人、农民、军人、干部、职员、学生、科技人员、教师、个体经营者
	文化程度	文盲、小学、中学、高中、中专、大专、大学本科、研究生以上
	家庭生命周期	单身期、新婚期、满巢期、空巢期、孤寡期
心理细分	性格	外向型、内向型、理智型、冲动型、冒险型、守旧型
	生活方式	奢侈、豪华、实用、节俭
	购买动机	求实、求美、求新、怀旧、慕名、从众
行为细分	追求利益	经济、便利、声望、新颖
	使用者状况	非使用者、曾使用者、潜在使用者、初次使用者、经常使用者
	品牌忠诚度	坚定忠诚者、中度忠诚者、转移者、多变者
	产品使用率	大量使用、中量使用、少量使用

人是十分复杂的生命，一个变量很难确切地将人的行为划分开来，在实际细分市场的过程中我们会发现，以上的各种变量都不是孤立地存在的，必须将几种变量综合起来进行研究。诸多变量之间存在着千丝万缕的联系，以一个变量为标准细分市场时往往受到其他变量的影响。所以企业必须特别注意从多角度对国际市场进行细分，以使细分合理可行。

【案例借鉴】

巴黎欧莱雅的市场细分策略

虽然欧莱雅于1996年才进入中国市场,但早在20世纪80年代起就在巴黎成立了中国业务部,专门从事对中国市场的研究。90年代欧莱雅在其香港的分公司里设立了中国业务部,准备开拓中国市场,并在广州、北京、上海等地都设立了欧莱雅形象专柜,测试中国消费群体对欧莱雅产品的市场反响。为进入中国市场,欧莱雅其实花费了将近20年的时间做准备。目前已在全国近百个大中城市的百货商店及超市设立了近400个形象专柜,并配有专业美容顾问为广大中国女性提供全面的护肤、彩妆、染发定型等相关服务,向公众充分展示了"巴黎欧莱雅,你值得拥有"的理念,深受消费者青睐。回顾上述成功业绩,关键取决于欧莱雅公司独特的市场细分策略。

首先,公司从产品的使用对象进行市场细分,主要分为普通消费者用化妆品、专业使用的化妆品。其中,专业使用的化妆品主要是指美容院等专业经营场所使用的产品。

其次,公司将化妆产品的品种进行细分,如彩妆、护肤、染发护发等。同时,对每一品种按照化妆部位、颜色等再进一步细分,如按照人体部位不同,将彩妆分为口红、眼膏、睫毛膏等。再就口红而言,进一步按照颜色细分为粉红、大红、无色等。此外,还按照口红性质差异将其分为保湿型、明亮型、滋润型等。如此步步细分,光美宝莲口红就达到150多种,而且基本保持每1～2个月就向市场推出新的款式,从而将化妆品的品种细分几乎推向极限地步。

然后,按照中国地域广阔的特征,鉴于南北、东西地区气候、习俗、文化等的不同,人们对化妆品的偏好具有明显的差异。如南方由于气温高,人们一般比较少做白日妆或者喜欢使用清淡的妆饰,因此较倾向于淡妆;而北方由于气候干燥以及文化习俗的缘故,一般都比较喜欢浓妆。同样东西地区由于经济、观念、气候等的缘故,人们对化妆品也有不同的要求。所以欧莱雅集团敏锐地意识到了这一点,按照地区推出不同的主打产品。

最后,又采用了其他相关细分方法,如按照原材料的不同细分,按照年龄细分等。

2. 工业品市场细分标准

工业品市场细分比较简单,除了心理和行为细分标准的一些细分变量以外,其他消费品市场的细分变量都可以用来细分工业品市场。但是,由于工业品市场购买行为有其特殊的方面,所以工业品市场的细分通常采用以下因素:

(1)地理位置。用户所处的地理位置不同,其需求往往有很大的不同。例如中国的香港地区因地价昂贵,香港企业希望购买精小的机械设备。由于自然环境、资源、生产力布局等因素的影响,某些行业集中于某些地区,如中国东北地区,钢铁、机械、煤炭、森林工业比较集中;山西省则煤炭、煤化工和能源工业相对集中。

(2)用户所处行业。用户所处行业不同,面对的最终顾客采购同一产品的使用目的也不同。如,同是钢材,有的用作生产机器设备,有的用作建筑施工。

(3)用户规模。在工业品市场上,大量采购的用户、中量采购的用户、少量采购的用户之间的区别,要比消费者市场普遍得多。大客户数量少,但一次采购的数量金额往往很大;小客户则相反,数量虽多,采购量则较小。

国际市场微观细分可依据不同的产品和企业而选择不同的角度,但必须坚持市场细分的基本原则,不可任意细分,也不可无限制细分。要使细分合理和有效,必须注意以下两方面的问题:

首先,细分国际市场的变量的个数取决于消费者需求差异的大小。对于消费者需求特征差异较小的产品或服务,可采用单一变量进行细分,如果消费者需求特征差异较大,则应采取双重细分或多重变量细分。

其次,细分国际市场的变量也不是越多越好。因为若对某市场采用了过多的变量进行细分,会导致各个子市场过小,既给企业选择目标市场带来了困难,又会使企业的营销活动缺乏效率,得不到应有的效益补偿。如果所细分的子市场太小,不足以使企业赢利,那么,企业就应实行"反细分",也就是将一些需求差异较小的子市场集中起来,合并为一个较大的新的子市场。

三、有效国际市场细分的原则

国际市场细分对国际营销者选择国际目标市场和制定营销组合策略一定要具有指导意义。例如,某汽车生产企业根据经济发展水平,将国际市场划分为发达国家市场、新兴工业化国家市场、发展中国家市场和贫穷国家市场,就是有意义的。因为收入水平、城市化程度等因素对汽车需求的影响最为明显。而该企业如果仅根据宗教信仰细分国际市场就没有什么意义了。因为宗教信仰对汽车需求的影响并不明显。要使国际市场细分有效,应满足以下原则:

1. 差异性。即经细分所形成的各子市场之间应具有明显不同的特征,对产品有不同的需要,对企业营销活动也有不同的反应。否则,为每一个细分市场制定并实施一个独立的营销组合方案,就成为一种浪费。事实上,的确存在一些没有必要细分的市场,如自来水市场、食盐市场等,这样的市场,我们称之为同质市场。

2. 可衡量性。即各细分市场需求规模和购买力强弱可以被定量评价的程度。如果只是定性地描述细分市场容量大小而不能进行定量分析,国际营销者就难以在这些细分市场之间进行有效的资源配置,也难以制订科学的产销计划。如美国有 2 000 多万的惯用左手的人,但是专门为他们设计的产品却很少,原因之一就在于这个市场很难辨认,测量起来难度太大。

3. 可进入性。即企业可以到达并服务某海外市场的程度。仅从需求角度看,有些海外市场很有吸引力,但这些市场不具有可进入性,这样的市场细分也就失去了意义。进入壁垒有多方面,主要是当地政府的政策法律限制,或当地企业垄断,企业自身的技术等条件不足,缺乏竞争实力等。例如,美国大众汽车公司曾对美国汽车市场进行细分。它选择的细分市场具有两个特点:一是为美国汽车生产厂商所忽视,二是美国汽车生产厂商无法取得规模经济优势。但美国大众汽车公司就没有那么幸运,它为自己生产的小型汽车选择的细分子市场,却因为美国三大汽车公司的随后进入而无法抗衡这三大汽车公司的规模经济优势。

4. 实效性。也称足量性,即细分市场的规模和发展潜力应足够大,以保证企业服务该市场后所获得的收入不仅能够弥补各种营销投入，还要能获得足够的利润。实效性要求表明，在细分国际市场时，并非细分越深越好。一方面，细分层次太多了，所产生的各子市场之间的差异性会变得越来越不明显，进而导致开展营销目标的成本会迅速上升。另一方面，细分太深入，会导致细分市场的规模不断变小，营销活动完全失去规模效应。

5.稳定性。即细分市场在一定的时期内能保持相对的稳定性。变化过快的子市场，必然增加企业经营的风险，不利于企业营销目标的实现。一般来说，时尚型产品在细分市场的时候，特别应该注意稳定性的问题，至少能保证在一段时间内使企业的营销策略得以正常施行。

四、国际市场细分步骤

不论是宏观细分还是微观细分，都是由一系列具有内在联系的过程组成，必须有步骤地进行。如果将这些过程割裂开来，或者忽略其中的某一环节，就会影响到市场细分的有效性。从一定角度来看，宏观细分和微观细分的区别主要在于细分范围的大小不同，而细分工作程序基本上是一致的，都可以分为以下几个步骤：

第一步，确定细分市场的标准。

第二步，依据该标准，将整个市场划分为若干个子市场。同一个子市场由具有共同点的国家(宏观细分)或消费者群(微观细分)构成。

第三步，对每一个子市场需求和竞争状况进行调查、分析，明确参与每个市场竞争需要具备的资源条件。

第四步，对企业资源条件进行分析，明确自身优势和不足。

第五步，选择有吸引力的、能够发挥自身优势的子市场作为企业的目标市场。

第六步，针对目标市场的特征，制定营销组合策略。

【案例借鉴】

某汽车企业国际市场细分步骤示例

假定某汽车企业欲进入国际市场，要先进行宏观细分，它可以按如下步骤细分国际汽车市场。

第一步，对轿车的需求主要受经济发展水平的影响，因此，该企业可以选择人均收入水平、城市化程度、人口数量等因素作为细分标准。

第二步，根据上述标准，可将世界市场划分为以下四个子市场。一是北美和澳洲市场，地广人稀，人均收入水平高。二是欧洲和日本市场，经济发展水平高，但人口密度大。三是新兴工业化市场，主要包括拉美国家、东南亚国家、印度、俄罗斯、巴基斯坦、沙特阿拉伯等国家，经济发展较快，人均收入水平中等，但仍处于不断提高的过程中。四是非洲市场，经济发展缓慢，人均收入水平较低。

第三步，对各子市场需求和竞争状况进行分析。第一个子市场，需求规模大，竞争激烈；出行距离相对较远，对汽车的款式、稳定性和空间要求高；需要企业具备雄厚的资金实力和卓越的自主研发能力。第二个子市场，需求规模大，竞争激烈；对汽车节能性要求较高；需要其具备雄厚的资金实力和较强的研发能力。第三个子市场，需求不断增长，竞争激烈程度一般；购买者对价格、节能性要求较高；需要企业具备一般的技术水平和较强的成本控制能力。第四个子市场，需求规模相对较小，竞争不激烈；购买者对价格、节能性要求较高；要求企业具备较强的成本控制能力。

第四步，对企业资源条件进行分析。通过分析，企业认为，自身优势主要在人力成本和适用技术方面。

第五步，根据前面的分析，企业选择第三个子市场作为自己的目标市场。这是因为，在这些国家，人们的收入水平不是很高，因此作出购买决策时，对价格和耗油情况很敏感，而对技术、空间要求并不是很高。而企业的优势恰恰在这些市场能够得到充分发挥。

第六步，针对第三类国家的需求特征和企业已确定的成本领先竞争战略，确定产品、价格、渠道和促销策略。

第二节 国际目标市场的选择

国际市场细分是企业选择国际目标市场的重要前提和基础。企业在进行国际市场细分后，要从若干个细分市场中选择一个或几个细分市场作为自己的目标市场。

一、目标市场与目标市场选择

(一)目标市场的概念

目标市场，就是企业决定进入并为之服务的特定市场。目标市场就是指目标顾客，也就是企业营销活动所要满足的市场需求，是企业决定进入的市场。企业的一切营销活动都是围绕着目标市场进行的，目标市场也是企业制定营销战略的出发点。对目标市场的选择恰当与否，直接关系到企业的经营业绩和营销效果。

(二)目标市场的选择

在对市场进行了细分之后，就需要对各个子市场进行分析，并从中选择出一些作为目标市场。目标市场选择的过程，就是对各个子市场的特点进行分析、评估，并确定选择多少、选择哪些作为企业的目标市场的过程。

之所以要进行目标市场的选择，是因为任何企业的资源都是有限的，只能在最恰当的地方才能发挥企业的相对竞争优势，所以，任何企业都只能满足部分顾客的某些需求，只能选择和确定特定的顾客群作为企业服务的对象，确定产品的种类和销售范围。例如，美国雅芳——“为了女性的公司”，香港金利来——“男人的世界”。

在对每个子市场进行评估，选择目标市场的过程中，应考虑以下三方面的要求：

1. 子市场的规模和增长率

一般来说，理想的细分市场是具有较高的销售额、增长率和利润贡献的细分市场。可是值得注意的是，最大的、最快速增长的细分市场不是对任何企业来说都是最具吸引力的。较小的企业可能发现它们缺少必要的技术和资源来为较大的市场服务，或者这些细分市场的竞争太激烈了。这些公司可能喜欢选择一些较小的不太有吸引力的市场，对它们来说，在这些细分市场上容易获得更多的利润。如零售巨头沃尔玛，开始也是在美国的小城镇发展起来的，因为当时在美国的小城镇商店很少，不存在竞争对手。

2. 子市场的结构吸引力

细分市场可能具有理想的规模和发展特征，但从赢利角度来看，它未必能提供理想的利润。所以，国际营销者还必须考察一些影响细分市场长期吸引力的主要结构因素。美国哈佛大学教授迈克尔·波特认为，有五种力量制约着整体市场，或某个子市场的吸引力。这五种力量是：

(1)已有竞争者的威胁。一个子市场如果已经存在多个强有力的竞争者，那么这个子市场就没有吸引力。通常这样的子市场里会出现价格大战、广告大战、争夺新产品的冲突等等，企业为应付激烈的竞争往往要花费大量资金。

(2)新进入者的威胁。新进入者会带来新的力量、充足的资源，并获得市场份额的不断增长，因此一个子市场如果将引来众多的新进入者，那么这个子市场的吸引力也会减少。从工业利润的角度分析，最具吸引力的子市场是进入困难而退出容易的市场。

(3)替代品的威胁。替代品的威胁也决不可忽视。如果一个子市场上目前或将来存在着许多替代性产品的话，并且替代品的生产技术更新、优势更明显，那么就会妨碍进入这一子市场的企业获取足够的利润。

(4)购买者的力量。如果在一个发达的国际市场上，购买者相对于销售者具有强有力的讨价还价能力，那么，他们将迫使价格下降，并需要企业提供质量更好的产品和服务。所以购买者的相对力量会影响细分市场的吸引力。

(5)供应商的力量。如果一个子市场存在一些强有力的供应商，其能控制生产所需的原材料与服务的价格、质量及数量，这样的细分市场的吸引力也是不大的。

3. 企业目标及资源状况

评估子市场必须确定：它是否符合企业的长远目标，本企业是否具备在该细分市场获胜所必需的技术和资源。企业若要真正赢得该细分市场，就需要发挥其压倒竞争者的优势。企业如果不能制造具有某些优势价值的产品，就不应该进入该市场。如美国施乐公司，原本是专业生产复印机的企业，在复印机行业享有绝对的品牌和产品优势。但它在20世纪80年代实行多元化经营策略，进入了金融保险业，结果分散了它的经营资源。意识到决策失误，施乐又不得不在90年代出售了金融保险业。

二、国际目标市场营销策略

企业确定了目标市场后，就要紧紧围绕目标市场有的放矢地展开一切营销活动。企业针对目标市场特点有计划地进行营销活动的战略即目标市场营销战略，一般有以下三种类型可供选择。

(一)无差异性目标市场营销策略

无差异性目标市场营销策略是指企业将整个市场作为企业的目标市场，推出一种产品，实施一种营销组合策略，以满足整个市场尽可能多的消费者的某种共同需求。采用该战略的企业，主要是着眼于顾客需求的共性或同质性，忽略顾客需求的差异性，对市场不进行细分，只求满足大多数顾客的共性需求。

例如,麦当劳一直以标准化的产品组合、标准化生产和连锁经营,长期占领快餐市场的领先地位。可口可乐也曾以单一的品种、标准的包装和统一的广告宣传长期位居软饮料市场的领先地位。再如,美国桂格麦片公司在细分市场的过程中,发现消费者虽然在年龄、性别、收入、民族等方面不同,但他们都有购买味道鲜美、营养丰富的食品的愿望。据此,桂格推出了生命牌麦片食品,既受到注重营养的成年人的欢迎,也受到了儿童的青睐,获得了成功。

无差异性目标市场营销战略的最大优点在于成本低、经济性好。因为只生产一种标准化的产品,容易实现产销大量化,取得规模经济效益。缺点是:首先,忽视了市场要求的差异性,难以满足顾客的个性化需求;其次,容易导致竞争激烈和市场饱和,企业难以保持持久的规模经济效益。所以这种战略只适用于少数特殊产品和场合使用:(1)大家有共同需要、差异不大的商品,如初级产品、通用器材、标准件等;(2)新产品刚刚进入市场初期时;(3)产品供不应求时。但是随着竞争的加剧,该战略目前已较少采用,而且也不适合长期采用。

(二)差异性目标市场营销策略

差异性目标市场营销策略是企业在市场细分的基础上,选择多个细分市场作为企业的目标市场,并针对各个细分市场的不同特点,分别设计不同的产品,运用不同的营销组合策略,以满足多个细分市场消费者的不同需求。

优点在于:一是可以更好地满足消费者的多样化需求,提高整体销量;二是由于企业在多个细分市场上开展营销,一定程度上可以降低投资风险和经营风险。缺点在于:一是企业生产多种产品,采用多种营销组合,增加了生产成本和营销成本;二是企业的资源分散在多个领域,导致企业不能集中使用资源,甚至企业内部出现彼此争夺资源的现象,容易失去竞争优势。随着企业对市场细分理论的重视和普及应用,目前差异性目标市场营销策略得到了广泛的应用,尤其适用于实力强的企业。

从事国际化经营的企业在国际市场站稳脚跟后,通常采用此战略以谋求在更广阔的市场范围得到发展和壮大。例如,日本丰田汽车靠微型车打入美国市场后,就转向采用差异化策略,又挤进了小型汽车和中型汽车市场,同时在三个细分市场上推出不同档次和性能的产品,致使销售收入成倍增长。

随着现代信息技术的飞速发展,在对某些市场的顾客需求按人、按户作"微细分"、"完全细分"的基础上,实行"一对一营销"、"个别营销"、"定制营销",即为每个顾客设计、制作、提供个性化、无重复、孤品化的产品、服务,已逐渐具有可能和成为现实,从而把差异化营销策略推向了极致。

(三)集中性目标市场营销战略

集中性目标市场营销战略又称为"密集性目标市场营销战略",是选择一个或少数几个细分市场或一个细分市场的一部分作为目标市场,集中企业全部资源为其服务,实行专门化生产和营销。

优点在于:一是营销目标集中,便于企业深入了解市场需求变化,能充分发挥企业优势;二是营销组合策略的针对性强,可以节约生产成本和营销费用;三是生产的专业化程度高;四是能满足个别细分市场的特殊需求,有利于企业产品在该细分市场取得优势地位，提高企业的市场占有率和知名度。缺点在于：一是目标市场过于狭小，市场发展潜力不大，企业的长远发展可能会受到限制；二是企业目标市场过于集中与狭小，产品过于专业化，一旦市场发生变化（比如强大的竞争对手介入、购买力下降或兴趣转移、替代品出现等），会给企业带来极大的威胁。因此该策略适用于：一是生产周期短、需求量波动大的产品；二是资源有限、创业初期、实力不强的中小企业。

例如，100年前，日本东京成立了一家生产纸牌的小店，以汉语“尽人事，听天命”的寓意取名为“任天堂”。100多年来，“任天堂”始终抱着“玩具”这一细分市场，从扑克牌、塑料扑克牌、魔术扑克牌、电子游戏机到电脑玩具，坚持不懈，使产品畅销全球，同时“任天堂”这个品牌也成为游戏行业的佼佼者。

【案例借鉴】

日本企业成功的国际市场营销策略

在20世纪50—60年代，日本企业作为“后来者”走向国际市场凭借成功的国际目标市场营销策略，取得举世瞩目的成绩，成为世界第二经济大国。当时，日本企业实行避强击弱的目标市场选择策略，避开美国等强国，首先在东南亚以及相邻近的国家和地区开展国际营销，然后扩大到印度、巴西等发展中国家，最后才致力于发达国家。正确的目标市场选择策略为日本企业开拓国际市场、迅速占领和发展国际市场、实现跨国经营打下了良好基础。紧接着，日本企业在目标市场上通过强化市场调研，及时寻找市场需求，并按目标市场需求开发产品，从根本上保证其产品的市场。日本企业首先注重产品设计，在设计阶段就从国际市场出发，注意来自顾客的产品构想，依照国际标准设计产品，实现商品的国际标准化。日本学者曾经调查7家企业的46种商品，结果发现在这些产品中，有76%从设计阶段就朝着国际市场方向努力，13%针对特定的海外市场需求而开发，新产品的开发所依据的信息主要来自海外的子公司。在上述46种商品中，有29%是世界通用型商品，57%通用程度很高。这种高标准化的设计，不仅为大规模生产提供可能，而且也为用户的维修和售后服务提供方便。

三、选择目标市场营销策略应考虑的因素

三种目标市场营销策略各有利弊，各自适用于不同的情况。企业在选择目标市场营销策略时，必须全面考虑各种因素，权衡得失，慎重决策。

（一）企业规模和实力

如果企业规模较大，技术力量和设备能力较强，资金雄厚，原材料供应条件好，则可采用差别营销策略或无差别营销策略。反之，规模小、实力差、资源缺乏的企业一般宜采用集中市场营销策略。

（二）产品特性

对于同质性商品，虽然由于原材料和加工不同而使产品质量存在差别，但这些差别并不明显，只要价格适宜，消费者一般无特别的选择，无过分的要求，因而可以采用无差别营销策略。而异质性商品，消费者对产品的质量、价格、包装等，常常要反复评价比较，然后

决定购买，这类产品就必须采用差别营销策略。

（三）市场特性

当消费者对产品的需求欲望、偏爱等较为接近，购买数量和使用频率大致相同，对销售渠道或促销方式也没有大的差异，就显示出市场的类似性，可以采用无差别营销策略。如果各消费者群体的需求、偏好相差甚远，则必须采用差别营销策略或集中营销策略，使不同消费者群体的需求得到更好的满足。

（四）产品生命周期

产品所处的生命周期不同，采用的营销策略也是不同的。若产品处于介绍期和成长期，通常采用无差别营销策略，去探测市场需求和潜在顾客；当产品进入成熟期或衰退期，无差别营销策略就完全无效，须采用差别营销策略延长成熟期，开拓市场，维持和扩大销售量，或者采用集中营销策略来实现上述目的。

（五）竞争企业的营销策略

企业生存于竞争的市场环境中，对营销策略的选用也要受到竞争者的制约。

竞争者采用了差别营销策略，如本企业采用无差别营销策略，就往往无法有效地参与竞争，很难居于有利的地位，除非企业本身有极强的实力和较大的市场占有率。如果竞争者采用的是无差别营销策略，则无论企业本身的实力大于或小于对方，采用差别营销策略，特别是采用集中营销策略，都是有利可图、有优势可占的。

总之，选择适合于本企业的目标市场营销策略，是一项复杂的、随时间变化的、有高度艺术性的工作。企业本身的内部环境，如研究开发能力、技术力量、设备能力、产品的组合、资金是在逐步变化的；影响企业的外部环境因素也是千变万化的。企业要不断通过市场调查和预测，掌握和分析这些变化的趋势，与竞争者各项条件进行对比，扬长避短，把握时机，采用恰当的、灵活的策略，去争取较大的利益。

【案例借鉴】

小油漆厂如何选择目标市场

英国有一家小油漆厂，调查了许多潜在消费者的需要，并对市场作了以下细分：本地市场的60%，是一个较大的普及市场，对各种油漆产品都有潜在需求，但是本厂无力参与竞争。另有四个分市场，各占10%的份额：一是家庭主妇群体，特点是不懂室内装饰需要什么油漆，但是要求质量好，希望油漆商提供设计，油漆效果美观；二是油漆工助手群体，需要购买质量较好的油漆，替住户进行室内装饰，他们过去一向从老式金属器具店或木材厂购买油漆；三是老油漆技工群体，他们的特点是一向不买调好的油漆，只买颜料和油料自己调配；四是对价格敏感的青年夫妇群体，收入低，租公寓居住，按照英国的习惯，公寓住户在一定时间内必须油漆住房，以保护房屋，因此，他们购买油漆不求质量，只要比白粉刷浆稍好就行，但要价格便宜。经过研究，该厂决定选择青年夫妇作为目标市场，并制定相应的市场营销组合：(1)产品：经营少数不同颜色、不同包装的油漆，并根据目标顾客的喜好，随时增加、改变或取消颜色品种和装罐大小。(2)分销：产品送抵目标顾客住处附近的每一家零售商店，目标市场范围内一旦出现新的商店，立即招徕经销本厂产品。(3)价格：保持单一低廉价格，不提供任何特价优惠，也不跟随其他厂家调整价格。(4)促销：以

“低价”、“满意的质量”为号召，以适应目标顾客的需求特点。定期变换商店布置和广告版本，创造新颖形象，并变换使用广告媒体。由于市场选择恰当，市场营销战略较好地适应了目标顾客，虽然经营的是低档产品，该厂仍然获得了很大成功。

第三节 国际市场定位

一、国际市场定位的含义和步骤

定位理论是20世纪70年代由美国学者艾·里斯和杰克·特劳特首先提出来的。随着经济的发展和科学技术的进步，社会经济进入了信息时代。市场上的产品、广告、传播媒体和信息数量的剧增，达到了爆炸的程度，而人们接受信息的容量是有限的，这就要求必须为本企业及其产品寻找一个合适的位置，使目标顾客更容易区别和接受，这就是“市场定位”。

(一)市场定位的含义

市场定位是企业根据竞争者产品在市场上所处的位置，针对消费者对该产品某种特征或属性的重视程度，强有力地塑造出本企业产品与众不同的、给人印象鲜明的个性或形象，并把这种形象生动地传递给消费者，从而使该产品在市场上确定适当的位置。

所以，市场定位是一种竞争战略，它规定本企业的业务范围、经营的差别性产品和服务，在哪个地区范围以及以哪个或哪几个阶层作为重点客户对象，以便与同行业中的竞争对手区别开来。即市场定位是塑造一种产品在市场上的位置，这种位置取决于消费者怎样认识这种产品及本企业，通过为自己的产品创造鲜明的特色和个性，从而塑造出独特的市场形象。

国际目标市场的确定，仅为企业确定了营销范围，还没有确定本企业在该目标市场上的具体位置。而市场定位，包括产品定位、品牌定位和企业定位，是企业制定下一步营销计划的依据。企业要按照市场定位和目标来制定相应的营销组合策略。也就是说，企业的一切营销活动，包括策略和措施，都要围绕企业定位这个中心来进行。因此，市场定位是市场营销的核心。

(二)市场定位的步骤

市场定位的关键是企业要设法在自己的产品上找出比竞争者更具有竞争优势的特性。竞争优势一般有两种基本类型：一是价格竞争优势，就是在同样的条件下比竞争者定出更低的价格。这就要求企业采取一切努力来降低单位成本。二是偏好竞争优势，即能提供确定的特色来满足顾客的特定偏好。这就要求企业采取一切努力在产品特色上下工夫。因此，企业市场定位的全过程可以通过以下三大步骤来完成：

1. 分析目标市场的现状，确认本企业潜在的竞争优势

这一步骤的中心任务是要回答以下三个问题：一是竞争对手产品定位如何？二是目标市场上顾客欲望满足程度如何以及确实还需要什么？三是针对竞争者的市场定位和潜

在顾客的真正需要的利益要求，企业应该及能够做什么？要回答这三个问题，企业市场营销人员必须通过一切调研手段，系统地设计、搜索、分析并报告有关上述问题的资料和研究结果。

通过回答上述三个问题，企业就可以从中把握和确定自己的潜在竞争优势在哪里。

2. 准确选择相对竞争优势，对目标市场初步定位

竞争优势表明企业具有能够战胜竞争对手的能力。这种能力既可以是现有的，也可以是潜在的。选择竞争优势实际上就是一个企业与竞争者各方面实力相比较的过程。比较的指标应是一个完整的体系，只有这样，才能准确地选择相对竞争优势。通常的方法是分析、比较企业与竞争者在经营管理、技术开发、采购、生产、市场营销、财务和产品等七个方面究竟哪些是强项，哪些是弱项，借此选出最适合本企业的优势项目，以初步确定企业在目标市场上所处的位置。

企业可与竞争对手相区别的竞争优势见表 6-3。

表 6-3　企业可与竞争对手相区别的竞争优势

竞争方向	区别优势
产品优势	设计、外观、性能、质量、包装、品牌
服务优势	便利、速度、交货、安装调试、维修、保证、资讯条件、付款条件
人员优势	技术素质、服务态度、职业道德、文化水平、精神风貌、仪表着装
形象优势	品牌识别、企业标志、媒介、氛围、事件

3. 显示独特的竞争优势

这一步骤的主要任务是企业要通过一系列的宣传促销活动，将其独特的竞争优势准确传播给潜在顾客，并在顾客心目中留下深刻印象。为此，企业首先应使目标顾客了解、知道、熟悉、认同、喜欢和偏爱本企业的市场定位，在顾客心目中建立与该定位相一致的形象。其次，企业通过各种努力强化目标顾客形象，稳定目标顾客的态度和加深目标顾客的感情来巩固与市场相一致的形象。最后，企业应注意目标顾客对其市场定位理解出现的偏差或由于企业市场定位宣传上的失误而造成的目标顾客模糊、混乱和误会，及时纠正与市场定位不一致的形象。

二、国际市场定位方法

产品定位的方法有很多，如产品的质量好坏、价格高低、技术水平、服务水准、规格大小、功能多少等等。可以说，只要是能呈现企业独特竞争优势的方面，都可以作为发展产品定位的依据。归纳起来，主要有以下几种：

（一）质量定位法

质量定位法也叫档次定位法。不同的产品在消费者的心目中，按价值高低，有不同的档次。消费者对产品的质量和价格比较关心，从质量和价格上定位是突出企业形象的好方法。对拥有独特技术优势的企业来说，可以采用"高质高价"定位，以表明企业领导者的姿态。如劳力士手表价格高达几万元人民币，是众多手表中的至尊，也是财富和地位的象征。再如劳斯莱斯汽车，不但是一种交通工具，而且是英国富豪生活的一种标志。100 多

年来劳斯莱斯公司出产的豪华轿车总共才几十万辆,最昂贵的车价格高达数百万美元。反过来,有些中小企业实力不济,也可以采用"低质低价"的定位,以获得差异化优势。人人都知道日本电器质量高,但很多中国人还是买中国电器,原因在于虽然中国电器质量低于日本电器,但比较便宜。

小资料

台湾伞在进军美国市场时,备受冷落。台湾制伞厂商认为美国是一个富裕国家,产品受冷落一定是因为自己的伞质量太差。于是下大力气,提高自己产品的质量层次,但结果是产品在美国市场上仍不受欢迎。台湾制伞厂商大惑不解。这时,有位营销专家建议应该把质量定位在最低层次上,成为一次性产品,肯定能打开市场。制伞厂老板如法炮制,果然一举奏效。现在,台湾低档伞在美国占据了主导地位。

(二)利益定位法

利益定位法是指根据产品所能满足的需求或所提供的利益、解决问题的程度来定位。这里的利益包括顾客购买产品时追求的利益和购买企业产品时所能获得的附加利益。如在汽车市场上,"奔驰"追求豪华舒适,"宝马"让顾客感受驾驶本身的乐趣,"劳斯莱斯"与"凯迪拉克"推崇至尊至贵的贵族品位等。利益定位法的关键是要突出本企业产品的优势和特点,以及它们对目标消费者有吸引力的因素,从而在竞争中突出自己的形象。

(三)用途定位法

用途定位法是指根据产品使用场合及用途来定位。如"金嗓子"喉宝专门用来保护嗓子,王老吉是"预防上火的饮料"等。为老产品找到一种新用途,是为该产品创造定位的好方法。小苏打一度被广泛用作家庭的刷牙剂、除臭剂和烘烤配料等,现在国外开始把它作为冰箱除臭剂、调味汁和卤肉的配料以及饮料的原料之一等,这样,小苏打的销量就随着用途的增加而稳步增长。

用途定位法分单一用途定位和多用途定位两种方法。多用途定位产品适用性强,能赢得广大消费者的青睐;但单一用途定位鲜明、专用性强,能获得业内人士的认可。

小资料

香港是一个以金融为中心的地区,它生产的表无论从质量方面还是技术、工艺方面都无法与瑞士的"劳力士"、"雷达",日本的"西铁城"、"双狮"表相比。香港的手表商经过仔细研究手表市场,发现瑞士、日本的手表虽好,功能却比较单一。香港表若想打入市场,与瑞士、日本分庭抗礼,非得独辟蹊径不可。针对瑞士、日本手表单一功能定位,香港推出了多功能定位的手表。他们设计制作了时装表、运动表、笔表、链坠表、情侣表、儿童表、计算表、打火表、时差表、报警表、里程碑表等。于是香港表以多功能畅销全世界,获得空前成功。

(四)竞争定位法

竞争定位法是指根据与竞争者有关的属性或利益来进行定位,即以竞争产品定位为参照,突出强调"人无我有,人有我优"。如美国的"七喜"汽水定位是"非可乐",强调它与可乐类饮料的不同。连锁快餐业中,汉堡王针对麦当劳"标准统一,快速服务"的定位,把产品定位为"选择你自己的方式",消费者可根据自己的口味选择汉堡的配料,而这恰恰是麦当劳无法做到的，由此汉堡王奠立了它在市场上“汉堡第一”的形象。

(五)捆绑定位法

捆绑定位法是指刚出道的品牌通过捆绑在行业领导者们身边，直接以高姿态展示自己的个性，进而直接晋级市场第一品牌军团。比如，在中国豪华车市场，一直是德国奔驰和宝马的统治格局，美国通用的凯迪拉克作为后进入者，在中国市场上将矛头直接指向两大德系豪华车，运用捆绑定位法，聪明地提出了“BBC”(Benz、BMW、Cadillac)的概念，以“敢为天下人先”的推广口号将凯迪拉克定位于年轻个性化市场，在强调车子本身独特个性的同时，与奔驰、宝马进行了对比，广泛推行“坐奔驰、开宝马、玩凯迪拉克”的品牌认知。找准市场缝隙，与强者共舞，让消费者记忆深刻并认同。

(六)形状定位法

形状定位法是指产品通过造型定位。产品采取什么样的造型或款式，这也是产品定位的关键内容之一。一个恰到好处的形状定位，可导致在营销上一举成功。如“大大”泡泡糖、“白加黑”感冒药，都是以产品本身表现出来的形状特征为定位点，在众多同类产品中脱颖而出，让人印象深刻。在日本有家餐馆，专卖各种品味的蛋类和菜类，生意还不错，但老板并不以此为满足，他突发奇想，将蛋敲在一个方形盒子里，加调料蒸煮，制成了一种风味怪异的方形蛋，并申报了专利，该蛋以其奇特的形状造型，而引来了八方宾客。

(七)文化定位法

将某种文化内涵注入产品之中，形成文化上的品牌差异，称为文化定位。文化定位可以使品牌形象独具特色。如万宝路引入“男性文化”因素，改换代表热烈、勇敢和功名的红色包装；用粗体黑字来描画名称，表现出阳刚、含蓄和庄重；并让结实粗犷的美国西部牛仔担任万宝路的形象大使，强调“万宝路的男性世界”。有些老字号的品牌，也可以采取文化定位，宣扬悠久浓厚的地方文化和民族文化。比如“可口可乐”代表的就是美国经典文化，“全聚德”烤鸭，其定位是代表正宗的北京烤鸭饮食文化，“同仁堂药店”宣扬中国传统的中医药文化。

三、国际市场定位策略

市场定位策略是一种竞争策略，它显示了一种产品或一个企业同类似的产品或企业之间的竞争关系。定位方式不同，竞争态势也不同，下面介绍四种主要的定位方式。

(一)避强定位

避强定位策略是指企业力图避免与实力最强的或较强的其他企业直接发生竞争，而将自己的产品定位于另一市场区域内，使自己的产品在某些特征或属性方面与最强或较强的对手有比较显著的区别，是一种“见缝插针”、“拾遗补缺”的定位方法。

优点：能够使企业远离其他竞争者，在该市场上迅速站稳脚跟，树立企业形象，风险小。

缺点：避强往往意味着企业必须放弃某个最佳的市场位置，很可能使企业处于最差的市场位置。

(二)迎头定位

迎头定位又称“迎强定位”、“对峙性定位”、“针对式定位”，是指企业根据自身的实力，为占据较佳的市场位置,不惜与市场上占支配地位的、实力最强或较强的竞争对手发生正面竞争,而使自己的产品进入与对手相同的市场位置。

优点:竞争过程中往往相当惹人注目,甚至产生所谓轰动效应,企业及其产品可以较快地为消费者或用户所了解,易于达到树立市场形象的目的。

缺点:具有较大的风险性。

(三)创新定位

寻找新的尚未被占领但有潜在市场需求的位置,填补市场上的空缺,生产市场上没有的、具备某种特色的产品。如日本索尼公司的索尼随身听等一批新产品正是填补了市场上迷你电子产品的空缺,并进行不断的创新,使得索尼公司即使在二战时期也能迅速发展,一跃成为世界级的跨国公司。采用这种定位方式时,公司应明确创新定位所需的产品在技术上、经济上是否可行,有无足够的市场容量,能否为公司带来合理而持续的赢利。

(四)重新定位

重新定位是指企业为已在某市场销售的产品重新确定某种形象,以改变消费者原有的认识,争取有利的市场地位的活动。正常情况下,产品定位概念一旦确定下来,原则上企业就要发展和巩固此定位,使该定位在消费者脑海中留下深刻的印象,轻易不能改动。但是在下列情况下,却应考虑重新定位:

(1)竞争者推出的新产品定位于本企业产品附近,侵占了本企业产品的部分市场,使本企业产品的市场占有率下降;

(2)消费者的需求或偏好发生了变化,使本企业产品销售量骤减;

(3)企业希望通过重塑产品形象,进入新的细分市场;

(4)原有定位概念失误,致使出现定位混乱。

如某日化厂生产婴儿洗发剂,以强调该洗发剂不刺激眼睛来吸引有婴儿的家庭。但随着出生率的下降,销售量减少。为了增加销售,该企业将产品重新定位,强调使用该洗发剂能使头发松软有光泽,以吸引更多、更广泛的购买者。重新定位对于企业适应市场环境、调整市场营销战略是必不可少的,可以视为企业的战略转移。重新定位可能导致产品的名称、价格、包装和品牌的更改,也可能导致产品用途和功能上的变动,企业必须考虑定位转移的成本和新定位的收益问题。

市场定位是设计公司产品和形象的行为,以使公司明确在目标市场中相对于竞争对手自己的位置。公司在进行市场定位时,应慎之又慎,要通过反复比较和调查研究,找出最合理的突破口。避免出现定位混乱、定位过度、定位过宽或定位过窄的情况。而一旦确立了理想的定位,公司必须通过一致的表现与沟通来维持此定位,并应经常加以监测以随时适应目标顾客和竞争者策略的改变。

【案例借鉴】

万宝路:从曾经的失落到今天的辉煌

在万宝路创业的早期,万宝路的定位是女士烟,消费者绝大多数是女性。其广告口号是:像5月天气一样温和。尽管当时美国吸烟人数年年都在上升,但万宝路香烟的销路却始终平平。女士们抱怨香烟的白色烟嘴会染上她们鲜红的口红,很不雅观。于是,莫里斯公司把烟嘴换成红色。可是这一切都没有能够挽回万宝路女士香烟的命运。莫里斯公司终于在40年代初停止生产万宝路香烟。

二战后，美国吸烟人数继续增多，万宝路把最新问世的过滤嘴香烟重新搬回女士香烟市场并推出三个系列：简装的、白色与红色过滤嘴的，以及广告语为“与你的嘴唇和指尖相配”的。当时美国香烟年消费量达3 820亿支，平均每个消费者要抽2 262支之多，然而万宝路的销路仍然不佳，吸烟者中很少有人抽万宝路的，甚至知道这个牌子的人也极为有限。

在对香烟市场进行深入的分析和深思熟虑之后，李奥·贝纳广告公司完全突破了莫里斯公司限定的任务和资源，对万宝路进行了全新的“变性手术”，大胆向莫里斯公司提出：将万宝路香烟改变定位为男子汉香烟，变淡烟为重口味香烟，增加香味含量，并大胆改造万宝路形象：包装采用当时首创的平开盒盖技术并以象征力量的红色作为外盒的主要色彩。广告中一再强调万宝路香烟的男子汉气概，以浑身散发粗犷、豪迈、英雄气概的美国西部牛仔为品牌形象，吸引所有喜爱、欣赏和追求这种气概的消费者。

这是迄今为止最为成功和伟大的营销策划，由于李奥·贝纳突破资源和任务的大胆策划，彻底改变了莫里斯公司的命运，在万宝路的品牌、营销、广告策略按照李奥·贝纳的策划思路改变后的第二年(1955年)，万宝路香烟在美国香烟品牌中销量一跃排名第10位，之后便扶摇直上。今天万宝路已经成为全球仅次于可口可乐的第二大品牌，其品牌价值高达500亿美元。

本章练习

一、思考题

1. 简述国际市场细分的方法。

2. 无差异目标市场营销策略和差异化的目标市场营销策略的基本内容是什么？其优缺点是什么？

3. 在和竞争对手的竞争中，怎样进行市场定位？

二、案例分析

1. TTK公司是英国一家著名的化妆品公司，该公司近期开发出了一种适合东方女性需求特点的具有抗衰老功效的系列化妆品，并在多个国家获得了专利保护。营销部经理初步分析了亚洲各国和地区的情况，首选中国作为目标市场。为迅速掌握中国市场的情况，公司派人员来中国进行实地调研。调查显示，中国市场需求量大，购买力强，且没有同类产品竞争。在调查基础上又按年龄层次将中国女性化妆品市场划分为15～18岁、18～25岁(婚前)、25～35岁及35岁以上四个子市场，并选择了其中最大的一个子市场进行重点开发。

请问：

(1)该公司进行市场细分的细分变量主要是什么？其他可供选择的变量还有哪些？

(2)根据中国市场的特点，公司选择最大的子市场应该是哪个？为什么？

2.在细分市场时，最怕的是任意更改或扩大销售对象。在讲求个性与自我表现的消费时代里，消费者是否对产品有着强烈的认同和偏好，对产品的发展有着举足轻重的影响。台湾铁佳钙“女人需要的水”名噪一时，赢得许多女性消费者的认同，认为那是专为她们设计的饮料，补充日常摄取铁钙的不足。孰料，生产者不以切入女性市场为满足，又大步跨入男性市场，使得“女人需要的水”变成了“大家都需要的水”。

请问：这将会产生什么样的结果？为什么？假如你是该企业的营销经理，要扩张市场，你将建议公司采取什么样的市场策略？

3.七喜在生产饮料时采取了独特的定位方式。为了体现自己的特色，它发动了“无咖啡因”战役。而12盎司的可口可乐含有34毫克的咖啡因，而同量的百事可乐则含37毫克。七喜的广告词是：“你不是不愿意让你的孩子喝咖啡吗？那么为什么还要给孩子喝与咖啡含有等量咖啡因的可口可乐呢？给他非可乐，不含咖啡因的饮料——七喜！”

七喜请出赫赫有名的球星麦格罗出现在屏幕上现身说法，在这一广告中，多种饮料排列在一起，其中有可口可乐、百事可乐、七喜等，麦格罗先问大家哪一种饮料不含咖啡因，然后，他一一指着不同的品牌说：“不是这种，不是这种，也不是这种。”最后，七喜汽水出现在屏幕上，麦格罗喊道：“就是这一种！七喜汽水不含咖啡因，将来也不含咖啡因！”

请问：七喜采用的市场定位策略和方法是什么？

三、案例讨论：统一鲜橙多与汇源真鲜橙

★本土与外来品牌的营销差距

2001年，统一鲜橙多一个纯果汁单品拿下10亿元人民币的销售额，而可口可乐的酷儿靠主攻儿童饮料市场大获全胜。但汇源在这方面始终无甚建树。早在2003年，汇源为对抗统一鲜橙多推出“真系列”果汁饮料真鲜橙，请来韩国明星全智贤代言，却始终没有对鲜橙多形成足够的威胁。

汇源老总朱新礼比任何人都清楚，汇源如不能改变产品结构上纯果汁“一枝独秀”的局面，必然要承受愈来愈重的资本市场压力。业内人士将汇源的营销弱点归纳为“开始说大话，后来无动作”。它不能在宣传和渠道上给予新品持久支持，而且重复犯此类错误——2008年，汇源再次推出果汁饮料新产品以刺激需求，但无论是新品牌奇异王果，还是7月间推出的梨汁产品，都因为时间不长，无法根本改变公司形势。

★最新链接：可口可乐收购汇源引关注

2008年9月11日晚7点，朱新礼在汇源集团中秋联欢晚会上露面。他现在是迄今为止最大的一笔外资收购中资企业控股权交易的主角：可口可乐公司计划斥资大约24亿美元收购中国汇源果汁集团，一旦商务部批准，收购成功，这将是可口可乐122年历史上的第二大收购案。朱新礼特意将晚会提前一天举行，以安抚躁动的汇源员工。在会上，他信誓旦旦地保证，被可口可乐并购后，对方会把果汁产品集中放到汇源来生产，员工的福利、待遇都会得到改善。如果真如外界所担心的那样，可口可乐“剿灭”了众人为之奋斗了16年的汇源品牌，“汇源人和我绝对不会答应”。

中国商务部2009年3月18日正式宣布，根据《中国反垄断法》，禁止可口可乐收购汇源。据悉，这是《中国反垄断法》自2008年8月1日实施以来首个未获通过的案例。

近日，一位权威人士告诉《第一财经日报》，出售给可口可乐的计划失败后，汇源再次出售的计划“正在讨论之中”。

★数字解析

No.1：汇源是中国最大果蔬汁生产商，2008年占高浓度果汁市场的56.1%。

No.4：中国是可口可乐公司的全球范围第四大市场，2007年在中国收入的增幅达到18%。

15.5%：可口可乐拥有中国软饮料市场15.5%的份额，是百事可乐的两倍。

10.3%：汇源在中国果汁市场占10.3%的市场份额。

9.7%：可口可乐占有中国果汁市场9.7%的份额，仅凭一款果粒橙就拿下果汁市场第二名的位置。

思考并讨论：

1.汇源和统一存在的营销差距，问题出在哪里？

2.如果你是汇源的市场部人员，你将向高层管理提出什么建议？

四、思维训练

1.某国际著名品牌电子公司决定进入学生外语学习机市场。通过市场调查，该公司了解到学校学生群体的消费者对外语学习机最为关注的是功能组合和外观设计；又了解到目前在学校这一市场上销售的产品已有A、B、C、D四家公司提供的同类产品，但它们所处的市场位置各不相同。在这种情况下，该公司（假设为F公司）应如何为自己的外语学习机产品定位呢？

2.自选某产品类别，以本校学生为对象和范围，进行目标市场营销战略的确定。

要求：

(1)设计、分发、收集、分析调查问卷；

(2)确定细分标准并细分市场；

(3)简述每个细分市场的特征；

(4)确定目标市场，并说明理由；

(5)为你的产品设计市场定位概念。

第7章 国际市场产品策略

学习目标：

通过本章的学习，以期达到：

1. 明确产品的定义，树立整体产品观念；
2. 掌握产品组合相关概念及策略应用；
3. 掌握国际市场生命周期理论及营销策略；
4. 熟悉新产品开发的思路和程序；
5. 理解国际市场产品标准化策略与差异化策略的有关内容；
6. 熟悉国际市场产品品牌策略和包装策略应用。

【案例导入】

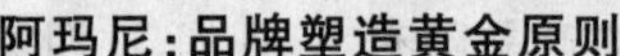

阿玛尼:品牌塑造黄金原则

“Giorgio Armani”，来自意大利的奢侈品牌，公司旗下拥有众多品牌线，成立于1975年，以创始人乔治·阿玛尼的名字命名。1989年，Armani进入伦敦市场；1991年进入美国市场；2004年4月，它在上海开了在中国最大的旗舰店。阿玛尼之所以能成为世界顶尖的服装品牌，“积极扩大产品线和塑造多品牌阵营”是其成功的一大关键法则。

Armani品牌并非一开始就闯进了顶尖品牌的行列，转折是在1980年，当年阿玛尼设计的Armani男女“权力套装”(Powersuit)问世，为了将此设计向顶尖人群推广，阿玛尼将此套服装提供给《美国舞男》中的男主角李察·基尔，同年全套Armani“权力套装”随着影片的放映亮相。这部影片大获成功，Armani品牌也在好莱坞这个明星云集的城市受到追捧，成为社会名流的专有服饰。阿玛尼从来不给未成名的影星设计服装。他的顾客主要包括希望获得尊重的成名大腕，如Jodie Foster、Glenn Close、Mark Wahlberg、Ricky Martin等。而近几年世界足坛明星也逐一走近了Armani，贝克汉姆、罗纳尔多、维埃里、皮耶罗、菲戈以及舍普琴科等都是常客。

但是，务实的阿玛尼，从20世纪80年代开始尝试推出价位较低的副线品牌，以抢占年轻的新兴市场。1981年，阿玛尼试验性地推出Emporio Armani，首开了品牌延伸的风气，随后，其他的国际大牌纷纷仿效。时间证明其策略在当时是非常成功的，年轻人可以望着阿玛尼黑标礼服而叹息，但至少可以穿着印有Armani或者A/X标志的T恤炫耀时尚。

现在，阿玛尼公司拥有20多个品牌线构成的紧密型品牌集群。它从主品牌——乔治·阿玛尼起步，当其品牌价值达到一定程度后，衍生出针对不同细分市场的副品牌——爱姆普里奥·阿玛尼等，并取得成功，由此又进一步提高了品牌资产，然后再适时推出新的品牌线，如此循环往复，构成品牌族与品牌资产的联动，使品牌资产与时俱进。

尽管阿玛尼的不同品牌所针对的消费人群不同，但其从风格到名称都一脉相承。它通过20多个品牌线构成了强大的品牌族，使得阿玛尼的品牌价值在2009年Interbrand的全球品牌100强中位列第94位，达到33亿美元。

阿玛尼公司收购了很多给自己贴牌生产的企业或者分销商。但其收购的原则是不收购其他的品牌，一直坚持使用自主品牌。这样，一方面阿玛尼集团利用现金实现了对大部分生产和分销的控制，另一方面也有利于通过分销商和工厂了解顾客的需求，此外还保证了品牌的风格延续。阿玛尼坚持每天观察从全球各地传来的当日销售数据，进行研究分析，掌握市场动向。

阿玛尼认为，时尚潮流不应局限于服装鞋帽，而是要全面覆盖日常生活。他发现：二战后的"婴儿潮"一代已经风华正茂，副线品牌也已经在其他奢侈品牌中发芽开花，这群最具消费潜质的年轻人买得起昂贵的奢侈品，但还需要更多不同寻常的享受。富有前瞻精神的阿玛尼开始考虑为他们推出更为时髦的服务，他将目光投向了更为广阔的天地。例如，阿玛尼曾与韩国三星电子联合微软合作推出智能手机；与Emaar房产公司2005年签订了阿玛尼酒店及度假村合作项目，计划在环球各大著名城市和度假胜地发展、拥有和运营一系列高级酒店、度假酒店及豪华住宅。首家阿玛尼酒店于2010年3月18日在世界上最高的迪拜塔内开幕，酒店设有175间装备有阿玛尼家居的客房、5间餐厅和一个阿玛尼水疗中心。穿阿玛尼服装、喷阿玛尼香水、用阿玛尼手机、住阿玛尼酒店的时代已经到来。

如今，用品牌延伸的方法，阿玛尼的时尚帝国已经从纵向上涵盖了儿童、青少年、成熟男性及女性的不同消费群的需求。从横向上看，其又为不同群体推出了针对他们需要的全方位的生活方式体验，包括服装、配饰、化妆品、香水、家居系列，以及针对商务人士的钢笔系列等。

当然，由于品牌战线过长、副线品牌众多以及知名度的负面影响等，阿玛尼也受到了众多赝品的困扰，使品牌的核心价值遭到冲击。因此，在加强供应链以及销售终端管理的同时，还需要另辟蹊径，寻找不同于目前市场的新的商业价值点。

第一节 国际市场营销的产品概念

一、产品概念

国际市场营销中的产品和一般市场营销中的产品概念是一致的，它是一个广义的、整体性的概念，即产品是指向市场提供的，供人们获取、使用或消费，从而满足人们某种欲望或需要的一切东西，包括有形物品，无形服务和人员、组织、观念，或者它们的组合，亦称产品的整体概念。如表7-1所示，产品表现的方式是多种多样的。

表 7-1　产品形式示例

有形产品	电视机、面包、自行车、房子、钢材
服务	送货服务、咨询服务、培训服务
人员	歌手、演员、主持人、技术人员
组织	电视节目创作组、项目团队
观念	审美观、教育观、财富观

(一)整体产品概念

整体产品概念由内到外可以分为五个层次,如图 7-1 所示。

1. 核心产品

核心产品又称实质产品,是指产品能为消费者带来的基本利益和效用,也就是产品的使用价值。如产品的用途、功能、效用等。

2. 形式产品

形式产品是核心产品借以实现的形式,即向市场提供的实体产品或劳务的外观。它由产品的质量水平、特征、式样、品牌和包装等基本特征构成。

3. 期望产品

期望产品是指消费者在购买该产品时期望得到的与产品密切相关的一整套属性和条件。如旅游的客人期望得到合理的日程安排、卫生的饭菜、清洁的床位等服务。

4. 延伸产品

延伸产品是指消费者购买形式产品和期望产品时,附带获得的各种利益的总和,包括产品说明书、保证、安装、维修、送货、技术培训等。

5. 潜在产品

潜在产品是指对消费者可能产生的对某些产品新的需求的满足。

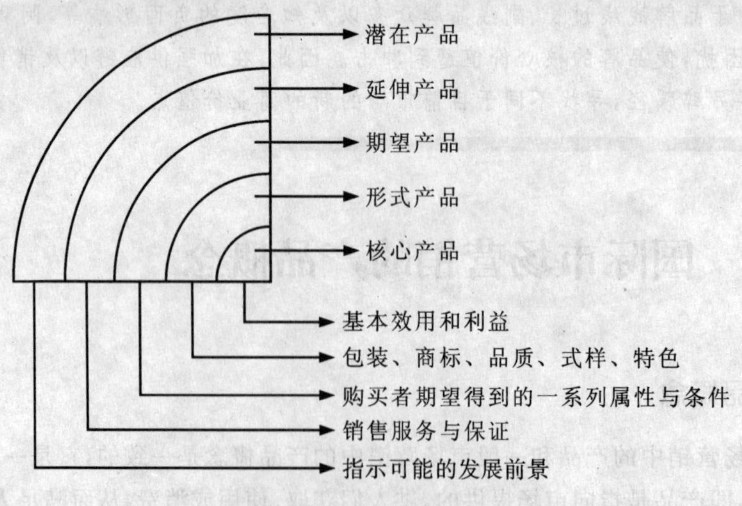

图 7-1　整体产品概念

(二)整体产品概念的意义

1.产品的整体概念是市场营销观念的具体体现

在营销观念的认知当中,按照顾客的要求来组织营销活动,是市场营销观念的核心或内涵。从产品设计开始,就应该按照顾客的期望、要求进行设计,因为产品是营销组合的基础。

2.产品整体概念有利于企业实施差异化战略

如可以在产品的外观上营造一种特殊的个性,也可以在售后服务上营造一种独特的、消费者可以接受的模式,还可以在产品的功能上营造一种与竞争对手不同的方面。而这些恰恰是企业在产品的差异化中能够让顾客接受、寻找卖点的重要方面。

3.把握产品的核心产品内容可以衍生出一系列的有形产品

一方面,不同消费者对同一产品追求的核心利益有可能不同,比如同是护肤品,20岁的少女追求的是基础护肤,30岁的少妇追求的是防皱保湿。因此,企业在设计产品时要针对消费者的不同核心利益追求设计出不同的形式产品和延伸产品。例如,供国内销售的自行车的核心产品为代步,而供出口美国的自行车的核心产品则为健身,上海自行车厂为此相应改变了出口自行车的有形部分,使其与核心产品相适应,最终取得了成功。

另一方面,相同的核心产品内容,企业也可以以不同的产品形式来表达,以能够提供更丰富的产品来满足消费者选择的欲望。例如,李宁运动服饰牢牢把握住消费者追求"运动精神"的核心产品,不断推出运动器械、运动服、运动鞋等一系列产品,多方位地满足了目标消费者的需求。

二、产品组合策略

由于消费者的需求具有发展性,因此消费者对产品利益的追求有可能会随着环境的变化而变化。即使消费者追求的还是相同的核心产品,但是在不同的时代背景下,消费者也希望能得到不同形式的产品和延伸产品。大多数企业为了更好地满足消费者不断变化的需求,会推出不同品种或不同规格型号的产品。当然,有的产品品种目前很受欢迎,而有的产品品种市场销量虽然不佳,但是却起到一种很好的打压竞争者产品的作用。这样一来,在企业的营销实践中,就产生了产品组合的问题,即一个企业如何组合自己的产品才能最大限度地发挥自己的优势,并取得最大限度的效益。

(一)产品组合的基本概念

1.产品项目。指产品大类中由规格、外观、价格及其他属性来区别的具体产品。如美国雅芳化妆品公司有1 300个以上的产品项目,而美国通用电器公司则有25万个产品项目。

2.产品线,又称产品系列。指在技术和结构上密切相关,具有相同的使用功能,虽规格不同但能满足同类需要的一组产品。如美国雅芳化妆品公司的产品线有化妆品、珠宝首饰和家常用品三条。

3.产品组合。指一个企业生产或销售的全部产品的组成方式,它包括所有的产品线和每一产品线中的产品项目。它反映了一个企业的经营范围或生产的产品结构。

4.产品组合的宽度。指一个企业的产品组合中所拥有的产品线的数目。

5.产品组合的长度。指一个企业的产品组合中的产品项目的总数。

6.产品组合的深度。指一个企业产品线中所包含的产品项目的多少。在实际应用中,如果没有特别说明是哪一条产品线的深度,那么一般是指企业产品组合的平均长度。

7.产品组合的关联性。指各条产品线在最终用途、生产条件、分销渠道或其他方面相关联的程度。

例如:海尔集团有40多个产品大类,800多个产品项目。为了便于学习,现选取部分产品种类、项目来说明。如图7-2所示。

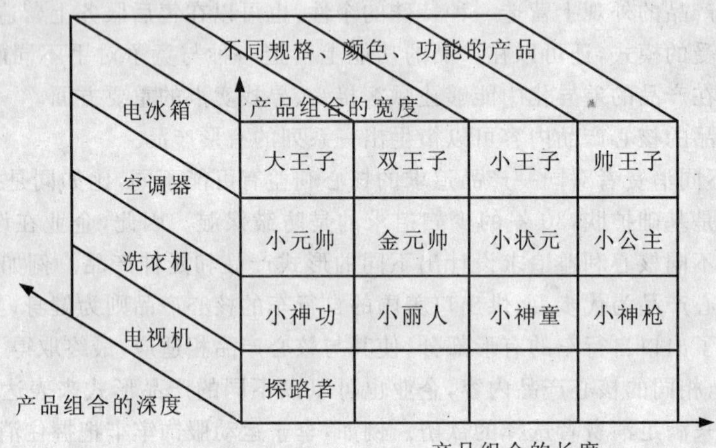

图7-2 海尔的部分产品组合

图7-2中,海尔集团有四条产品线,分别为电冰箱、空调器、洗衣机、电视机产品线,因此产品组合的宽度为4;产品组合的长度为13;产品组合的平均深度为13/4=3.25;产品组合的关联度大,都是家用电器产品。

产品组合的宽度、长度、深度和关联度对企业的营销活动会产生重大影响。一般来说,增加产品组合的宽度,即增加产品线和扩大经营范围,可以使企业获得新的发展机会,更充分地利用企业的各种资源,也可以分散企业的投资风险;增加产品组合的长度和深度,会使各产品线具有更多规格、型号和花色的产品,更好地满足消费者的不同需要和爱好,增强行业竞争力;增加产品组合的关联度,则可发挥企业在其擅长领域的资源优势,避免进入不熟悉行业可能带来的经验经营风险。

(二)产品组合策略

在确定了国际目标市场和参与目标市场竞争的策略思路之后,国际营销者接着要做的,就是决定以什么样的产品组合策略服务于目标市场,保证产品能够在目标市场扩散开来。将国内市场销售的产品直接拿到海外市场销售是一种简便的做法,但由于各国的文化背景、经济环境、政治法律环境不同,在国内畅销的产品,不一定能够在海外市场畅销。

产品组合策略就是针对企业目标市场的需求、竞争形势和企业自身能力,对产品组合的宽度、长度、深度和关联度进行决策。由于国际市场的复杂性,一般有两种策略可供选择。

1.标准化产品策略

标准化产品策略即企业产品线很窄,只生产一个系列或少数几个系列的标准化产品。面对国际市场,该策略的基本思路是:针对不同国际市场的需求共性,开发、生产标准化的产品，然后在全球范围内销售，尽管在不同国际市场之间需求差异是客观存在的，但是需求共性也是客观存在的。例如，不管是哪一国的轿车消费者，都希望自己乘坐的轿车能够更安全、更省油、更舒适、更便捷，这些方面就是各国消费者对轿车需求的共性。所以，针对国际市场需求共性，开发、提供标准化产品的做法是可行的。根据对世界上27家最大跨国公司的调查，其中17家公司采用标准化策略，如可口可乐公司、雀巢公司、麦当劳等。

实施标准化策略的优点非常明显。首先，有助于实现产品开发、生产和销售等方面的规模经济，降低生产经营成本，进而帮助企业获取低价格优势。其次，有助于企业树立全球统一市场形象，培育国际知名品牌。

当然，该策略也有其不足之处，由于它忽略了不同国际市场之间的需求差异性，因而有可能失去顾客或失去一些市场机会。

2.差异化产品策略

差异化产品策略即企业产品线很宽，同时生产几种系列的产品。面对国际市场，该策略的基本思路是针对不同国际市场的需求特征，开发、生产和提供差异化的产品，以更好地满足不同国际市场差异化的需求。例如，联合利华的产品线就非常宽，除了生产系列食品外，还生产个人洗护用品、清洁用品。在食品生产线上，联合利华重视各国的饮食习惯并提供差异化的食品；在洗涤用品上，根据各国居民洗涤习惯以及所用洗衣机、衣料、水质的不同而不同。

实施差异化产品策略的优点是针对不同国际市场消费者的不同需求，向不同的国际市场投放不同的产品，增加企业的总销售量，比较容易适应对市场的不利变化。缺点是企业要为不同的国际市场开发、生产不同的产品，并为不同的产品开展促销活动，因此生产经营成本必然增高，不能形成规模经济效益。

企业在国际营销实践中具体选择哪种策略，一般要考虑企业自身实力、产品特性、文化差异大小和当地经济发展水平等因素。在实践中，我们还可以根据实际情况，将这两种策略综合起来应用。如果企业提供的是高技术产品、高档消费品或者通用产品，在进入不同国际市场时就可以少作调整甚至不作调整；如果要进入的若干海外市场环境情况相差甚远，就需要对产品计划进行大的调整。总之，国际营销者要灵活地对待国际新产品的开发，该标准化的地方标准化，需要调整的就作适应性调整，这样，既能保证尽可能地从标准化中获益，又能最大限度地满足不同市场差异化的需要。一些跨国公司的成功实践表明，将核心部件标准化，而对其他部件，根据不同市场需要进行适应性改进就是一个很好的办法。例如，生产轿车的企业，往往是将发动机、底盘灯主要部件标准化，而汽车内饰、车灯、外壳等一般部件则根据不同国际市场的需要进行适应性调整。

（三）产品组合调整策略

1.扩大产品组合

扩大产品组合包括拓展产品组合的宽度和加强产品组合的深度。前者指在原产品组合中增加产品线，扩大经营范围；后者指在原有产品线内增加新的产品项目。当企业预测现有产品线的销售额和赢利率在未来可能下降时，就必须考虑在现有产品组合中增加新的产品线，或加强其中有发展潜力的产品线。

2.缩减产品组合

市场繁荣时期，较长较宽的产品组合会为企业带来更多的赢利机会，但是在市场不景气或原料、能源供应紧张时期，缩减产品线反而能使总利润上升，因为剔除那些获利小甚至亏损的产品线或产品项目，企业可集中力量发展获利多的产品线和产品项目。

3. 产品线延伸

总体来看，每一个企业的产品线只占所属行业整体范围的一部分，每一产品都有特定的市场定位。例如，宝马汽车公司所生产的汽车在整个汽车市场上属于中高档价格范围。当一个企业把自己的产品线长度延伸超过现有产品定位的范围时，我们称之为产品线延伸。具体有以下三种方式：

(1)向下延伸。指在高档产品线中增加低档产品项目。目的是利用原有高档名牌产品的声誉，吸引购买力水平较低的顾客慕名购买此产品线中的廉价产品，以扩大市场占有率和销售增长率。但是如果处理不慎，会影响企业原有产品特别是名牌产品的市场形象。

(2)向上延伸。指在原有的产品线内增加高档产品项目。实施这一策略的目的是：高档产品市场具有较大潜在成长率和较高利润率的吸引，企业的技术设备和营销能力已具备加入高档产品市场的条件，企业要重新进行产品线定位。采用这一策略也要承担一定的风险，要改变产品在顾客心目中的原有地位是相当困难的，顾客会怀疑企业推出高档产品的能力。

(3)双向延伸。即原定位于高档产品市场的企业掌握了市场优势后，向产品线的上下两个方向延伸。这种策略在一定条件下有助于扩大市场占有率，加强企业的市场定位。

【案例借鉴】

双向延伸的成功案例

得克萨斯仪器公司的产品延伸策略：在得克萨斯仪器公司的便携式计算机进入市场之前，该市场主要由玻玛公司低价低质的计算机和惠普公司高价高质的计算机所控制。得克萨斯仪器公司以中等价格和中等质量向市场推出了第一批计算机。然后它又逐步向市场的高低两端增加计算机品种。该公司推出了质量优于玻玛公司但价格与之持平，甚至更低的计算机品种，击败了玻玛公司；该公司还设计了高质量但售价低于惠普公司的计算机，夺走了惠普公司高端产品的大部分市场，控制了高端市场。双向延伸策略使得克萨斯仪器公司占据了便携式计算机市场的领导地位。

丰田公司的产品延伸策略：丰田公司对其产品线也采取了双向延伸的策略。在其中档产品卡罗拉牌的基础上，为高档市场增加了佳美牌，为低档市场增加了小明星牌。该公司还为豪华汽车市场推出了凌志牌。这样，凌志的目标是吸引高层管理者，佳美的目标是吸引中层经理，卡罗拉的目标是吸引基层经理，而小明星的目标是手里钱不多的首次购买者。此种策略的主要风险是有些买主认为两种型号之间(如佳美和凌志之间)差别不大，因而会选择较低档的品种。但对于丰田公司来说，顾客选择了低档品种总比走向竞争者好。另外，为了减少自相残杀的风险，凌志并没有在丰田的名下推出，它也有与其他型号不同的分销方式。

4. 产品线现代化策略

现代社会科技发展突飞猛进，产品开发也是日新月异，产品的现代化成为一种不可改变的大趋势，产品线也必然需要进行现代化改造。产品线现代化策略首先面临这样的问题：是逐步实现技术改造，还是以更快的速度用全新设备更换原有产品线？逐步现代化可以节省资金耗费，但缺点是竞争者很快就会察觉，并有充足的时间重新设计他们的产品线；而快速现代化策略虽然在短时期内耗费资金较多，却可以出其不意，击败竞争对手。

【案例借鉴】

迪斯尼集团的产品组合分析

迪斯尼公司现在是世界第三大娱乐公司，主要在美国、欧洲、亚太地区、拉丁美洲、加拿大等国家运营。公司的主要业务有四项：影视娱乐、媒体网络、主题公园和度假村、消费产品。

影视娱乐业务包括生产制作和购买各种电影电视节目及动画片，并将其产品向影院、家庭录像和电视市场销售。公司的媒体网络业务包括：ABC 电视网络，截止到 2001 年 9 月 30 日，拥有 226 家附属的电视台；ABC 广播网络，目前拥有超过 8 900 个节目和 4 600 个附属广播台，大约覆盖 50% 的美国市场。同时，迪斯尼公司还拥有 ES-PN、Disney Channel 等有线电视网络（Cable Network）以及数家迪斯尼公司的网站，如：Disney. com、ABC. com、ABC news. com、ESPN. com 等。主题乐园和度假村业务包括各类迪斯尼主题乐园及旅游设施的建设与管理。消费品业务包括迪斯尼动画形象专有权的使用与出让、品牌产品的生产和销售、相关书刊和音乐作品的出版发行等。

迪斯尼是一个“品牌乘数型企业”，即用迪斯尼的品牌做乘数，在后面乘上各种经营手段以获得最大的利润。这种经营思想的定型，让迪斯尼开始把大部分利润彻底转向影视产品制作之外。迪斯尼在快乐文化背后附加上了完整的商业文化，将艺术彻头彻尾地商业化。迪斯尼不断推出一部部制作精美的卡通片，每一部影片推出后都要大力宣传去争取票房，通过发行拷贝和录像带，赚取第一轮。然后是后续产品的开发，主题公园是其一，每放一部卡通片就在主题公园中增加一个新的人物，在电影和公园共同营造出的氛围中，让游客高高兴兴地去参观主题公园，迪斯尼由此赚取第二轮。接着是品牌产品，迪斯尼在美国本土和全球各地建立了大量的迪斯尼商店，通过销售品牌产品，迪斯尼赚取第三轮。此外，迪斯尼还在不断地收购电视频道，已经有了卡通电影频道、家庭娱乐频道，甚至还买了新闻频道。借助电视的触角，迪斯尼布下它的“天罗地网”。

第二节 国际产品生命周期策略

任何产品，无论曾经多受欢迎，都有个从不为人知到为人熟悉，从热销到销路不畅的发展过程，也就是说，任何产品在市场上都有个从兴旺到衰退的生命历程。

一、产品生命周期的概念

产品生命周期(Product Life Cycle,PLC)是指产品的市场寿命。一种产品进入市场后,它的销售量和利润都会随时间推移而改变,呈现一个由少到多由多到少的过程,就如同人的生命一样,由诞生、成长到成熟,最终走向衰亡,这就是产品的生命周期现象。所谓产品生命周期,是指产品从进入市场开始,直到最终退出市场为止所经历的市场生命循环过程。产品只有经过研究开发、试销,然后进入市场,它的市场生命周期才算开始。产品退出市场,则标志着生命周期的结束。

产品生命周期与产品的使用寿命是不同的。前者是指产品的市场寿命或经济寿命,其寿命的长短主要由市场因素来决定,如科学技术的发展水平和产品更新换代的速度,消费者偏好的变化,竞争的激烈程度等。后者是指产品的自然寿命,是指产品从投入使用到损坏直至报废所经历的时间,其寿命的长短受产品的自然属性、产品的使用强度、维修保养程度以及自然磨损等因素的影响。

典型的产品生命周期依次要经历导入期、成长期、成熟期、衰退期四个阶段,呈S形曲线。见图7-3。

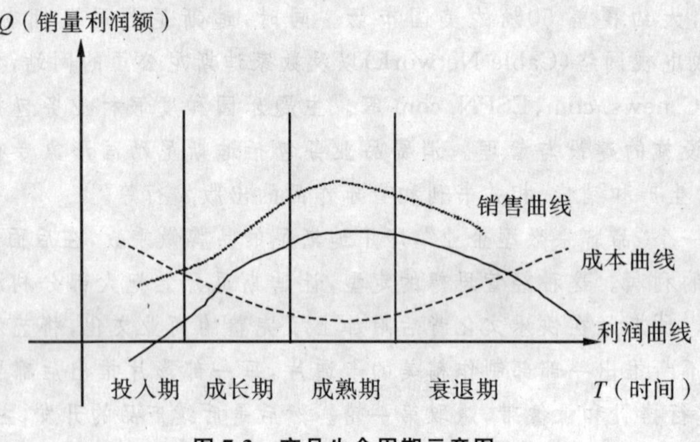

图 7-3 产品生命周期示意图

二、产品生命周期各阶段特征及营销策略

典型的产品生命周期的四个阶段呈现出不同的市场特征,企业的营销策略也就以各阶段的特征为基点来制定和实施。

(一)导入期的营销策略

导入期的特征是产品销量少,促销费用高,制造成本高,销售利润很低甚至为负值。根据这一阶段的特点,企业应努力做到:投入市场的产品要有针对性;进入市场的时机要合适;设法把销售力量直接投向最有可能的购买者,使市场尽快接受该产品,以缩短导入期,更快地进入成长期。

在产品的导入期,一般可以由产品、分销、价格、促销四个基本要素组合成各种不同的市场营销策略。仅将价格高低与促销费用高低结合起来考虑,就有下面四种策略:

1. 快速撇脂策略。即以高价格、高促销费用推出新产品。实行高价策略可在每单位销售额中获取最大利润，尽快收回投资；高促销费用能够快速建立知名度，占领市场。实施这一策略须具备以下条件：产品有较大的需求潜力；目标顾客求新心理强，急于购买新产品；企业面临潜在竞争者的威胁，需要及早树立品牌形象。一般而言，在产品导入阶段，只要新产品比替代的产品有明显的优势，市场对其价格就不会那么计较。

2. 缓慢撇脂策略。以高价格、低促销费用推出新产品，目的是以尽可能低的费用开支求得更多的利润。实施这一策略的条件是：市场规模较小，产品已有一定的知名度，目标顾客愿意支付高价，潜在竞争的威胁不大。

3. 快速渗透策略。以低价格、高促销费用推出新产品。目的在于先发制人，以最快的速度打入市场，取得尽可能大的市场占有率，然后再随着销量和产量的扩大，使单位成本降低，取得规模效益。实施这一策略的条件是：该产品市场容量相当大；潜在消费者对产品不了解，且对价格十分敏感；潜在竞争较为激烈；产品的单位制造成本可随生产规模和销售量的扩大迅速降低。

4. 缓慢渗透策略。以低价格、低促销费用推出新产品。低价可扩大销售，低促销费用可降低营销成本，增加利润。这种策略的适用条件是：市场容量很大；市场上该产品的知名度较高；市场对价格十分敏感；存在某些潜在的竞争者，但威胁不大。

（二）成长期的市场营销策略

新产品经过市场导入期以后，消费者对该产品已经熟悉，消费习惯也已形成，销售量迅速增长，这种新产品就进入了成长期。进入成长期以后，老顾客重复购买，并且带来了新的顾客，销售量激增，企业利润迅速增长，在这一阶段利润达到高峰。随着销售量的增大，企业生产规模也逐步扩大，产品成本逐步降低，新的竞争者会投入竞争。随着竞争的加剧，新的产品特性开始出现，产品市场开始细分，分销渠道增加。企业为维持市场的继续成长，需要保持或稍微增加促销费用，但由于销量增加，平均促销费用有所下降。

针对成长期的特点，企业为维持其市场增长率，延长获取最大利润的时间，可以采取下面几种策略：

1. 改善产品品质。如增加新的功能，改变产品款式，发展新的型号，开发新的用途等。对产品进行改进，可以提高产品的竞争能力，满足顾客更广泛的需求，吸引更多的顾客。

2. 寻找新的细分市场。通过市场细分，找到新的尚未满足的细分市场，根据其需要组织生产，迅速进入这一新的市场。

3. 改变广告宣传的重点。把广告宣传的重心从介绍产品转到建立产品形象上来，树立产品名牌，维系老顾客，吸引新顾客。

4. 适时降价。在适当的时机，可以采取降价策略，以激发那些对价格比较敏感的消费者产生购买动机和采取购买行动。

（三）成熟期的市场营销策略

进入成熟期以后，产品的销售量增长缓慢，逐步达到最高峰，然后缓慢下降；产品的销售利润也从成长期的最高点开始下降；市场竞争非常激烈，各种品牌、各种款式的同类产品不断出现。

对成熟期的产品，宜采取主动出击的策略，使成熟期延长，或使产品生命周期出现再

循环。为此,可以采取以下三种策略:

1.市场调整。这种策略不是要调整产品本身,而是发现产品的新用途、寻求新的用户或改变推销方式等,以使产品销售量得以扩大。

2.产品调整。这种策略是通过产品自身的调整来满足顾客的不同需要,吸引有不同需求的顾客。整体产品概念的任何一层次的调整都可视为产品再推出。

3.市场营销组合调整。即通过对产品、定价、渠道、促销四个市场营销组合因素加以综合调整,刺激销售量的回升。常用的方法包括降价、提高促销水平、扩展分销渠道和提高服务质量等。

(四)衰退期的市场营销策略

衰退期的主要特点是:产品销售量急剧下降,企业从这种产品中获得的利润很低甚至为零,大量的竞争者退出市场,消费者的消费习惯已发生改变等。面对处于衰退期的产品,企业需要进行认真的研究分析,决定采取什么策略,在什么时间退出市场。通常有以下几种策略可供选择:

1.继续策略。继续沿用过去的策略,仍按照原来的细分市场,使用相同的分销渠道、定价及促销方式,直到这种产品完全退出市场为止。

2.集中策略。把企业能力和资源集中在最有利的细分市场和分销渠道上,从中获取利润。这样有利于缩短产品退出市场的时间,同时又能为企业创造更多的利润。

3.收缩策略。抛弃无希望的顾客群体,大幅度降低促销水平,尽量减少促销费用,以增加目前的利润。这样可能导致产品在市场上的衰退加速,但也能从忠实于这种产品的顾客中得到利润。

4.放弃策略。对于衰退比较迅速的产品,应该当机立断,放弃经营。可以采取完全放弃的形式,如把产品完全转移出去或立即停止生产;也可采取逐步放弃的方式,使其所占用的资源逐步转向其他产品。

三、国际产品生命周期理论

美国哈佛大学商学院著名教授雷蒙德·弗农于1966年将这一理论移植并发展成为一种国际营销理论,用来阐述和解释国际出口、投资和技术转让的原因,世称“国际产品生命周期理论”。按照弗农的研究,国际市场范围内,一个新产品的技术发展大致经历三个阶段:新产品阶段、成熟产品阶段和标准化产品阶段。而这个周期在不同技术水平的国家里,发生的时间和过程是不一样的,从而决定了国际贸易和国际投资的变化。为了便于区分,弗农把这些国家依次分成创新国(一般为最发达国家)、一般发达国家、发展中国家。

在新产品阶段,刚开始,创新国公司为迎合国内市场的需要,寻求技术突破,形成产品的创新,并主要在国内进行销售。随后,由于创新国公司与其他国家形成技术差别,创新国公司由于技术领先而具有垄断优势,为了应付国内的潜在竞争者,创新国公司开始大规模生产并向其他发达国家出口,一般发达国家成为净进口国;由于国外需求的增多,创新国公司便开始向外直接投资;而因为在国外生产,该公司的出口受到削弱,为保持一定出口,公司又会向发展中国家出口。

在成熟阶段,由于创新国技术垄断和市场寡占地位的打破,竞争者增加,市场竞争激烈，替代产品增多，产品的附加值不断走低，企业越来越重视产品成本的下降，较低的成本开始处于越来越有利的地位，且创新国和一般发达国家市场开始出现饱和，为降低成本，提高经济效益，抑制国内外竞争者，企业纷纷到发展中国家投资建厂，逐步放弃国内生产。

在标准化阶段，降低劳动力成本成为最关键的问题，发展中国家因而具有比较利益，遂大规模生产标准化产品，并向美国和其他发达国家出口，成为净出口国。至此，在最初生产国这种产品的生命周期宣告结束。

因此，同一种产品在三种不同类型的国家有三种不同的生命规律：

在创新国，新产品一般经过发明期、出口期和进口期；而在一般发达国家，新产品首先经过进口期，接着是仿制期，进而达到出口期；对于发展中国家，新产品一般经历进口期、引进期和返销期。

弗农上述理论最典型的例子就是电视机这种产品。美国最初发明了电视机，并向世界出口，后来将电视机技术转移到国外，然后美国从国外进口电视机。与此相反，“亚洲四小龙”的中国台湾、韩国最初是电视机的进口国家和地区，后来引进了电视机生产技术，最后又变成了出口国家和地区，把电视机出口返销到美国。

第三节 国际新产品策略

科技的突飞猛进、消费需求的不断变化、市场竞争的日益激烈，使产品生命周期越来越短。企业若仅仅依靠一种产品或依靠处于生命周期同一阶段的一批产品来生存和发展，必然会掉入产品生命周期的陷阱中。因此，根据消费需求的变化及时开发新产品、改进现有产品已成为企业能否在国际市场上持续发展的关键之所在。

一、新产品分类

对新产品的定义可以从企业、市场和技术三个角度来进行。就企业而言，第一次生产销售的产品都称新产品；对市场来讲则不尽然，只有第一次出现的产品才叫新产品；从技术方面看，只有在产品的原理、结构、功能和形式上发生了改变的产品才称为新产品。营销学的新产品包括了前面三者的成分，但更注重消费者的感受与认同，它是从产品整体性概念的角度来定义的。凡是产品整体性概念中任何一部分的创新、改进，能给消费者带来某种新的感受、满足和利益的相对新的或绝对新的产品，都称为新产品。

新产品按地理范围可分为国际新产品、国家新产品、地区新产品和企业新产品，按产品变革的程度、新颖度可大致分为以下四类：

1. 全新产品。它是原创、首创产品，指在原理、结构、性能、材料等方面有重大的突破，具有独创性、先进性和实用性的新发明产品。如汽车、电话、电视、计算机等第一次出现时都属全新产品。因为一项科技的发明，有一个从理论到实践，从实验室到工业生产的过程，要用很长的时间，需要花费大量的人力和资金，所以，全新产品第一次进入市场时，使用往往会改变人类的生产方式和生活方式，人们会有一个较长的接受过程。如电话的问世，改变了人们沟通的方式；电冰箱的问世，改变了人们对“新鲜”的理解，购买习惯从小批量、多次购买到大批量、少次购买。

2.换代产品。指在原有产品的基础上,采用或部分采用新技术、新材料、新工艺研制出来的新产品。如电视机从黑白电视机发展到彩色电视机,洗衣机由单缸发展到双缸再到全自动。换代新产品与原有产品相比,在结构、性能、功能等方面有了显著改进,产品的质量也有了相应的提高。它适应了时代进步,更受消费者的欢迎和喜爱。

3.改进产品。指对老产品进行"小改小革",在结构、材料、款式、规格、包装等方面改进,与老产品有显著差别的产品。如洗衣机的缸体材料由塑料改为不锈钢。与换代新产品相比,改进产品的技术跨度较小,且成本相对较低,易于市场推广并被消费者接受。

4.仿制产品。指对国际或国内市场上已经出现的产品进行引进,或模仿、稍加改变与改进研制出来的新产品。如模仿市面上知名品牌服装的新品,仿制出款式大致相同的其他品牌服装。

二、国际新产品开发策略

(一)国内市场延伸策略

该策略是将在国内市场上销售的产品不加任何改进,即拿到海外市场销售。万宝路、希尔顿等烟草产品在国际市场的扩张就采取了这种策略。如果企业通过调查,了解到国际市场的购买者对某产品的要求和使用情况与本国相同,或当产品的用途和使用方式在国内外市场上基本一致时,就可以不对产品作明显改进,也不改变宣传推广方式,直接投放国际市场。但这种策略适用范围较窄,毕竟世界各国有不同的营销环境,需求差异是客观存在的。

(二)产品改进策略

该策略是根据国际目标市场需求特征,对在国内市场或其他市场销售的产品进行一定程度的适应性改进,然后投放目标市场。例如,海尔投放到中东市场的电冰箱,虽然在核心技术方面与国内产品没有多大区别,但它重点考虑了该地区家庭人口多、气温高、开冰箱次数多(相当于中国的50倍)的需求特点,对电冰箱容量、温控技术等作出了适应性改进,收到了很好的市场效果。除了电冰箱以外,海尔还针对中东市场的需求特点,陆续开发出了大容量洗衣机、热带空调、阿拉伯文电视等产品,深受当地消费者的喜爱。在采用产品改进策略时,文化差异越大,需要改进的程度也就越大。但营销者对产品的改进主要体现在产品的式样、颜色、包装或所用材料等方面,而产品的基本功能、品质和宣传方式一般不会发生改变。

(三)开发全新产品策略

在国际营销中,有些国际市场具有完全不同于其他市场的需求,需要国际营销者开发全新产品以更好地满足该市场的需求。开发全新产品策略就是企业利用自己的科研力量或委托别的机构去创新新产品。前者适用于实力强大的大型国际企业,如美国AT&T公司、美国IBM公司、美国通用电气公司等。后者适用于中小企业。这些中小企业委托大学或科研机构研制新产品。美国不少工科大学都接受委托为企业研制新产品。

(四)产品获取策略

获取策略即通过企业以外的途径开发新产品。具体可分为三种策略:

1.兼并策略。即企业收买或控制有某种新产品的其他企业。例如,1989年,日本索尼电气公司以34亿美元兼并美国哥伦比亚电影公司后,很快就推出了自己的影视产品。

2.产品收购策略。即企业收购目标市场上已有的产品,并对所收购产品进行必要的改进后再推向市场的一种做法。例如,联合利华在中国收购了"中华"牙膏、"老蔡"酱油、"京华"茶叶等产品,对这些产品进行重新打造和推广,使这些产品焕发了新的生命力。

3.专利获取策略。即企业从发明者手中购买生产某种新产品的专利,然后以企业自己的名义推出该种新产品。例如,日本富士彩色胶卷就是购买美国柯达公司的专利。

4.许可策略。即从国外某企业那里获得生产或销售某种产品的许可。比如,欧洲许多国家市场上销售的万宝路香烟,就是当地企业购买了美国公司的许可后生产出来的。世界上有110多个国家的700多家企业生产皮尔·卡丹服装,就是当地企业购买了法国皮尔·卡丹的商标许可后生产出来的。

三、国际新产品开发的过程

国际新产品上市成功与否,与企业的成长息息相关。一旦上市失败,企业付出的代价就很大,有时甚至是致命的。因此,国际新产品开发过程应遵循严密的步骤,才能最大限度地规避风险。一般来说,国际新产品开发的过程应遵循八个步骤,如图7-4所示。

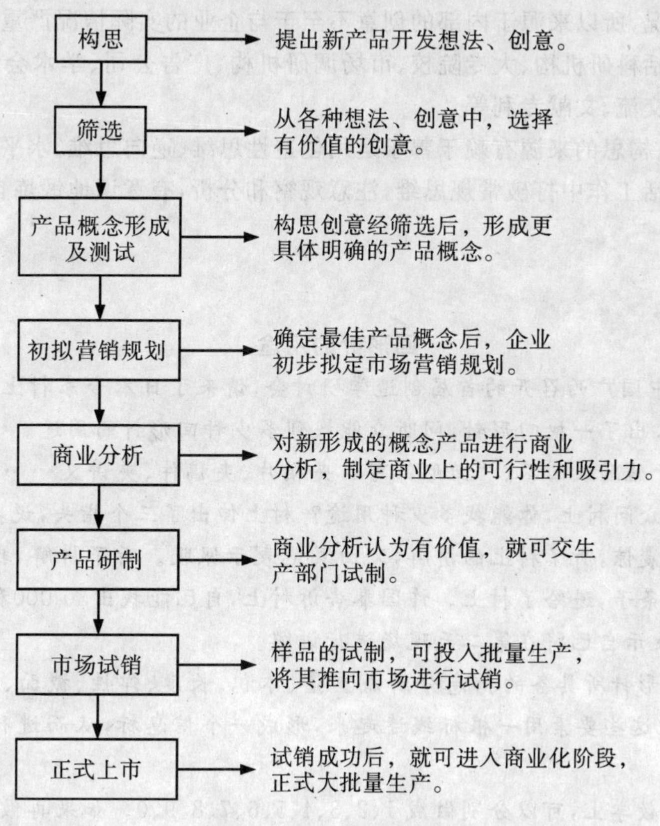

图7-4　新产品开发流程

(一)构思

构思是对潜在新产品基本结构轮廓的设想,也叫"创意"。新产品构思是国际新产品开发的出发点和基础。构思可以来源于多种渠道或途径,具体包括:

1.顾客。消费者需求是寻找新产品构思最基本的线索。了解当地消费者对现有产品的意见、建议,分析消费者对新产品的期望,都能够受到启发,产生新产品构思。日本松下公司长期聘请一些家庭主妇为公司提出新产品开发的初步设想,松下甚至为这些主妇长期支付薪水。

2.竞争者。通过对竞争对手产品的调查,可以知道哪些产品是成功的,哪些产品是有缺憾的,在竞争产品基础上的改进是构思的重要来源。

3.进出口商。中间商长期和客户打交道,因此听取中间商的意见是形成构思的有效途径。例如,海尔曾根据美国经销商迈克先生提出的建议,在原冷柜基础上进行了改进,将冷柜的下部设计成抽屉式,充分考虑人机工学,使身材矮小及不方便使劲弯腰的人,能轻易地存取深层的食物。为感谢迈克先生的用心,海尔将改进后的产品命名为"迈克冷柜"。

4.企业内部人员。包括企业内部的开发设计人员、营销人员、生产人员及其他部门的职工。有关调查显示,新产品开发的创意中有55%来自企业内部。由于企业内部人员了解企业的实际情况,所以来源于内部的创意不至于与企业的实际情况严重脱节。

5.其他。包括科研机构、大专院校、市场调研机构、广告公司、学术会议、技术鉴定会议、展销会、学术交流、文献专利等。

总之,新产品构思的来源有赖于善于运用创造性思维、逆向思维、水平思维,国际营销人员应在日常生活工作中打破常规思维,注意观察和分析,有意识地锻炼自己的创造性思维。

小资料

回形针的用途

1983年,在中国广西召开的首届创造学研讨会,请来了日本专家村上幸雄前来讲学。会上,村上幸雄拿出了一把回形针,问听众能找到多少种回形针的用途。

片刻,听众开始踊跃回答。"回形针可以夹相片、夹稿件、夹讲义……"听众找到了二十几种用途。听众问村上,你能找多少种用途?村上伸出了三个指头,说:"300种。"

人们听了很震惊,听了村上的讲解,又由衷地表示佩服。听了讲解,我国创造学学者许国泰写了一个条子,递给了村上。许国泰告诉村上,自己能找出30 000种。有人说许国泰吹牛,许国泰表示自己将在第二天现场进行讲解。

许国泰将回形针所具备的信息分解成重量、体积、长度、弹性、截面、直线、银白色等10个要素。再把这些要素用一根标线连起来,形成一个信息标,从而进行不同的交叉组合。

回形针用在数学上,可以分别做成1、2、3、4、5、6、7、8、9、0。如果再做成加、减、乘、除等符号,进行运算,运算出来的结果,就有无数;

回形针用在音乐上,可以创作乐曲;

回形针可做成外文字母，进行拼读；

回形针可以与硫酸反应产生氢气，可以用回形针做指南针；

回形针是铁元素构成的，可以与其他几十种金属元素进行反应。

实际上，回形针的用途，是接近于无穷的！人们不再说许国泰是吹牛，而是静静地听着。许国泰打破思维框框的方法，给了人们极大的启迪，人们对这种全新的思考方式开始着迷。相信，你也是。

（二）筛选

这一步骤主要是对从各个渠道和应用各种方法收集来的创意进行筛选，决定哪些构想应舍弃，哪些创意应保留，选出真正有保留价值的创意。筛选的主要目的是选出那些符合本企业发展目标和长远利益，并与企业资源相协调的产品构思，抛弃那些可行性小或获利较小的产品构思。为避免误用和误弃，要求企业高层管理和有经验的专家应对每一新产品的创意从产品性能、质量、技术先进程度、市场需求、竞争能力、原材料供应、设备和人力资源利用、开发周期、开发成本、制造费用以及最后的经济效益等方面进行评价，最后作出慎重的决策。

（三）产品概念形成及测试

新产品构思经筛选后，还需要进一步发展成为更具体、明确的产品概念。新产品概念是指已经成型的产品构思，即用文字、图像、图纸、模型等予以清晰阐述，使之在顾客心目中形成一种潜在的产品形象。需要注意的是，一个产品构思往往能够转化成若干个产品概念。这些产品概念经过开发后，能够形成若干个产品项目，进而满足不同消费者对产品的需要。例如，某一饮料厂获得一个利用银杏叶为原料生产饮料的创意，这种创意可以衍生出许多具体的产品概念，如是生产银杏汁营养成分的汽水，还是生产银杏汁营养成分的酸奶、银杏粉等。若目标群体是年轻人，就应该发展成随时可饮用的健康银杏汽水；若目标群体是儿童的话，就可以开发少儿银杏果奶；若目标群体是老年人的话，则可以制作成方便携带的银杏冲剂。

（四）初拟营销规划

国际营销者在选择了最佳产品概念后，就需要进行相应的市场调研和预测，制定将这种产品引入市场的初步营销计划。初步营销计划包括三方面的内容：

(1)目标市场的规模、结构、行为，新产品在目标市场上的定位，市场占有率及头几年的销售额和利润目标等；

(2)新产品的价格策略、分销策略和第一年的营销预算；

(3)新产品的中长期销量和利润目标及不同时期的营销组合。

（五）商业分析

在初步制定营销规划的基础上，新产品进入正式的开发启动程序之前，还需要围绕销量、成本、利润和投资收益率等方面展开商业分析，确定商业上的可行性和吸引力。

（六）产品研制

产品研制是将新产品概念转化为新产品实体的过程，主要由企业的研究所、试验室、设计部、试制部门承担。包括以下几个步骤：

1. 对新产品进行技术设计。即把新产品从原理、参数、结构、组成、尺寸型号、材料设计出来，确定新产品的制造工艺要求、构件的种类和数量，制定出各种技术文件。

2. 样品试制和测试。即根据新产品的设计图纸、工艺文件和工艺装备试制出新产品的样品，随后进行测试，找出设计方面的缺陷。产品测试包括功能测试和消费者测试。功能测试由专业技术人员在实验室中检测新产品的功能、性能是否达到了规定的要求。消费者测试则是由消费者试用样品，以确定产品在正常条件下，能否可靠地发挥功能。

在国际营销中，新产品的研制工作既可以集中在公司总部进行，也可以由海外子公司负责实施，还可以委托外部专业设计机构来完成。一些大型的跨国公司通常在多国设立了研发中心，以根据当地市场需求特征开发更有竞争力的新产品；即使在总部进行产品开发，通常也要求有关的子公司参与产品开发和市场策划。总部与各国子公司的协调与共同参与，提供了产品标准化与最大限度的灵活性相结合的机会，进而在技术可行的条件下随时适应市场的差异。

（七）市场试销

对于国际营销者来说，产品试销是一个重要的步骤。因为新产品的销售地点可能和研制地点不同，因而必须针对目标市场和实际使用条件进行试销，收集顾客和中间商的反馈意见，衡量广告效果，了解充分购买的情况和竞争者反应。试销之前，国际营销者需要制订详细的试销计划，包括：

1. 试销市场。即试销的区域范围和地点。试销市场应具有典型性和代表性，能反映其他市场的普遍共性，在短期内获得明确的需求信息。如，海尔小小神童洗衣机刚推出时，试销市场就选择在上海，因为上海拥有较多的年轻白领和单身贵族，是小小神童洗衣机典型的目标市场，当然更重要的是，上海消费者不仅消费能力高，而且精于比较和挑选，如果上海消费者能接受小小神童洗衣机，那么其他目标市场就一定也能热销。

2. 试销时间。一般来说，试销时间应选择在消费者消费集中的时段或季节。如对一般日用品来说，节假日前后是比较适宜的，这样在较短的时间内就能收集消费者购买和评价的信息。另外，如果消费者再次购买的时间较长，试销期也应较长，如果产品容易被仿制且竞争者反应迅速，就应缩短试销期以防止竞争者抢占市场。

3. 试销过程中应收集的资料。包括试用率、再购率、消费者或中间商意见、竞争者反应等。

4. 试销的费用开支。包括宣传费用、样品费用、人员费用等。

5. 试销后应采取的营销策略。企业可以根据“试用率”和“再购率”两方面的情况，决定试销后应采取的对策。如果试用率和再购率都高，就可以进行商业化生产了；如果试用率高，再购率低，则应进一步完善产品；如果使用率低，再购率高，则应加强宣传和促销活动；如果试用率和再购率都低，则应停止产品的开发和进入市场的计划。

（八）正式上市

一旦新产品试销成功，企业就可以大批量生产，全面将新产品推出市场。这个阶段需要动用大量人力、物力和财力，但由于销售量的限制，新产品投放市场的初期往往获利甚微，甚至亏损。为此，企业应在以下方面作出慎重选择：

1. 投放时机。如果是填补市场空白的全新产品，则应试销成功后就马上上市。如果是用来替代本企业其他老产品的换代新产品，就应在老产品库存较少的情况下上市，提前换代会加速老产品未老先衰，推迟换代会致使企业失去市场。一般来说，换代新产品投入市场的时期应在老一代产品成熟期的顶点，这样，老一代产品处于衰退期时，换代新产品正好处于成长期，销售量可以顺利地衔接。如果是季节性强或生命周期短的产品，则应切时，抓住销售旺季果断投放市场，以争取最大销量。如果是仿制产品，则应在竞争者产品进入成长期时迅速跟进。

2.投放地区。一般情况下，新产品不必马上在世界各国市场或各地区市场同时投放，可以选择一些主要的地区市场投放。在占有一定市场份额并形成一定市场影响力后，再向其他市场扩展。企业在选择先期投放市场时应考虑的因素有：市场潜量、企业在当地市场的声望、销售渠道畅通与否、对其他市场的影响力等。

四、国际新产品的采用和推广

(一)新产品的采用过程

新产品的采用过程是潜在消费者如何认识、试用和采用或拒绝新产品的过程。从潜在消费者发展到采用者要历经五个阶段，即：知晓、兴趣、评价、试用、正式采用。营销人员应仔细研究各个阶段的不同特点，采取相应的营销策略，引导消费者尽快完成采用过程的中间阶段，最终成为新产品的采用者。

不同的潜在消费者对新产品的采用过程所花费的时间长短不一样，为此，我们可将新产品采用者分为五种类型：

1.创新采用者。他们占所有产品接受者的2.5%。这类消费者被称为时尚的带头人。对新事物极为敏感，有较高的收入、社会地位和受教育程度，极富冒险精神，信息灵通，被认为是这类人的共性。

2.早期采用者。指紧接着创新采用者接受产品的13.5%的消费者。他们虽不像创新采用者那样具有冒险精神，但常常会主动搜集有关新产品的信息，善于利用广泛的信息来源，其社会关系比晚期采用者更广泛，而且具有一定的舆论领袖能力，是新产品从导入期进入成长期最重要的动力。

3.早期多数采用者。指随后接受产品的34%的消费者。他们考虑问题比较小心谨慎，常在创新采用者和早期采用者勇敢行动之前持观望态度，希望从他们那里获得经验和某些权威的支持，但同时他们也不甘落后，紧跟创新和早期采用者而成为新产品的采用者，所以他们是新产品扩散过程的重要环节。

4.晚期多数采用者。这类采用者也占总采用人数的34%左右。他们严格遵守群体规范，对新事物持犹豫、怀疑态度，是在大多数人都采用了新产品，并确定该产品值得信任和消费后才决定购买的。这类人年纪较大，且收入和教育水平在平均水平以下，信息来源主要靠口头交流而不是大众媒体。

5.落后者。指最后接受产品的16%的消费者。他们对原有产品钟情程度较深，固守传统，是典型的守旧者，通常在新产品进入成熟后期或步入衰退期才开始采用。

(二)新产品的推广

国际市场新产品推广及普及过程的速度快慢和所需时间的长短，是衡量新产品是否成功的重要方面。国际营销者的目标是尽量缩短新产品普及过程的时间，加快新产品推广的速度。研究结果表明,国际目标市场消费者和新产品的特征是影响新产品推广速度快慢的主要因素。

1.国际目标市场消费者

以上五种类型采用者价值导向的不同,导致他们对新产品采用不同的态度,对新产品的采用和推广速度快慢起着重要的作用。不同国家和地区的这五种类型的消费者由于所处文化环境的不同,经济发展水平的差异,接受新事物或新产品的速度和普及过程差异较大。创新精神强,接受新事物快的目标市场消费者将加快新产品采用和推广。如美国历史短,本国文化的沉淀少,比其他有较长历史的民族更能接受新事物,而大凡历史文化悠久的民族接受新事物的速度则相对要慢。经济发展水平高的国家的消费者接受新事物一般要快于经济发展水平低的国家的消费者。

2.新产品特征

新产品的相对优势、相容性、复杂性、可试性及可传播性会在很大程度上影响新产品的采用和推广。

(1)新产品的相对优势。这是指新产品胜过它所替代或与之竞争的产品的程度,消费者感觉到的相对优势越多,产品被接受的过程就越短。

(2)新产品的相容性。这是指产品与国际目标市场消费者的价值观、消费偏好及行为模式等的一致程度,如果产品与现行的价值观不相容,推广过程将花较长的时间。

(3)新产品的复杂性。这是新产品在认识或使用中相对困难的程度。产品越复杂,普及的时间越长,如电脑的使用较其他家用电器要复杂,所以要花较长的时间才能普及到家庭中去。

(4)新产品的可试性。这是消费者在不需要承担风险的情况下,可试用产品的程度。可试性强的产品,其采用和推广的速度就快。

(5)新产品的可传播性。这是指新产品的使用效果可被观察或向他人描述的程度,显然新产品的优点传播越容易,采用推广的速度就越快。

此外,新产品的初始成本、运行成本、风险和不确定性也会影响新产品的采用率。营销人员在设计新产品和制订营销方案时,除重点考虑主要影响因素外,还应全面考虑这些影响因素。

第四节　国际品牌和包装策略

一、国际品牌和商标策略

(一)品牌和商标的含义和作用

1.品牌和商标的含义

由文字、图形、符号或其组合所构成的,用以区别不同生产者或经营者的产品或劳务的标记称为品牌(Brand)。品牌是一个综合体,包括品牌名称、品牌标记和商标三个部分。品牌名称是指可用语言称呼能发出声音的部分,如“耐克”、“丰田”;品牌标记是可以辨识,但不能用语言称呼的部分，如奥迪车品牌标记；商标（Trade Mark）是经过合法注册的名称、标志、符号，即合法注册的品牌。商标的专用权受法律保护，任何人不得侵权使用。因此品牌是一个商业名称，而商标是一个法律名称，它们共同构成一种商品区别于另一种商品的特殊标志。

2. 品牌和商标的作用

在商品的生产与经营中，品牌和商标对于企业和消费者都具有重要的作用。对消费者来说，品牌和商标代表不同的产品来源、质量、信誉和服务。国际市场消费者面对各国及各地区成千上万、琳琅满目的各种商品，只能依据品牌和商标来购买自己喜爱的商品。随着经济全球化的发展，各国各地区贸易往来增多，规模日益扩大，因此，品牌和商标对企业营销的作用越来越大，企业可借助于品牌和商标将自己的产品和国外竞争者的产品区分开来，并将品牌和商标策略与各种营销手段综合运用，树立本企业产品的独特形象。商标具有法律保护的权利，因此企业可以运用商标来维护企业的合法权益，防止国外抢先注册或仿冒企业产品品牌。由于品牌和商标也是企业信誉的标记，因此它可以作为企业有效的广告宣传工具。品牌的美誉度可以促进产品的销售，消费者也愿意为知名品牌付出比普通商品更多的货币。品牌和商标不再是一个指认商品的标记，而是企业所拥有的一项重要的无形资产，一些著名品牌本身就赋有高昂的价值。

2010 年全球品牌价值排行

美国咨询公司“Interbrand”2010 年 9 月 16 日发布了 2010 年的全球企业品牌价值排行榜。Interbrand 通过对企业进行财务分析，将其品牌价值换算成金额进行排名，这已经是该公司连续 11 年推出全球企业品牌价值排行榜。表 7-2 是这份排行榜的前 10 名：

表 7-2

品牌排名	品牌名称	品牌价值（亿美元）
1	可口可乐（Coca-Cola）	704.52
2	IBM	647.27
3	微软（Microsoft）	608.95
4	谷歌（Google）	435.57
5	通用电气（GE）	428.08
6	麦当劳（McDonald's）	335.78
7	英特尔（Intel）	320.15
8	诺基亚（Nokia）	294.95
9	迪斯尼（Disney）	287.31
10	惠普（HP）	268.67

（二）品牌和商标设计原则

1. 简单醒目，易于识别，有艺术性

品牌与商标设计应简单醒目，好认、好看、好听、好读、好记，品牌名应该简短、通俗，顺口顺耳，无不良含义，外文译文也应易懂；图案应简洁、单纯、醒目，有视觉冲击效果，易于理解；图、文应美观协调，与商品一致，有象征性、寓意性、启发性，有艺术感染力，文化含量高，适应消费者的心理和当地的风俗习惯。较成功的例子如：Sony 取自拉丁文“声音”与“光明”，在世界各地的读音都相同，无异议；美国的 Coca-Cola 译为“可口可乐”，而最初的译名为“口渴口腊”；保洁公司的婴儿用品 Pampers，译为“帮宝适”，字面含义和寓意都很美好。

2. 新颖别致、独具个性

品牌与商标设计应与其他品牌有明显的差别，反映企业产品的特色，切忌模仿。如“强生”牌婴儿护肤品，“永久”牌自行车，品牌明显地突出了产品的特色。现代商标设计出现了无含义的纯文字化、标记化的趋向，因为纯文字越有创造性，越容易注册，越有利于区别商品，得到法律的保护，成为“强商标”。有含义的商标为“弱商标”，容易与其他注册商标接近，难以获准注册，如“英雄”、“长城”、“熊猫”等。设计商标时一定要详细了解、掌握国内外市场上有效商品的使用情况，避免雷同。

3. 合规合法，符合风俗，易于接受

品牌和商标设计必须符合各国商标法及有关法规的规定，不违背国际惯例。只有合法才能获准注册，受到法律的保护。不能使用国名、国旗、国徽、军旗、军徽、勋章及其他官方标志，政府间国际组织的旗帜、证章、徽记；不能使用本商品的通用名字，如申请“葡萄酒”商标、“DVD”商标；不能使用直接表示商品质量、主要原料、功能、用途、重量、数量等特点的商标，如“35 度白酒”、“高粱酒”、“最好”等；不能使用夸大并带有欺骗性的商标和带有有害社会公共秩序，或有其他不良影响的商标，如“健”牌香烟；公众知晓的地理名称，未经许可的他人姓名、艺名、肖像或企业名称、标志，以及艺术形象，也属不能用作品牌和商标之列。

另外，产品品牌和商标设计应注意符合国内外风俗，品牌名称、图案、符号和颜色不与当地的风俗习惯相冲突，应避开其寓意不妥之处。如中国人忌讳的“绿帽子”；中国人视为国宝的熊猫，在东南亚、欧洲等地也大受欢迎，但伊斯兰教国家却对它有厌恶之感；仙鹤在我国代表长寿，在印度却被当作伪君子的象征。

小资料

品牌设计案例

品牌的设计成功与否，是产品及其企业生存、竞争与发展成败的关键。1955 年，美国福特汽车公司推出价格在20 400～24 000美元的中档轿车，商标设计与市场调查由哥伦比亚大学应用调查研究所执行。调查人员在需求调查和动机调查的基础上，收集了约1 800个商标的设计结果，并从中选择了 4 个设计方案提交给公司决策会议。然而，专家们的意见被冷落、抛弃了，公司根据福特几个孩子的提议，选用其父亲艾德赛尔(Edsel)的名字作为新车型品牌名称。

不巧，艾德赛尔牌号与一种强行推销的止咳药“哈德赛尔”相似，使人产生了反向联想，认为“艾德赛尔”汽车是“瘟神车”，是“病车”。而这一名字在日本也等于是“××散”、

"××素"之类的药物名称。在此后两年时间里，由于"艾德赛尔"牌号的不吉利，该车仅卖出 11 万辆，只好停止生产，损失近 10 亿美元。

所以，品牌的创意与定位并非拍脑袋决策，而是一套科学决策。1968 年，曾宪梓看到香港当地生产的领带质量低劣，全都摆在地摊上，便立志在香港生产出做工精良的领带。曾宪梓在泰国时学过制作领带，所以，在香港，他凭着剪刀、尺子、缝纫机这些简单工具，真的做出了质优款新的领带。有了领带，还要有个品牌名称。曾宪梓为领带取名"金狮"，并兴致勃勃地将两条"金狮"送给一位亲戚。可没想到那位亲戚很不高兴："金输、金输，金子全给输啦！"原来，"狮"与"输"读音很相近，香港人爱讨个吉利，对"输"字很忌讳。

当晚，曾宪梓彻夜未眠，最后终于想出办法：将"金狮"的英文名"Goldlion"由意译改为意译与音译相结合，即"Gold"仍为意译"金"，而"Lion"（狮）取音译，为"利来"，即成为"金利来"名称。金利来，金与利一齐来，谁听了都高兴！于是，金利来品牌诞生了。

此后"金利来"果然一叫就响，成为驰名的领带品牌，金利来公司也从此发达。

（三）品牌策略

1. 品牌使用策略

品牌的使用包括品牌设计和品牌推广，使用品牌有助于消费者识别本企业的产品，有助于产品的宣传，但也会给企业增加相应的成本费用。企业在应用品牌策略时，首先考虑的就是要不要使用品牌，这通常是根据产品的性质、消费者购买习惯及权衡使用和不使用的利弊大小来决定。以下产品一般不使用品牌：

一是差异性较小的均质产品，如电力、钢材、煤炭等；

二是消费习惯上不认牌购买的产品，如打火机、白纸等；

三是生产简单，没有一定的技术标准，如针头线脑、小农具等小商品；

四是临时性或一次性生产的产品，如一些大型活动的纪念卡等。

当然，随着市场竞争的不断加剧，近几年国际上出现了品牌化趋势，一些传统上不使用品牌的产品也开始使用品牌，注重包装，有计划的媒体推广等。可以预见，将来不使用品牌的产品将越来越少。

2. 品牌归属策略

当企业决定使用品牌后，就必须决定是采用自己的品牌还是中间商的品牌。企业对自己的产品采用自己的品牌，可以建立起企业的市场信誉和形象，建立与培养消费者对本企业产品的忠诚，为以后扩展国际市场打下基础。日本 Sony 公司的创始人曾说过，如果公司产品在早年的产品晶体管收音机上使用美国经销商的品牌，恐怕现在世界上的人还不知道有一个公司叫 Sony，可见使用自己的品牌对企业长期发展的重要性。但是生产商常常面临着如何打开市场的难题，许多知名度不高、实力不雄厚的企业，为使产品更好更快地进入市场，更倾向于使用经销商的品牌。如我国青岛三菱重工海尔空调器公司的产品内销采用海尔品牌，外销用三菱品牌。西方许多经销商都有自己的品牌和商标，如美国著名的西尔斯（Sears）百货公司，它所出售的商品有 90%是用自己的商标。确定使用自己的品牌还是中间商的品牌，应衡量自己的品牌和中间商的品牌的声誉、费用开支、企业的未来发展等因素。

3. 家族品牌策略

企业如果决定大部分或全部产品使用自己的品牌，那么接下来就要决定其产品是统一使用一个品牌，还是分别使用不同的品牌。具体有以下选择：

(1)统一品牌策略。指企业决定其所有的产品使用同一个品牌。如："娃哈哈"、"东芝"、"力士"等产品都采用这一策略。使用统一品牌策略有利于企业统一产品形象，便于公众识别、记忆企业，尽快提高企业知名度，有利于新产品进入市场，同时还可以节约品牌的设计和推广费用。但缺点是假如某个产品的销售出现问题，会连累到其他产品的销售，甚至有损企业的形象。

(2)个别品牌策略。指企业决定其不同的产品采用不同的品牌。如：美国安利旗下有五大系列 17 个品牌，纽崔莱、雅姿、雅蜜、碟新、乐新、利齿健、丝白、必速等；美国杜邦公司在全世界销售30 000种产品，共使用约2 000个品牌，为保护这些品牌而注册了15 000个商标。此策略有助于消费者从品牌上区分产品品种，当市场机会发生变化时，可以分散企业的风险，但是会大大增加企业品牌设计推广的费用和品牌管理的难度，且不利于企业树立统一的国际形象。

(3)统分结合品牌策略。以营业商标为主牌，以具体产品商标为副牌。汽车业、计算机业、家电业多采用此策略。如英特尔—赛扬、奔腾、志强、网擎。此策略综合了上述统一品牌和个别品牌策略的优势，在各种不同的新产品的品牌名称前冠以企业名称，可以使新产品享受企业的信誉，而不同产品分别使用不同的品牌名称，又可使不同产品代表不同的特色。

(4)多品牌策略。指企业决定对同一类产品使用两个或两个以上的品牌名称，以区别不同档次、特点、功效的产品。如我国五粮液集团针对它的系列白酒，构建"1+9+8"的品牌金字塔，即 1 个国际品牌——"五粮液"，9 个全国品牌——"五粮春"、"五粮醇"、"金六福"、"浏阳河"等，8 个区域性品牌——"长三角"、"西湖春"、"现代人"等。在 2006 年中国最有价值品牌评价中，品牌价值 358.26 亿元，居全国白酒制造业第一位。此策略对消费者形成公司实力雄厚的印象，有利于迎合品牌转换者的换牌消费习惯；可以进入不同的细分市场，并且在终端市场占据尽可能大的货架空间。

(四)品牌更新策略

品牌承载了企业的经营目标和文化理念，市场环境或者企业发展战略如果有所变化，企业就需要对品牌进行重新设计或更新。品牌更新有两种思路：一是全部更新，即企业重新设计全新的品牌，抛弃原有品牌。二是部分更新，即在原有的品牌基础上进行部分的改进。

品牌更新示例：

星巴克第四次更换商标 文字消失独留魔女

如图 7-5 所示，从左到右，依次是星巴克在 1971 年、1987 年、1992 年和 2011 年启用的新标志。星巴克官网上公布的最新图标显示，原来环绕圆形外环设计"STARBUCKS COFFEE"(星巴克咖啡)这几个字被去掉，只留下加冕的迷人女妖和她的飘逸长发，整个图标变成单一绿色。

公司首席执行官霍华德·舒尔茨在声明中表示，"过去 40 年里，这位迷人的女妖一直伴随着星巴克"。据说当初星巴克创始人选定女海妖作为标志，主要是取意为其吸引人的

图 7-5

能力。据了解,此次换标是1971年以来星巴克第四次换标。星巴克大中华区公关经理励静表示,中国境内的星巴克咖啡店及商品从2011年3月开始更换新标志。

二、国际产品包装策略

(一)产品包装的作用

包装是将产品盛装于容器或包扎物内,以便于承载、保护、流通和销售商品。包装有许多种类,按照市场营销的观点,完整的产品包装一般由三部分组成:一是首要包装,即产品的直接包装,构成产品实体,是产品不可分割的组成部分,如牙膏皮、饮料瓶等;二是次要包装,即保护首要包装的包装物,它是以销售为目的的包装,如牙膏盒、化妆盒等;三是运输包装,即为了便于运输、识别某些产品的外包装。

随着商品生产的发展,产品包装的功能已从最初的保护商品运输,发展到促进商品销售,增加商品附加值等功能,包装对营销的作用越来越重要,甚至有人把包装称为传统4P之外的第五个P(Packing)。其主要作用如下:

1. 保护商品,便于储运。这是包装最基本的功能。有效的包装可以起到防潮、防热、防冷、防挥发、防污染、保鲜、防破碎、防变形的作用,使商品在运输、存储、消费等各个环节完好无损。出口到国际市场的商品,其运输距离和时间更长,转化次数更多,因此,对商品包装材料、包装技术的要求更高。

2. 美化商品,促进销售。现代商品包装装潢已成为市场营销的一种重要手段,商品包装是商品无声的推销员,建立顾客对商品的第一印象;它能说明商品的特色,教会消费者使用商品;精美的包装能美化整个商品,提升商品的形象,它能吸引顾客的注意力,激发其购买兴趣和热情。总之,在顾客心目中形成一个有利的总体商品的印象,最终促进销售。

3. 提升商品价值。由于消费者收入水平和生活水平的提高,消费者一般愿意为好的包装带来的方便、美感、可靠性和声望多付些钱。所以,好的包装可以让出口商品锦上添花,提升商品的价值。

（二）国际产品包装设计的基本要求

国际产品包装设计是一项技术性和艺术性很强的工作，应做到美观、独特、实用、经济，具体要求如下：

1. 能够准确传递产品信息。包装物上的文字、图案、色彩及其组合应与产品的特色和风格相一致。切忌包装物上的图片、说明、色彩等夸大产品的性能、质量，严禁表里不一的包装。

2. 包装物的价值应与产品价值相适应。如高档化妆品应配以高档包装，以烘托产品的名贵。而低品质的普通产品就应该适当简包装，以免让消费者产生受欺骗的误解，禁止虚假包装。

3. 要考虑国际目标市场的需求。进入国际市场的产品包装要考虑各个国家或地区的储运条件、分销时间的长短、气候条件、消费者偏好、环境保护、审美观以及相关法律法规等。比如，出口到热带国家的食品包装，要重点考虑产品的保质问题，以避免因气候炎热而导致食物变质。在发达国家，出于环境保护的目的，往往要求包装物不能使用不易降解的塑料制品或其他可能破坏环境的包装材料。包装方案设计还要考虑当地居民对颜色、图案等的审美偏好，更不要触犯当地的禁忌。

（三）国际产品包装策略

1. 统一包装策略。指企业销往世界各地的产品都采用相同的图案、相近的颜色、相同的包装材料和相同的造型进行包装。这种包装策略的效果是使顾客极易联想到这些产品出自同一个企业。其优点在于：节约包装的设计和生产费用；壮大企业的声势，提升企业的市场地位；带动新产品的销售。当然，若产品档次或质量相差较大，则不宜采用该包装策略。

2. 差别包装策略。指对不同档次或质量等级的产品分别使用不同的包装，并在包装材质、装潢风格上力求与产品档次相适应。采取这种包装策略可以满足不同消费层次的顾客在不同的使用环境中的消费需求；在不同档次产品之间形成“区隔”，分散风险。但是该策略的实施必然会加大包装的设计、生产成本，也会提高新产品上市时的宣传推广费用。

3. 聚集包装策略。指企业根据各国消费者的消费习惯，将若干种相关产品配套包装在同一包装物中。像咖啡和咖啡伴侣、洗发水和护发素等，为消费者的够买和使用带来方便。这种包装策略有利于推动多种产品的销售，有利于新产品的推广，同时也可以节约包装费用。但是，该策略的实施有一定局限性，只有那些购买频率高、配套性强的小件商品才能采用这一策略。

4. 复用包装策略。指包装内产品使用完后，消费者可以将包装物另作他用，如咖啡瓶当水杯用；或者将包装物回收后重复利用，如啤酒瓶等。该策略的好处是，通过包装物的重复使用，节约材料，降低成本；精巧实用的包装还有收藏价值，不断刺激消费者的注意力，达到传播产品信息的作用。

5. 附赠包装策略。指在商品包装物内附赠一些礼品甚至奖券，以吸引消费者购买。如在化妆品包装中附赠胸针，在食品包装中附赠小玩具等。有些企业则承诺，积累一定数量的包装物，可以用来换取奖品。

一、思考题

1. 如何理解整体产品概念，其对提高产品竞争力有何意义？

2. 请简述产品生命周期各阶段的特征及营销策略重点。

3. 国际营销中可供选择的品牌策略有哪些？

4. 简述国际产品标准化策略的含义和特点。

二、案例分析

1. 在20世纪70年代，美国是电脑产品的原始发明国，在美国生产并出口到其他工业国；随着美国电脑市场进入成长期，其他工业国家模仿美国技术，并开始生产电脑，美国电脑虽然还有优势，但已经明显减少；随着技术的成熟，其他发达国家已经成为主要的电脑生产者，而美国则沦为电脑进口消费国；当其他发达国家成为主要生产国时，新兴工业国(韩国、中国台湾地区、新加坡等)也模仿生产电脑，由于其工资低廉的竞争优势，渐渐取代其他发达国家成为全球电脑的主要生产国和出口国，而美国和其他发达国家则成为电脑的进口国；接着，发展中国家(如中国)的模仿生产和更多的工资低廉优势，又渐渐取代新兴工业国成为全球电脑生产制造基地和主要出口国。

请用国际营销相关理论解释以上现象。

2. 山水豆腐闯北美：山水豆腐公司在中国是有一定名望的，但是，该公司的豆腐一直在国内销售。公司老板为了扩展业务，决定从国际化的观点去考虑全公司的经营。他们在开拓国外市场时，把美国这个消费最大的市场作为进攻目标。首先，反复派员到美国实地考察。他们在考察中发现，豆腐这种低热量、高蛋白的天然食品是会受到注重保健的美国人青睐的。同时，了解到美国市场目前的豆腐销售额为每年7 000万美元左右，但却有韩国、日本、中国和美国人经营的200家豆制品公司参与竞争。山水豆腐公司为此作出决策：在美国设厂生产豆腐，但必须使自己的产品适合美国人的饮食习惯和适应美国超级市场的销售方式。1995年11月，山水豆腐公司与当地一家公司合营，开始在美国市场经营豆腐，以白云商标把产品投入市场。为了使产品在超级市场的货架上醒目，采用颜色鲜艳的密封透明塑料盒包装。与此同时，聘请医生在电视等广告媒体上介绍豆腐的营养和对人体的保健作用，并介绍豆腐的食用方法和烹调技术。在推销方法上，山水公司采取了既利用大型批发商的销售网，又直接向超级市场供货的双管齐下推销术。经过几年的经营，山水豆腐公司在美国豆腐市场上已有很大的占有率，在加州，它已占据市场销量的85%～90%，成为美国最大的豆腐公司，拥有从业人员64人，月产豆腐100万块。1998年，该公司又建了一条生产豆浆的生产线，雄心勃勃地开拓保健饮料的业务。

仔细阅读以上案例材料，然后做以下选择题(单选)：

(1)山水豆腐公司充分认识到，一个产品要想在国际市场上站稳脚跟，最大的和最深远的影响因素来自：

A. 促销方式　　B. 烹调技术　　C. 文化因素　　D. 产品商标

(2)山水公司在产品设计上做了哪些调整：

A. 产品核心　　B. 包装功能　　C. 产品功能　　D. 所有上述

(3)1998 年，该公司又建了一条生产豆浆的生产线，这说明公司增加了产品的：

A. 宽度　　B. 深度　　C. 可信度　　D. A 和 B

(4)公司选择保健属性作为市场定位的依据主要是出于什么考虑：

A. 美国人的生活习惯　　B. 与竞争者抗衡

C. 顾客群的需求　　D. 所有上述

(5)欲把产品打入国际市场，首先要明确投向何国何地市场，这里关键是要做好：

A. 广告宣传　　B. 产品设计　　C. 市场调查　　D. 选择分销渠道

(6)公司就地设厂生产的目的是：

A. 绕开贸易壁垒　　B. 迅速进入市场　　C. 学习国外技术　　D. 所有上述

(7)聘请医生做广告的主要目的是：

A. 增加知名度　　B. 增加企业形象　　C. 增加信任度　　D. 所有上述

(8)公司利用大型批发商主要是出于以下考虑：

A. 产品易损性　　B. 直接得到大量信息

C. 对当地销售渠道不熟悉　　D. 上述均不对

三、案例讨论：橡果国际的发展战略

橡果国际是一家拥有电视购物、网上零售、目录邮购、店铺销售等多渠道的跨平台零售企业，其销售的产品包括自身研发、生产和销售的自由品牌产品，以及经销其他品牌的手机、化妆品、珠宝首饰和收藏品等产品。橡果国际的品牌制造商和零售商的双重角色为其带来短期的收益保障和长远的发展潜力，但也面临由各自业务的负面影响相互叠加而带来的挑战。

橡果国际营业收入按产品可划分为自主品牌商品收入和经销品牌商品收入，按渠道可以分为直营业务收入和分销业务收入。因此，橡果国际是拥有研发、生产和销售全线业务的自主品牌商品生产商，同时又是拥有多条直营渠道以及线下分销渠道的跨平台零售商，其收入来源于自有品牌的产品收入和经销品牌的零售收入。

橡果国际的自有品牌业务作为橡果国际成立至今的“金牛业务”，不仅是现金流的保证，更是利润的主要来源。橡果国际目前拥有背背佳、好记星、安耐驰、氧立得等品牌的产品，其自有品牌业务有如下几大特征：

利润最大化。在自有品牌的业务中，橡果国际承担了商品研发、生产、销售和售后服务的全线业务，几乎占据了商品流通链条的所有环节，实现了自身利润的最大集中。

生产和流通效率较高。自有品牌的直营业务，拉近商品生产与消费的距离，使得研发和生产与销售和服务可以有效地衔接，橡果国际可以更加有效地了解消费者反馈从而指导商品研发、生产和销售等策略，并可以实现灵活快速的调整。

产品较独特，可以保证一定的毛利率。橡果国际自有品牌的产品选择均为有一定技术含量且非成熟市场的产品。一方面此类产品单价和单品毛利高，功能和使用需详细展示，更适合其以电视购物为主渠道的销售方式；另一方面保证了一定的市场进入门槛，同类产品较少，突出产品特殊性，减少价格竞争，可以保持长期的毛利率水平。

橡果国际依靠其自有产品的上述特征，实现销售收入和利润的快速增长，并推动了整体业务稳定发展。但其作为品牌制造商，仍不可避免如下挑战：

各品牌产品线简单，生命周期有限。由于其自有产品处于非成熟市场，难以容纳较多的产品品类，因此，橡果国际各品牌的产品线均较为简单，重复发挥价值的空间有限。另外，受产品生命周期限制，其品牌价值以及整个产品生产研发的固定资产均难以充分发挥价值。据财务报告显示，除好记星和背背佳外，其他橡果国际自有品牌有效寿命仅在 2～3 年。

假货问题。中国市场的假货问题困扰着每一个品牌制造商，橡果国际也不可避免该挑战。非成熟市场使得橡果国际的品牌难以树立绝对优质的品牌信誉，使得假货对橡果国际自身的品牌负面影响会更加明显。

现阶段，橡果国际处于业务转型期，以自有品牌业务为主转向以经销品牌零售业务为主，处于平均毛利率下降、销售规模增幅有限的阶段，赢利能力暂时处于低谷。

橡果国际财务报告显示，自有品牌产品的销售收入占比逐年下降，2007 年经销产品销售收入已超自有品牌产品，占比达六成，并在 2007—2008 年基本保持该比例。

但不可否认的是，自有品牌产品和电视购物渠道是橡果国际十年来规模快速增长的原动力，也是其构建多渠道综合零售平台的基础。

思考并讨论：

1. 橡果国际目前主要采用的是哪些品牌策略？这些策略各有什么特点？

2. 你认为在未来的发展中，橡果国际应侧重经营哪种品牌策略，为什么？

四、思维训练

把你所熟知的某件产品带到班上，向同学介绍该产品的核心层、形式层和附加层分别是什么；并指出该产品在色彩、包装、说明、造型、大小、功能、有效成分含量、规格等方面如何改进会更好。

第8章 国际市场定价决策

学习目标：

通过本章学习，以期达到：

1. 了解和掌握国际营销定价的基本程序和影响因素；
2. 掌握国际营销定价的方法；
3. 掌握出口定价的方法；
4. 形成价格意识和培养一定的价格策略运用能力。

【案例导入】

科特勒：定价是一种战略手段

公司的总经理和各部门的经理一般都会认为定价是一个令人头疼的问题，并且会随着时间的推移而变得越来越难。许多公司往往匆匆制定自己的价格战略，例如："我们计算出产品成本，再加上行业过去的平均边际毛利作为我们产品的价格。"或者是："价格是由市场决定的，我们必须计算出它是怎样得来的。"但是，明智的公司对定价有独特的看法，它们会把定价作为一种重要的战略手段。"强有力的定价者"已经发现了价格对利润的极大影响作用。以下是几个公司的例子，强有力的定价战略已经帮助它们获得了在相应行业中的领先地位。

1. 定价与营销战略相结合

斯沃琪(Swatch)公司的手表战略典型地反映了定价和综合营销战略的有机结合。按照斯沃琪公司设计实验室负责人的说法，其产品价格一般固定在40美元，这是一个简化的价格，是一个不带任何附加成分的价格。价格可以反映出该公司试图传达的商品的其他特性，使公司可以同世界其他手表厂商区别开来。公司明白无误地告诉人们：一只斯沃琪手表不仅是可以买得起的，而且是可以获得的；买一块斯沃琪公司的手表是很容易作出的决定；把价格定在40美元与定在37.5美元是不同的，它也不同于标价50美元却以八折销售的情形。就像该手表的广告和设计一样，公司把价格固定在40美元只意味着"你不用担心会犯错误，开心点"。

2. 定价与价值前景相结合

葛兰素制药公司(Glaxo)推出了一种治疗溃疡的新药扎泰尔(Zantal)来打击该类药品生产商泰格米特公司(Tagamet)。传统的观念认为：作为该市场上的第二生产商，葛兰素公司的药品(扎泰尔)的定价应该比泰格米特的定价低10%。葛兰素公司的总裁保罗·吉母拉姆(Paul Girolam)认为扎泰尔要比泰格米特公司的产品好，因为该药物的相互影响和副作用小，而且更便于服用。当这些信息被充分反映到市场上后，这些优势为该产品高溢价价格提供了坚实的基础——葛兰素公司扎泰尔产品的价格要比泰格米特产品的价格高得多,并且它获得市场领导者地位。

3. 按照细分价值来定价并提供服务

巴根斯·伯格公司(Bugs Burgor)生产的伯格杀虫剂的定价是生产同类产品的公司的5倍。巴根斯公司能够获得这个溢价价格是因为它把中心放在一个对质量特别敏感的市场(旅店和餐馆)上,并向它们提供它们认为最有价值的东西:保证没有害虫而不是控制害虫。它所提供给这个特定市场的优质服务使它能够制定出这样的价格。这样高的价格使它有能力培训服务人员并支付工资,这样就可以激励员工为客户提供优质的服务。

因此,公司所提供的产品的价值决定了其价格,而价格又反过来为提供这种价值所必须采取的行动提供了充足的资金。

4. 按照细分成本和竞争形势来制定价值

《财富》杂志称进步保险公司(Progressive Insurance)是汽车保险业中的“明智定价之王”。该公司在收集和分析数据上比其他任何公司都做得好,它清楚地知道为各种类型的顾客提供服务的成本,这使它能够为那些高风险、可获利的客房提供保险服务,而其他公司是不愿这样提供保险服务的。没有人能与它竞争,加上它对成本有一个可靠的认识,进步保险公司在为这类客户提供服务中赢利额大。

定价策略是企业国际营销因素组合的四大因素之一,也是唯一给企业直接带来经济效益的因素。定价水平的合理与否,不仅直接决定企业国际营销活动的经济效益,而且也在很大程度上影响到企业产品在国际市场上的竞争力。国际营销产品价格定得过高,容易坐失销售良机,丧失顾客与市场;但价格定得过低,则可能招致当地厂商的反对,并可能被进口国政府认定为倾销而加收反倾销税。

第一节　国际营销定价程序与影响因素

一、国际营销定价的程序

国际营销定价的基本程序与国内营销定价并无本质区别,同样涉及目标市场的选定、影响因素的分析、定价目标的确定、定价策略的选择以及具体价格的制定等环节,如图8-1所示。

(一)目标市场的选择

不同国家或地区营销环境的差异,不仅影响到企业营销因素的组合,而且也影响到企业定价目标的确定和定价策略的选择。因此,国际营销定价首先要选择与确定企业营销的目标市场。

(二)影响因素的分析

消费者需求、市场竞争和产品成本是影响企业产品定价的三个基本因素,但影响国际营销定价的环境因素种类更多,影响力度更大,尤其是当地政府关于价格管制方面的法律法规，在某些定价环境下具有决定性的作用。

(三)定价目标的确定

在综合分析定价影响因素的基础上，应根据企业产品在目标市场的定位，来相应确定定价目标。定价目标是企业选择定价方法与定价策略的依据，国际营销定价的目标可分为以追求利润为目标、以市场份额为目标和以适应竞争为目标等。

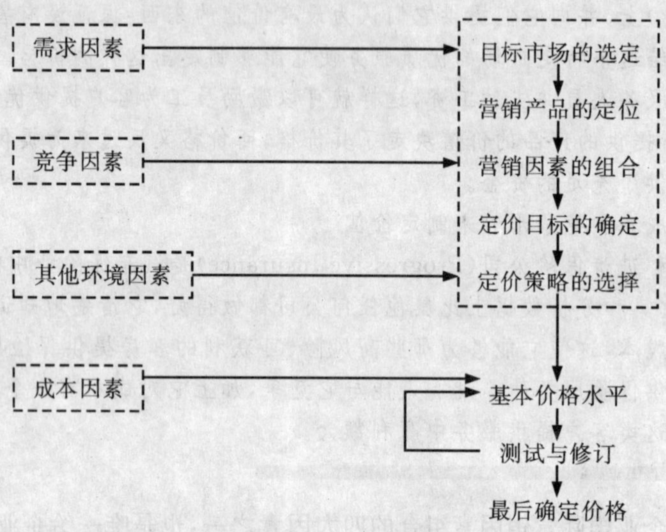

图 8-1　定价的影响因素及一般程序

(四)定价策略和选择

国际营销定价的策略，若依据需求、竞争与成本三个因素对定价的影响程度来划分，则可归纳为需求导向定价、竞争导向定价和成本导向定价三大类别；若以企业营销侧重点为依据，又可分为差别定价、竞争定价和产品线定价三种类型。

(五)具体价格的制定

国际营销价格的最后确定，还要考虑成交的具体条件，比如使用的价格术语、计价货币和支付方式等，并经过相应的市场测试与价格修订过程，形成在特定目标市场的产品售价。

二、影响国际营销定价的因素

成本、需求和竞争仍是影响国际营销定价的三个基本因素。成本界定了定价的下限，企业不能长期亏本经营；需求则限制了定价的上限，产品价格不能超过市场需求限度和消费者承受能力；而目标市场的竞争结构和企业的竞争地位决定企业产品价格在一定幅度内的波动。但在国际营销定价环境中，成本、需求和竞争三个影响因素的表现形式、作用力度与影响时间往往不同于国内营销定价，其他环境因素的影响也对产品的定价起着举足轻重的作用。

(一)成本因素的影响

成本是企业定价的基础，国际营销定价同样不能背离成本这个基础。产品成本可分为生产成本与销售成本两个部分,生产成本是指企业在产品生产活动中所发生的费用与支出,而销售成本则是企业在市场营销活动中所发生的各种费用支出。国际营销产品的成本表现为比国内营销更低的生产成本和比国内营销更高的销售成本的特点。其原因是:国际营销企业得以利用不同国家或地区生产要素的相对优势,在全球范围内组织生产,实现企业资源的最佳配置,从而可能取得比国内生产更低的生产成本;但企业国际营销活动的程序更为复杂,涉及的环节更多,常常发生国内营销所没有的其他成本或费用,从而增加产品的销售成本。

企业国际营销活动可能增加的成本或费用主要有运输成本、进口关税、分销费用以及风险成本等。

运输成本。若是产品出口,货物从出口地运送到进口地,往往要经过长距离的运输、多次的装卸和相应的仓储过程,运输成本常常大于国内营销,通常可占货物价值的10%～15%。

进口关税。许多国家对进口商品要征收关税,某些国家或地区还要加收销售税,从而增加了产品的销售成本,影响产品在当地市场的售价。

分销费用。比起国内市场,国际市场的分销渠道跨度长、环节多、费用高。就可能涉及的中间商而言,不仅有批发商与零售商,而且还可能包括出口商、进口商、经销商或代理商等。以分销的层次来说,许多国家或地区存在多级分销体系,如日本冗长复杂的分销系统。更长的渠道和更多的层次必然要增加产品的分销费用。

风险成本。国际营销活动往往要承受更大的风险,如计价货币或支付货币汇率变动的风险、买方或卖方的信用风险、东道国可能发生的金融风险或政治风险等,这些风险的存在加大了产品销售的成本,并反映到产品的售价上来。

(二)需求因素的影响

市场需求对产品定价的影响表现在:市场需求的增加推动产品价格上涨,市场需求的减少逼迫产品价格下跌。国际市场作为典型的买方市场,市场需求对产品价格的决定作用表现得尤为明显。

影响国际市场对产品需求的因素很多,主要有当地市场的收入水平、消费者的习惯偏好和产品需求的价格弹性等。但在不同的国家或地区,这些因素影响的时间与作用的程度往往并不一样。

当地市场的收入水平。当地市场人均收入水平的高低直接影响到产品需求的强度和价格水平的高低:收入水平高的地区,对高档产品的吸纳能力强,得以承受较高的价格水平;收入水平低的地区,大众化产品销路看好,价格水平应与之相适应。

消费者习惯偏好。消费者的生活习惯与消费偏好在不同的国家或地区之间存在很大的差异,只有适销对路的产品或者满足时尚的产品,才有可能卖出好价钱,过时产品即使削价拍卖也可能难以卖出去。

产品需求的价格弹性。需求价格弹性是指市场需求量对产品价格变动的反应程度。不同性质的产品或者不同的销售地区往往表现出不同的需求价格弹性。比如,轿车、家具或电视机等耐用消费品的需求价格弹性就大,而生活日用品的需求价格弹性则小。需求价格弹性对定价的影响表现为:需求价格弹性大的商品,降价得以刺激需求扩大销售;而需求价格弹性小的商品,降价并不能带动市场需求量的相应增加。

(三)竞争因素的影响

竞争因素对国际营销定价的影响取决于目标市场的竞争结构。根据市场竞争的强度,不同国家或地区的市场结构可分为完全竞争、完全垄断和不完全竞争三种不同的类型,企业的定价行为表现出不同的特征。

在完全竞争条件下,产品的市场价格是由整个行业的供求关系自发决定的,个别企业只能是市场价格的接受者,并无定价的自由。而在完全垄断市场上,独家垄断企业控制与操纵产品的市场价格。这两种竞争结构在国际市场上并不多见。

不完全竞争市场介于完全竞争和完全垄断两种竞争结构之间,既有垄断因素又有竞争存在。根据竞争与垄断的对比程度,不完全竞争市场又可进一步划分为垄断竞争和寡头垄断两种类型。垄断竞争市场具有两个方面的特点:一方面,由于众多生产厂家的存在,市场竞争激烈;另一方面,由于产品差异的存在,生产厂家对自己产品的定价拥有自主权,具有垄断性。轻工、零售和服务等行业在许多国家属于垄断竞争市场。

寡头垄断的市场结构表现为:少数几家大企业控制了某种产品的生产与销售,彼此之间相互约束与制衡,一家企业产品价格的变动往往直接引起其他几家企业的直接反应,因而市场价格相对稳定。许多国家的钢铁、汽车或石化等行业属于寡头垄断市场。

产品的国际定价除了受企业自身可以决定和控制的因素,如利润的加减高低和生产成本的大小等影响外,还要考虑到国际市场上竞争强弱这一不可忽视的因素。企业一方面要调查本企业产品在市场上具有的非价格竞争的优势有多大,同时还要了解竞争产品的特性、竞争企业采取的价格策略以及中间商的信用优惠程度等问题,因为在一个充分竞争的市场上,企业的定价必然受到其他竞争者可能采取的对策的牵制。除非企业的产品独一无二并受专利保护,才有可能实行高价垄断策略,否则,一定要环顾四周竞争者介入的可能性及时间,相应地制定和调整价格。例如:在日本进口汽车市场上,美国在1987年以前一直处于领先地位,但在近几年,由于美国汽车商没有及时调整与欧洲对手的竞争策略,最终使得欧洲汽车在日本东山再起。正如一位专家所言,“欧洲人在恰当的时间,以畅销的产品和令人吃惊的适宜价格进入了日本市场”。

(四)其他环境因素的影响

对于国际营销定价有着重要影响的环境因素是政府对市场价格的干预。政府干预通常是指单个国家政府颁布价格管制法律法规或以其他形式进行的干预,在某些产品的国际市场上则表现为多个国家政府通过国际协定或利用国际组织对国际市场价格进行的干预。

单个国家政府对市场价格的干预主要有三种形式:一是价格控制。政府通过限定产品的最高售价,来稳定市场物价对付通货膨胀;或者限定产品的最低售价,来维持市场秩序反对恶性竞争。对于进口商品,政府通过反倾销法规,对低价进口商品征收反倾销税,以保护国内市场价格和国内厂家利益;对于出口商品,则设置最低限价或协调价格,防止恶性降价争夺客户。

二是价格支持。对于某些大宗农副产品或工业原料,许多国家实施价格支持制度,由政府出面收购或者给予补贴,以稳定国内市场价格,保护生产厂商利益。对于出口产品,则给予价格补贴,以增强本国产品在国际市场上的竞争力。由于直接的价格补贴受到许多国家的反对，并为世贸组织所禁止，因而间接补贴成为出口补贴的主要形式。

三是参与市场买卖。政府直接出面或者通过代理机构，在国际市场上大量购进或抛售某种产品，以达到控制或影响该产品国际市场价格的目的。比如，西方工业国家在短期内对石油等重要原料和战略物资大量购买或抛售行为。

多个国家政府对国际市场价格的干预主要发生在农副产品或工业原料市场。由于农副产品或工业原料的供给弹性和需求弹性均很小，市场价格波动频繁且剧烈，为了稳定市场价格和维护共同利益，主要生产国或出口国组成国际卡特尔，或者与主要进口国签订国际协议，共同对国际市场进行干预。例如，中东主要产油国组成石油输出国组织（OPEC），在成员国之间分配石油产量和出口限额，影响国际市场油价的走势。可可、咖啡、小麦、糖、铜、锡等大宗农副产品或工业原料，也有类似的生产国组织或者出口协定，但对国际市场价格变动的影响程度远不如石油输出国组织那么大。

第二节 国际营销定价策略的选择与运用

国际营销定价的策略很多，多数源于国内营销的实践，并在国际市场得到成功的验证。依据企业定价目标的差异，国际营销定价策略可分为差别定价、竞争定价和产品组合定价三种类别。考虑到目标市场消费者在产品信息搜寻成本、价格敏感程度与市场交易成本等方面的差异，可将国际营销定价策略分类组合如表 8-1 所示。

表 8-1 国际营销定价策略分类组合

企业定价目标 / 消费者个人特征差异	差别定价	竞争定价	产品组合定价
价格敏感程度差异	定期折扣定价	渗透定价	捆绑定价
信息搜寻成本差异	随机折扣定价	象征定价	形象定价
市场交易成本差异	辅助市场定价	地理定价	补偿定价

一、差别定价的策略与运用

差别定价是指对不同特征的顾客群体确定不同的价格。依据目标市场消费者个人特征的差异，可分为定期折扣定价、随机折扣定价和辅助市场定价三种策略。

(一)定期折扣定价

定期折扣定价是指企业先定高产品价格再定期打折降价的一种策略。例如，市场上有 80 位消费者对企业产品感兴趣，其中一半追求产品的新颖性并愿为之支付每件 50 元，而另一半只愿接受 30 元的价格。假设企业单位生产成本在产量是 40 件时为 55 元，产量 80 件时降至 40 元。对此，企业可采取定期折扣定价，生产 80 件产品，投放市场之初定价 50 元，而后打折降至 30 元。

定期折扣定价利用的是不同消费者对价格敏感程度的差异，对价格敏感程度低的消费者定高价以增加效益，对价格敏感程度高的消费者则降价以扩大销售。例如，流行商品价位较高，而换季商品或过时款式则大幅度降价。又如，旅行社在旅游旺季和淡季对游客分别制订不同收费标准，长途电话在不同时段的话费差异等等。

（二）随机折扣定价

随机折扣定价是指企业先定高产品价格再不定期随机打折降价的一种策略。例如，市场上某种产品的售价从30元到50元不等，消费者若想买到市场最低价（30元）约需花费1个小时搜寻价格信息。由于不同消费者之间存在信息搜寻成本差异，成本高的消费者往往放弃对市场价格信息的搜寻，既有可能支付最高价（50元），也有可能买到最低价（30元）。对此，企业可采取随机折扣定价，将价格保持在50元的高位上，偶尔随机降价销售。

随机折扣定价的前提是消费者信息搜寻成本的差异，企业利用某些消费者较高的信息搜寻成本，通过高价位维持利润水平，又不时地随机降价吸引其他信息搜寻成本较低的消费者以扩大销售，如商场不定期地宣布短暂的降价时段。随机折扣定价的折扣方式不同于定期折扣定价，前者的打折降价为随机现象，并无规律可循，消费者事先无法预知；而后者则是定期行为，不仅事先可以预料，而且还希望更多消费者获知。

（三）辅助市场定价

辅助市场定价是指企业在非主销的辅助市场或者附属市场上低价销售的一种策略。例如，企业产品在主销市场销量为10万件，单价为10元，现开拓第二市场，新获订单2万件，但售价仅为6元。如果企业生产能力过剩，对第二市场订单的接受并不影响主销市场，也不会引起企业成本结构的明显变动，那么，只要第二市场售价超过企业可变成本，即可接受。

辅助市场定价策略运用的条件：一是不同市场消费者之间存在交易成本差异，这种差异得以阻止产品在两个市场之间的自由流动；二是企业拥有过剩生产能力，生产能力的过剩促使企业在辅助市场低价销售产品。但是，辅助市场定价若过低且销量又过大，则可能被当地厂商指责为不正当竞争行为而遇抵制，或者被进口国政府认定为倾销行为而加征反倾销税。

二、竞争定价的策略与运用

竞争定价是利用低价来阻止竞争对手的进入与扩展，依据目标市场消费者个人特征的差异，可分为渗透定价、象征定价和地理定价等几种策略。

（一）渗透定价

渗透定价是指企业定低产品价格以对付竞争对手的一种策略。例如，美国得克萨斯仪器公司将半导体芯片价格定得很低以阻止竞争对手进入市场。又如，日本家电产品利用低价进入美国市场，有效地吸引价格敏感消费者，逐渐蚕食美国家电厂商的市场份额。

渗透定价策略运用的条件：一是有足够数量的价格敏感消费者存在，二是相对于竞争对手的成本优势。渗透定价和定期折扣定价虽均利用消费者价格敏感程度的差异来定价，但前者立足于以低价对付竞争对手，而后者则期望通过满足不同价格敏感程度的消费者的需求以提高经营效益。

(二)象征定价

象征定价是指企业利用价格作为质量象征的积极效应而定高产品价格的一种策略。例如,市场上某种产品价格从30元到50元不等,但质量却有高低之分。消费者虽很容易得到价格信息,但却要花费时间与精力才能辨别产品质量的高低。对此,企业可采取象征定价,将价格定在50元的高位,以吸引信息搜寻成本高而又期望买到高质量产品的消费者。

象征定价策略运用的前提:一是消费者视价格为产品质量的象征;二是消费者之间存在信息搜寻成本差异,市场价格信息远比产品质量信息更易获得;三是消费者对高质量产品的偏好,愿为此付出代价。象征定价与随机折扣定价虽均以消费者信息搜寻成本差异为定价基础,但前者利用的是消费者在产品质量信息搜寻成本上的差异,而后者则限于市场价格信息搜寻成本的差异,产品质量信息往往要比市场价格信息更难搜寻。

(三)地理定价

地理定价是指企业调整产品在不同地域市场的价格以阻止竞争对手进入的一种策略。例如,甲、乙两地市场各有40位消费者,两地市场均可自由进入,但消费者跨区购买要发生10元的交易费用,产品跨区运送也需要10元的运输成本。假设甲市场的生产成本远高于乙市场,企业在乙市场安排生产,再将产品运到甲市场销售。如果产量为80件时单位成本30元,为了阻止竞争对手进入市场,企业应将两地市场的价格统一协调在35元水平上(即 $30+\frac{10\times40}{80}$)。

地理定价与渗透定价均是利用规模经济效应,将价格定在竞争对手难以接受的低价位上,但影响地理定价的是消费者跨区域交易的成本差异,而渗透定价考虑的则是同一区域市场消费者价格敏感程度的差异。在对消费者跨区域市场交易成本差异的利用上,地理定价与辅助市场定价是一致的,但后者的目的是利用这种差异来获利,而前者则是协调这种差异以对付竞争。

三、产品组合定价的策略与运用

产品组合定价是通过协调不同产品群体价格来扩大销售提高效益。根据消费者个人特征的差异,可分为捆绑定价、形象定价和补偿定价等策略。

(一)捆绑定价

捆绑定价是指企业将具有连带关系的几种产品组合成一个群体并以一个价格出售的一种策略。捆绑定价的特点是几种产品捆绑销售的定价远低于它们分别单独出售的价格,从而达到吸引顾客一揽子购买的目的。捆绑定价的经典案例是电影制片公司对电影拷贝的定价,假设X、Y两家影院对A、B两部电影拷贝愿意支付的最高价格分别如表8-2所示。

表8-2 X、Y影院对A、B电影拷贝愿支付的最高价格

影院 影片	X	Y
A	1.2万元	1.8万元
B	2.5万元	1.0万元

如果法律禁止价格歧视与搭配销售的话，为了获得最大销售额，制片公司可采取捆绑定价策略：A、B两部影片单独出售分别为1.8万元和2.5万元，两部影片一并出售则定价2.8万元。

捆绑定价适用的产品应具有不可替代、无法储存与不对称需求等特点。由于产品之间的不可替代，才有可能促使消费者购买捆绑的所有产品。由于产品无法储存，定期折扣或随机折扣定价策略则无法使用。例如，厦门日报社对厦门晚报采取捆绑定价策略，读者分开单独订阅两份报纸，全年定价分别为180元与144元，两份报纸若一并订阅则为210元。

（二）形象定价

形象定价是指企业通过使用不同品牌或者规定不同货号来形成不同产品形象而定出不同价格的一种策略。形象定价的基础是消费者对价格和质量之间关系的认知，运用的条件则是不同消费者之间信息搜寻成本的差异。在市场产品信息不完整的情况下，消费者可能依据价格的高低来评判质量的优劣，企业利用不同品牌或不同货号所形成的价格差异来满足不同信息搜寻成本的消费者的需求。

形象定价与象征定价虽在定价基础上基本相同，但形象定价所体现的价格差异是同一企业不同品牌产品之间的定价差异，而象征定价反映的则是不同企业同样产品的价格差异。

（三）补偿定价

补偿定价是指企业利用一种产品的低价位来带动其他产品销售的一种策略。由于低价产品起到吸引顾客购买企业其他产品的作用，因而低价产品上亏损可从其他销售的赢利中得到补偿。补偿定价的典型例子是对主产品及其附带品的定价，如照相机与胶卷、剃须刀的刀架和刀片、电脑的硬件和软件等。由于交易成本费用的存在，消费者可能认为主产品价格过高无法承受，或者不愿为将来不确定的消费或收益而过多投资，对此，企业可采取补偿定价策略，通过调低主产品价格以吸引消费者购买，并期望从后续的附带品销售中得到补偿。

补偿定价也在服务行业得到广泛的应用。服务企业往往将服务价格分为固定和可变两个部分，调低固定部分价格以吸引顾客，抬高可变部分价格以获取利润。例如，电信局降低电话月租费而实行通话次数收费，游乐场定低门票价格却对场内不同游乐活动另外收费，餐馆降低菜肴价格而提高酒水费用等。又如，零售商场推出每日最低价商品，选择个别商品以低于成本价出售，吸引顾客入店购买，企望从其他商品的销售中得到补偿。

小资料

卡特是美国的一个彩照实验室，1988年推出一个“俘虏”消费者的新招牌，它首先在各大学普遍散发宣传其彩色胶卷新产品的广告，除了说明新彩卷性能优越外，还说明由于是新产品，故定价不高，每卷只要1美元（柯达胶卷价格为每卷2美元多），以便让消费者有机会试一试。经济拮据的大学生们纷纷寄钱去购买。几天后，他们收到了胶卷，以及一张“说明书”，其上写道：这种胶卷由于材料特殊，性能优良，因此，一般彩扩中心无法冲印，必须将拍摄后的胶卷寄回该实验室才行。说明书上还列出了冲印的价格，这些价格比一般的彩照扩印店的价格贵一倍。但是，每冲印一卷，该实验室将无偿赠送一卷新胶卷。精明的大学生仔细一算，发现损益相抵后，胶卷、冲洗、印片三者的总价格仍高于一般水平，无奈已花费了1美元的“投资”，只得忍气吞声做了“俘虏”。

第三节　出口定价决策

大多数从事国际营销的企业在初期都是以出口业务为主的。即使是大型的国际企业也往往会在全部的国际营销业务中保持一定比重的出口业务(比如某些产品在某些国家的市场上只适合出口的方式，不适合当地生产的方式)。因此，本节主要讨论企业在出口定价中常见的几个问题以及解决这些问题的策略。

一、出口报价货币的选择

出口报价应使用本国货币还是外国货币？这是摆在出口企业面前的一个重要问题。对于许多发达国家的出口企业来说，由于本国货币属于可自由兑换的硬通货，可以使用本国货币报价。用本国货币报价的优点主要是易于管理，便于计算，可以避免汇率波动的风险。

对于出口企业来说，若本币还不属于可自由兑换货币，习惯上都采用外币报价。然而，即使本国货币是可自由兑换货币，使用本国货币也有其致命的弱点：不能避免本国货币币值波动的风险。

实际上，无论是出口企业还是进口企业，都希望在进出口交易中避免汇率波动的风险。自1973年实行浮动汇率制以来，世界主要货币的币值都在经常性地上下波动，从事出口业务的企业也愈来愈注意出口报价货币的选择问题。究竟以本国货币报价有利，还是以外币(进口国货币或第三国货币)报价有利，取决于当时各种货币的波动情况及趋势。从目前情况来看，国际贸易的流通手段主要还是美元、欧元等可兑换货币，很少使用软币，因为这样就能使买卖双方都在一定程度上避免了货币风险。当然，这些可兑换货币也是经常处于波动之中的，这就需要企业关心并预测汇率波动趋势，选择对自己有利的货币进行报价。

二、货币的贬值、升值与出口报价

当本国货币贬值或升值时，本国货币与其他货币的比值就会发生变化，本国的出口企业就需要重新考虑其出口价格。出口企业应充分利用任何币值变动带来的有利机会。

(一)本国货币贬值与出口定价

如果本国货币出现贬值，企业在制定出口价格方面有三种可供选择的方案。

第一种方案是保持本国货币表示的价格不变。例如，人民币与美元的比价由3.7∶1下降为4.7∶1，中国某企业某产品原来的出口价格为3.7元(即1美元)，如果在贬值后仍保持本国货币表示的价格(即3.7元)，那么用美元表示的价格实际上已降低为0.79美元。这样，该企业产品在国外市场上的竞争力会得到加强。许多国家试图利用本国货币贬值来促进出口，就是出于这种考虑。然而，这一措施只能在短期内奏效，因为货币对外贬值将使进口成本提高，进而会引发国内物价的上涨。迫于成本提高的压力，企业最终不得不提高出口价格以避免亏本经营。采用这一方案的另一限制条件是产品需求的价格弹性要大。如果价格弹性大，降价就会带来销售额的猛增，即使把成本上涨因素考虑在内，也会导致总利润额增长。

第二种方案是保持外币表示的价格不变。我国出口企业在人民币对美元的比价从3.7∶1下降为4.7∶1以后，仍以每单位1美元报价，实际上此时以人民币表示的价格已上升为4.7元。这样，人民币贬值前后其产品在国际市场上的价格都是1美元，如果仍保持原有销售量，则用人民币表示的利润会大幅度增长。但在实践中，这一方案有时行不通，原因是：(1)国外的经销商(可能还包括顾客)希望人民币贬值会降低出口价格，如果下降一点，可能会损失一些订单；(2)我国的其他出口企业可能会降价出口，使其产品在出口价格上比其他产品更有竞争力；(3)其他国家的出口企业预期中国企业会降价，因此也可能相应地降价，以保持竞争力。因此，在采用这一方案时，企业应全面地分析国内外竞争环境。

第三种方案是确定一个中间价格，即把出口价格确定在上述两极价格之间。在多数场合，这一方案是比较理想的，因为它兼顾了成本、需求和竞争等多方面的因素。

(二)本国货币升值与出口定价

本国货币升值往往会使本国出口企业陷入一种较波动的局面。在这种情况下，企业面临的选择有：

1.保持外币表示的价格。这一选择能使企业不致损失在国际市场上的销售额，但国内成本的提高往往使企业发生亏损。

2.保持本国货币表示的价格。如果产品价格弹性较小，可以采用这一方案。

3.想方设法降低成本。例如，本国货币升值通常可使进口便宜一些，企业此时可考虑进口一些生产原料以降低成本，从而使出口价格的上涨限制在一定幅度之内，甚至可以保持原来的出口价格。

三、倾销

所谓倾销(Dumping)，是指企业将产品的出口价格定得低于该产品在国内市场上的销售价格。在国内，企业将同一产品在不同地区的价格定得不一样，是有可能的。但在国际上，采用这种定价方法就可能会受到某些国家的限制乃至惩罚。企业在出口时，为了达到某一目的(如有效地进入某一国市场或以低价挤垮市场上的竞争对手等)，可能会采用低价渗透策略，这种策略本身是必要的。然后一旦将价格定得低于本国价格，就有可能触犯市场所在国的反倾销立法，使企业蒙受处罚或其他损失。因此，企业在采用低价出口措施之前务必搞清楚市场上是否存在反倾销规定。一般来讲，发达国家的反倾销规定最为严格。企业在以低价策略向发达国家出口时，尤需小心谨慎。

四、租赁

租赁(Leasing)是代替销售的一个重要方法，在工业器材、机械设备的营销中使用最为普遍。近年来,国际市场上的租赁业务发展迅速。一些国家(特别是发展中国家)的企业缺乏资金,缺乏设备维修力量,无力直接购买昂贵的机械设备;有些企业对机械设备的需求是周期性或临时性的,直接购买不合算。但是,如果采用租赁方式,这些企业就可得到所需的设备。对出租方(Lessor)来说,在某些场合,采用租赁方式比直接销售更容易打开目标市场的大门。

国际租赁业务中最重要的一个问题就是如何确定租赁价格。在国内租赁中,一般的作价方法是:在设备使用寿命的一半时收回全部成本,在后半期是纯粹获利的。可是在国际租赁中问题就不这样简单。首先,各国使用设备的条件不同,设备的使用寿命可能长于或短于在本国的使用寿命。因此,在复杂多变的国际市场上确定设备的使用寿命绝非易事。其次,国际租赁的风险远比国内租赁大,这些风险很难用货币价值来衡量,因此也就难以在价格上体现出来。最后,如果把各国的通货膨胀因素和外汇波动因素考虑在内,制定出租赁价格就更困难。因此,企业在制定国际租赁价格时,必须对各国租借方(Lessee)的设备使用条件和使用频率进行充分的调查研究,对国际租赁业务的风险和各国的通货膨胀、汇率波动等因素作出恰如其分的估量和预测。只有这样,才能使出租价格定得比较合理。

第四节 国际企业的其他定价策略

许多大型国际企业除了出口业务外,还在不少国家有生产业务。这些企业不仅要考虑出口定价,还要考虑一些国际性定价策略。例如:应使本公司的产品在世界各国保持一致,还是在各国的价格有所区别;应由公司总部制定在各国的价格,还是应由在各国的子公司自己制定价格;在海外市场上定价应考虑哪些因素,有什么策略;当在各子公司之间发生产品转移时,应如何确定产品价格。本节重点研究这些问题。

一、统一价格,还是差别价格

一些大型的国际企业常常会碰到这样一个问题:究竟应使一种产品的价格在世界各国保持一致,还是应针对各国的不同情况制定不同的价格?对这一问题的经验研究表明,许多公司都采用差别定价策略。鲍狄温发现,美国 2/3 的耐用消费品和 1/2 的工业品生产企业在国际定价中采用差异化策略。原因在于,各国的生产成本、竞争价格以及税收都不一样,企业应根据这些不同的因素制定不同的价格。但是,还有许多的国际企业认为,在各国市场上保持统一价格,有利于公司和产品在世界上的一致形象,有利于企业制定统一的市场定位策略,同时便于公司总部对整个营销活动的控制。

可见,在这个问题上,不同的企业有不同的选择。实际上,不可要求所有的企业都采用一种策略。企业究竟应采用哪种策略,取决于下述因素:

1. 竞争条件。如果企业在各国市场上的部分地位一样,就可采用统一价格策略。波音公司(Boeing)出售的喷气飞机在世界各地的售价都完全一样。

2. 产品生命周期。在产品的投入期,产品未得到普及,顾客都是一些富有创新精神、敢于冒风险的买主。无论这些顾客在哪个国家,他们都可构成一个市场。因此,新产品在投入期,可使价格在世界各国市场上保持一致。

3.产品普及过程。如果新产品的普及过程在各国都基本相同,那么制定统一价格是可行的。

4.法律。法律可能会影响统一价格。如果某国税收太高,将迫使企业在该国制定较高的价格。

5.分销渠道。分销渠道的结构和效率也影响统一价格。据说收音机和电视机在联邦德国的售价最低;熟食在意大利最贵,在荷兰最便宜。这种价格的差异是由各国分销结构和效率的不同造成的。如某国分销渠道效率低,就会使分销成本增加,也就需要提高价格来保持利润,从而使该国价格高于其他国的价格。

6.公司目标。企业在各国的经营目标不同,可能会导致价格的差异。例如,某公司在甲国的目标是以低价打入其大众市场(Mass Market),并准备在该国长期经营下去。同时,该公司还准备进入乙国,乙国有一个特殊的市场机会,公司只准备在乙国经营两三年,等该国这一产业成熟后就撤出该国。这种经营目标上的差异可能会导致该公司在甲乙两国制定不同的价格策略:在甲国以低价渗透,在乙国以高价撇脂。

7.产品特性。如果产品的技术含量高,易于与其他产品相区别,则企业可以采用差别价格;如果产品是大路货,世界价格基本一致,企业就使产品在世界范围内保持一致。

二、公司总部定价,还是子公司定价

许多大型的国际企业在定价工作中面临着这样一个问题:应由母公司统一制定在世界各地的价格,还是应由在各国的子公司独立地定价。对这个问题的回答有三个:其一是由公司总部定价,其二是由子公司单独定价,其三是由公司总部与子公司共同定价。

各国的生产、市场和竞争等条件都有所不同,由母公司为各国子公司统一定价的情况还不多见。因此不少企业都把定价权下放到各国的子公司。

然而最常见的方法,是由母公司和子公司联合定价,具体的做法是:由母公司确定一个框架,子公司可根据所在国的具体情况使价格在母公司确定的框架内浮动,这种方法的优点是:既能使母公司对子公司的定价保持一定程度的控制,又能使子公司有一定的自主权,使价格适应当地市场情况。

三、国际转移定价

国际转移定价是指跨国公司的母公司与各国子公司之间或各国子公司之间转移产品和劳务时所采用的定价方法。当今的国际贸易中很大一部分是由跨国公司内部交易组成的。尽管是公司内部的交易,也需要制定价格,因为现代跨国公司一般都实行分权管理,母公司及各国的子公司都是不同的利润中心,为了评估各利润中心的经营情况,必须对它们之间的交易制定价格,即国际转移价格。

然而,评估各利润中心的经营状况并非跨国公司制定转移定价的唯一目的。如果是唯一目的,那么转移价格就应该等于正常交易价格。实际上,许多公司都使转移价格偏离于正常定价时的市场价格,而把国际转移定价当成使跨国公司总利润极大化的一种手段。

具体做法主要有下述几种：

1.在将产品由甲国转移到乙国时，如果乙国关税较高，而且是从价税，那么公司就将转移价格定得很低，以减少缴纳的关税。

2.如果某国征收的所得税很高，在将产品转移到该国时，公司就将转移价格定得高些；在将产品由该国转移到其他国家时，可将价格定得低些。这样就会降低公司在该国的利润，从而会减少该国缴纳的所得税。

3.某国实行外汇管制，对在该国经营的外国子公司的利润汇出进行严格限制或征税。跨国公司在向该国的子公司转移产品时，可将价格定得高些，产品由该国转移到其他国家时，将价格定得低些，以减少在该国的利润，避免利润汇回的麻烦和赋税。

4.某国已经出现或即将出现较高的通货膨胀，为了避免公司资金在该国中大量积累，在向该公司转移产品时，可将价格定得高些，由该国转移到其他国家时，将价格定得低些。

5.为了培育跨国公司在国外子公司的竞争力，可将转移价格定得低些。

总之，跨国公司制定转移价格的基本目的是评估各利润中心的经营状况，调动各单位的经营积极性。跨国公司人为地抬高或降低转移价格，是为了使公司的整体效益最优化，因为转移价格的承担者毕竟同属于一个跨国公司。为了公司的全局利益和长期利益，牺牲某个或某些利润中心的局部利益和短期利益是有必要的。

本章练习

一、思考题

1.简述影响国际企业定价的主要因素。

2.当本国货币贬值时，企业有哪些定价策略可供选择？

3.差别定价策略如何应用？

4.差别定价和统一定价策略在选择时应考虑哪些因素？

5.什么是国际转移定价？跨国公司在哪些情况下人为地调高或调低国际转移价格？

二、案例分析

瑞士手表 Swatch 的绝地反击

瑞士曾经是举世闻名的手表王国，它生产的机械手表一度在全世界拥有40%的市场占有率。然而1970年以后，日本以石英表和电子表横扫全球，精工表、星辰表、卡西欧表取代了浪琴表、欧米茄表、天梭表，瑞士手表王国的荣誉与风光一落千丈。

瑞士的手表生产和外销一向是其经济的支柱，经受此番打击后当然亟思反攻。尤其是生产浪琴表和欧米茄表的两家公司，受到破产和解散的威胁，深知不创新即是死亡的道理，于是联合起来共谋起死回生、反败为胜之策。随之，一种叫斯沃琪(Swatch)的新手表问世了。瑞士手表界对这种新表寄予厚望，希望它能从日本企业那里夺回市场。为此，该手表的生产企业以提高市场占有率作为定价目标，根据日本手表的市场情况，斯沃琪手表以质地坚硬的塑料为外壳，电池可以更换，并且防震、防水，每只定价为25～30美元。结果这种手表一上市就出现热销，在美国上市初期每月的销量达10万只，瑞士也因此在短短两年时间内夺回手表王国的宝座，扭转了整个行业的危机。

请根据案例资料，说明 Swatch 公司成功的原因是什么？对于我国企业的国际经营行为有什么启示？

三、案例讨论：日用品调价风波

★日化企业正在掀起近三年来最大规模的涨价潮，记者从多家商场超市获悉，2011 年 3 月底到 4 月初，大部分日化品牌都将涨价，平均涨幅高达 10%左右。尤其是竞争激烈的洗涤用品行业，已经悄然涨价，而这片领域几乎被宝洁等四大巨头垄断。

记者从广州多家大卖场了解到，包括洗衣粉、洗衣液、洗洁精、香皂、沐浴露、洗发水等洗涤用品都将在 3 月底 4 月初陆续提价，涉及所有知名品牌，平均涨幅在 10%左右。如纳爱斯的雕牌洗衣粉 2 600 克的售价从每袋 16.5 元涨至 18.5 元，超能洗衣皂 260 克的单价也从 4.7 元涨至 5.4 元，立白金桔洗洁精 1.5 千克的单价从 10.2 元涨至 11.5 元。

随后，记者采访了广州多家主要的连锁大卖场负责人，现在宝洁的汰渍、联合利华的奥妙也都下发了涨价通知，预计 4 月左右将涨。除了洗涤用品之外，多位负责人纷纷向记者表示，一个月前就陆续收到了飘柔、力士、夏士莲、澳雪、立白、樱雪、六神等个人洗护品牌的涨价通知，有的是口头的，有的是书面的，几乎涉及所有的知名品牌，及大部分的洗涤用品品种，涨幅达到了 5%～10%。"目前已涨价的只是小部分品种，大部分品种还处于涨价申请中。"多家商场负责人告诉记者。

有商场负责人表示："这次涨价涉及的品种和品牌相当多，如此大规模还是第一次。"

★企业回应：原油涨价导致成本大增。

针对本次涨价，联合利华中国区副总裁曾锡文没有否认，他告诉记者："日化行业所用的原料大部分是石油的副产品，目前国际油价已从去年的 50 美元涨到了现在的 100 美元，洗涤用品中常用的表面活性剂价格已涨了六成，塑料包装也涨了六七成，肥皂等产品要用的植物油价格也涨了五成以上。无机类原料涨幅在 40%～50%。"

曾锡文还表示，国内油价上涨也大大增加了运输成本，另外，2011 年外资企业都要享受国民待遇，税收增加了两项，以洗发水为例，增加了 1.2%左右的税率。曾锡文还说，这些都直接导致产品成本的增加。"不过，日化行业是一个完全自由竞争的市场，如果我们涨价了，竞争对手却没有跟进，那惨的肯定是我们。因此，我们此次的平均涨幅没有超过 10%。而且未来也不排除成本继续上涨而导致继续涨价。我们不是第一家涨的，也不会是最后一家涨的。"

立白集团新闻发言人许晓东表示，具体的产品涨价情况他不太清楚，但是原因肯定是原料价格上涨。

宝洁公司的声明表示："消费者购买产品时所支付的最终价格由销售产品的零售商决定。"很明显，宝洁将更多的责任推给了零售商。

★集体涨价是巧合还是合谋？

耐人寻味的是，日化巨头们都不约而同地选择这个时候下发调价通知书，而涨价的时间也都在 4 月前后。而据悉，目前在中国的洗涤用品市场，宝洁、联合利华、立白和纳爱斯四大巨头，几乎占据了全国八成以上的市场。此前由于竞争激烈，大家都按兵不动，此次却集体提价，联想起近期西班牙给宝洁、欧莱雅等八家企业因涉嫌垄断而开出的5 000万欧元的巨额罚单事件，多少让消费者对此次的集体涨价心存怀疑。这到底是巧合还是巨头们的合谋？

对此，日化专家冯建军表示，应该是巧合，或者说是一家涨了之后，其他企业选择跟进，但是合谋之说不大可能。“尤其是宝洁和联合利华，这两家中国市场上的死对头更不可能。”冯建军称。他还表示，日化企业其实有很多种办法来化解涨价，其中很有用的办法就是推出新品，但是现在大家都选择涨价，说明对于成本压力的容忍已达到极致。

思考并讨论：国际企业在国际市场中的价格策略应如何实施才能取得更好的市场效果？

四、思维训练

对大学生手机市场价格及销售状况进行调查。以小组为调查单位，以学生比较熟悉的或正在使用的某一品牌手机为调查对象，分析评价各手机的品牌偏爱、档次高低、价格依据、顾客反应、价格策略、销售情况等，以期加深学生对各种定价方法及策略的理解。

第9章 国际市场分销渠道策略

学习目标：

通过本章的学习，以期达到：

1. 理解和掌握企业进入国际市场几种方式的特点，能结合实际情况，对各种渠道方式进行选择；
2. 了解国外分销渠道发展的现状及趋势，掌握国际分销渠道的概念及类型；
3. 熟悉国际分销模式的设计及渠道成员的管理。

【案例导入】

LG电子公司的渠道策略

LG电子公司从1994年开始进军中国家电业，目前其产品包括彩电、空调、洗衣机、微波炉、显示器等种类。LG把营销渠道作为一种重要资产来经营，通过把握渠道机会、设计和管理营销渠道拥有了一个高效率、低成本的销售系统，提高了其产品的知名度、市场占有率和竞争力。

一、准确进行产品市场定位和选择恰当的营销渠道

LG家电产品系列种类较齐全，其产品规格、质量主要集中在中高端，与其他国内外品牌相比，最大的优势在于其产品性价比很高，消费者能以略高于国内产品的价格购买到不逊色于国际著名品牌的产品。因此，LG将市场定位在那些既对产品性能和质量要求较高，又对价格比较敏感的客户。LG选择大型商场和家电连锁超市作为主要营销渠道。因为大型商场是我国家电产品销售的主渠道，具有客流量大、信誉度高的特点，便于扩大LG品牌的知名度。在一些市场发育程度不很高的地区，LG则投资建立一定数量的专卖店，为其在当地市场的竞争打下良好的基础。

二、正确理解营销渠道与自身的相互要求

LG对渠道商的要求包括：渠道商要保持很高的忠诚度，不能因渠道反水而导致客户流失；渠道商要贯彻其经营理念、管理方式、工作方法和业务模式，以便彼此的沟通与互动；渠道商应该提供优质的售前、售中、售后服务，使LG品牌获得客户的认同；渠道商还应及时反馈客户对LG产品及潜在产品的需求反映，以便把握产品及市场走向。渠道商则希望LG制定合理的渠道政策，造就高质量、统一的渠道队伍，使自己从中获益；LG还应提供持续、有针对性的培训，以便渠道商及时了解产品性能和技术的最新发展；另外，渠道商还希望得到LG更多方面的支持，并能够依据市场需求变化，及时对其经营行为进行有效调整。

三、为渠道商提供全方位的支持和进行有效的管理

LG 认为企业与渠道商之间是互相依存、互利互惠的合作伙伴关系，而非仅仅是商业伙伴。在相互的位置关系方面，自身居于优势地位。无论从企业实力、经营管理水平，还是对产品和整个市场的了解上，厂商都强于其渠道经销商。所以在渠道政策和具体的措施方面，LG 都给予经销商大力支持。这些支持表现在利润分配和经营管理两个方面。在利润分配方面，LG 给予经销商非常大的收益空间，为其制定了非常合理、详细的利润反馈机制。在经营管理方面，LG 为经销商提供全面的支持，包括：信息支持、培训支持、服务支持、广告支持等。尤其具有特色的是 LG 充分利用网络对经销商提供支持。在其网站中专门设立了经销商 GLUB 频道，不仅包括 LG 全部产品的技术指示、性能特点、功能应用等方面的详尽资料，还传授一般性的企业经营管理知识和非常具体的操作方法。采用这种方式，既降低了成本，又提高了效率。

然而经销商的目标是自身利润最大化，与 LG 的目标并不完全一致。因此，应对渠道商进行有效的管理，提高其经济性、可控性和适应性。渠道管理的关键在于价格政策的切实执行。为了防止不同销售区域间的窜货发生，LG 实行统一的市场价格，对渠道商进行评估时既考察销售数量，更重视销售质量。同时与渠道商签订合同来明确双方的权利与义务，用制度来规范渠道商的行为。防止某些经销商为了扩大销售量、获取更多返利而低价销售，从而使经销商之间保持良性竞争和互相制衡。

四、细化营销渠道，提高其效率

LG 依据产品的种类和特点对营销渠道进行细化，将其分为 LT 产品、空调与制冷产品、影音设备等营销渠道。这样，每个经销商所需要掌握的产品信息、市场信息范围缩小了，可以有更多的精力向深度方向发展，更好地认识产品、把握市场、了解客户，最终提高销售质量和业绩。

五、改变营销模式，实行逆向营销

为了避免传统营销模式的弊端，真正做到以消费者为中心，LG 将营销模式由传统的“LG→总代理→二级代理商→……→用户”改变为“用户←零售商←LG＋分销商”的逆向模式。采用这种营销模式，LG 加强了对经销商特别是零售商的服务与管理，使渠道更通畅。同时中间环节大大减少，物流速度明显加快，销售成本随之降低，产品的价格也更具竞争力。

（杨志宁：《构建营销渠道优势角逐中国家电市场——LG 的启示》，载《经济管理》2002 年第 7 期）

分销渠道(Channel of Distribution)，又称销售渠道，是指企业将产品转移到最终消费者所采用的方式，即产品从生产者到达最终用户所经历的路线、途径、环节与组织机构的总称。在现代社会经济条件下，由于企业目标市场范围的不断扩大，大部分生产企业并不是将产品全部直接销售给最终消费者或用户，而是借助于一系列中间商的转卖活动进行的。企业只有合理地选择和利用分销渠道，才能将产品在适当的时间，用适当的方式以最高的效率和最低的费用转移到适当的地点，以便于销售给适当的顾客。对企业来说，分销渠道不仅仅是“产品输送”的工具，而且能很好地实现“市场信息反馈”的功能。分销渠

道选择不当，市场信息不能反馈、传递滞后或变形失真，将给企业的生产经营决策造成不良影响，以至使企业蒙受巨大损失。

同国内市场营销一样，当企业进入国际目标市场后，同样要作出产品分销渠道的决策。建立国际分销渠道可以采取多种模式，如独资设立贸易公司，或者与当地投资者合资建立销售公司，或与当地经销商合作建立销售网络等。

第一节　国际分销渠道概述

一、国际分销渠道的概念与特点

（一）国际市场分销渠道的概念

国际分销渠道指的是产品或服务从本国生产者转移到目标国最终到达消费者手中所经过的途径，以及与此有关的一系列机构和个人。

在国际营销中，企业管理分销渠道主要有两个目标：一是将产品有效地从出口国转移到东道国市场；二是参加东道国的市场竞争，实现产品的销售和获取利润。因此国际市场分销渠道又包括三个层次（如图 9-1 所示）：

（1）本国国内的分销渠道，由生产企业和本国中间商组成；

（2）企业进入国际市场的渠道，又叫国家间渠道，由本国的出口商和目标市场所在国的进口商组成；

（3）目标市场所在国国内的分销渠道，由目标市场所在国的中间商组成。

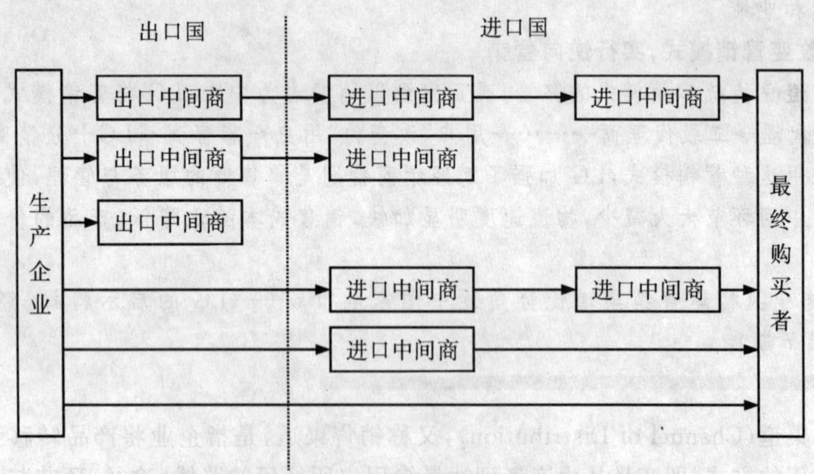

图 9-1　国际分销渠道的结构

（二）国际分销渠道的特点

在国际分销渠道中，商品从一个国家的生产地流向另一个或多个国家的消费地，其流通的起点与终点分别在不同国家。这里，商品所有权、使用权的转移，以及分销渠道成员的构成，都涉及不同的制度与文化背景。因此，与国内分销渠道相比，国际分销渠道有明显的特点，主要表现在：

1.商品跨国界流动。国际市场营销通常是以出口贸易为基础，生产地在一个国家，消费地在另一个国家，要完成商品销售，必须组织商品的跨国界移动。因此，商品跨国界流动是国际市场营销的一个基本特征。

2.渠道成员来自不同国家。国际市场营销是以生产厂商与消费者分别属于不同国家为前提的，两者的空间距离远、间隔时间长，往往需要较多的中间商。在一般的国际市场影响渠道构成中，要涉及四方面的成员：生产厂商的销售部门、生产厂商的中间商（批发商、中间商等）、国外中间商（转口商、进口商及其他中间商）、国外最终用户或消费者，使得国际市场营销渠道的长度和复杂程度都大于国内市场营销。

3.渠道管理难度大。由于渠道成员存在着国别、民族、语言、制度等的差异，从生产到消费的空间距离较远，各个国家的销售渠道又是在它们所处的环境中形成的，各有特点，如日本一般较长，美国一般较短。因此，对企业来说，增加了控制和管理的难度，一旦建立后就不能轻易改变，若改变要花很大的代价、冒很大的风险。

小资料

不同国家分销渠道比较

1.欧美的分销渠道

美国是市场经济高度发达的国家，基本上形成了有秩序的市场。进入美国的产品，一般要经过本国进口商，再转卖给批发商，有的还要经过代理商，由批发商或代理商转卖给零售商，零售商再将产品卖给最终使用者。西欧国家进口商的业务通常限定一定的产品类别，代理商规模通常也比较小，但西欧国家的零售商主体，如百货公司、连锁商店、超级市场的规模都很大，而且经常从国外直接进口。大型零售商的销售网络遍布全国，我国企业若把产品销往西欧各国，可直接将产品出售给这些大型零售商，节省许多中间商费用，并利用它们的销售网络扩大市场占有率。

2.日本的分销渠道

日本也是高度发达的市场经济国家，但它的渠道结构却不同于欧美各国。日本的销售渠道被称为是世界上最长、最复杂的销售渠道。其基本模式是：生产者＋总批发商＋行业批发商＋专业批发商＋区域性批发商＋地方批发商＋零售商＋最终使用者。日本的分销系统一直被看做是阻止外国商品进入日本市场的最有效的非关税壁垒。任何想要进入日本市场的企业都必须仔细研究其市场分销渠道。日本的分销体系有以下几个显著特点：

(1)中间商的密度很高。日本国内市场的中间商密度远远高于其他西方发达国家。由于日本消费者习惯于到附近的小商店去购买东西，量少且购买频率高，因此，日本小商店密度高，且存货量小，其结果就是需要同样密度的批发商来支持高密度且存活不多的小商店。

(2)生产商对分销渠道进行控制。生产商控制分销渠道的措施主要有：①为中间商解决存活资金；②提供折扣，生产者每年为中间商提供折扣的名目繁多，如大宗购买、迅速付款、提供服务、参与促销、维持规定的库存水平、坚持生产者的价格政策等都会获得生产者的折扣;③退货,中间商所有没销售完的商品都可以退还给生产者;④促销支持,生产者为中间商提供一系列的商品展览、销售广告设计等支持,以加强生产者与中间商的联系。

(3)独特的经营哲学。贸易习惯和日本较长的分销渠道产生了生产者与中间商之间紧密的经济联系和相互依赖性,从而形成了日本独特的经营哲学,即强调忠诚、和谐和友谊。这种价值体系维系着销售商和供应商之间长期的关系,只要双方觉得有利可图,这种关系就难以改变。

(三)国际分销渠道的功能

不管是国内市场分销渠道,还是国际分销渠道,均具有以下功能:

1.联结产销。由于分销渠道成员的存在和努力,解决了产品供应和消费之间在时间、地点和所有权等方面的差异,联结产销是分销渠道最基本的功能。

2.沟通反馈信息。一方面,关于企业和产品的信息,沿着渠道自上而下传递,并最终传达到消费者,以激发消费者的购买需求;另一方面,顾客需求、竞争者反应、市场供求等动态信息也沿着渠道自下而上传递,并最终传达到生产企业,成为企业制定营销决策的重要依据。

3.促进销售。为了自身利益的实现,分销渠道成员会主动自觉地与生产企业配合,采取多种形式的促销活动,将有关企业产品的信息及时传播给消费者和用户,以刺激需求,促进销售。

4.风险负担。分销渠道成员承担商品供求、价格下跌等风险,减少生产企业风险。

5.实体分配。分销渠道成员同时也负责商品运输、仓储、配送、商流信息处理等,大大提高物流速度,及时满足消费。

6.协商谈判。分销渠道成员在自己的业务网络中,凭借丰富的市场经验,代表企业就有关价格、付款方式、促销费用、订货和交货条件等问题与下游分销成员或最终消费者进行协商。

二、国际分销渠道的类型

分销渠道可以从多个角度划分成多类型,了解这些类型可以使企业作出正确的渠道类型选择。

(一)直接渠道和间接渠道

按照商品在流通过程中是否经过中间商,可以分为直接渠道和间接渠道。

1.直接渠道是指生产者不经过任何中间环节,将产品直接销售给最终消费者或用户的分销渠道。其优点是渠道最短,反应最迅速,服务最及时,价格最稳定,促销最到位,控制最有效。缺点是:占用企业较多的销售资金和人力,并承担全部的市场风险。直接渠道的具体形式有:生产企业自设门市部、"前店后厂",自设销售公司,建销售网络;生产企业直接接受顾客订货,按合同销售;组织或参加展销会、交易会等;生产企业聘请直销员,以人员为媒介代表企业直接向最终顾客进行销售(即直销);生产企业以非人员为媒介直接向最终顾客销售(即"直复营销"):直邮、电话销售、电视销售、电台销售、自动售货机、网络销售等。

2. 间接渠道是指生产者通过流通领域的中间环节把商品销售给消费者的渠道。其优点是:(1)企业可以利用国内其他组织机构在国外的分销渠道和营销经验,迅速将产品推向国外市场,为生产企业缩短了买卖时间,在一定程度上为生产企业节约了资金,有利于生产企业把人、财、物等资源集中用于发展生产,可以取得更好的时间效益。(2)减少了企业所承担的外汇风险及各种出口信贷的风险,对资金的使用有一定的安全性。(3)企业不必设置从事进出口业务的专门机构或专门人员,可以节省人力、物力和财力,集中精力搞好生产。因为中间商具有较丰富的市场营销知识和经验,又与顾客保持着密切而广泛的联系,了解市场情况及顾客的需求特点,因而能够有效地促进商品的销售,弥补生产企业销售能力弱的缺陷。其缺点是:限制了企业在国外市场上经营销售能力的扩大。间接分销渠道主要适用于需要广泛分销的消费品,对缺乏出口经验能力、没有海外分销渠道和信息网络的中小生产企业。此外,对潜力不大、风险较大的市场,也较常用这一渠道。

(二)短渠道和长渠道

分销渠道的长度取决于商品在整个流通过程中经过的流通环节或中间层次的多少,经过的流通环节或中间层次越多,分销渠道就越长;反之,分销渠道就越短。从生产者角度看,渠道越长,越难控制;渠道越短,控制程度和分销效率越高(如图 9-2)。

1. 短渠道是指产品直接到达消费者或只经过一道中间环节的渠道。其优点是:产品交货迅速;生产者能及时全面地了解消费者的需求变化;节省开支,产品价格低,服务质量高。其缺点是:销售范围受限,不利于产品的大量销售。

2. 长渠道是经过两道以上中间环节后才到达消费者手中的渠道。其优点是:生产者可集中精力组织生产,缩短生产周期;把产品大量销售给批发商,减少了资金占用,节约了费用开支;易打开产品销路,开拓新市场。其缺点是:增加经销商的管理难度,延长交货时间,增加商品损耗,市场信息传递不畅。

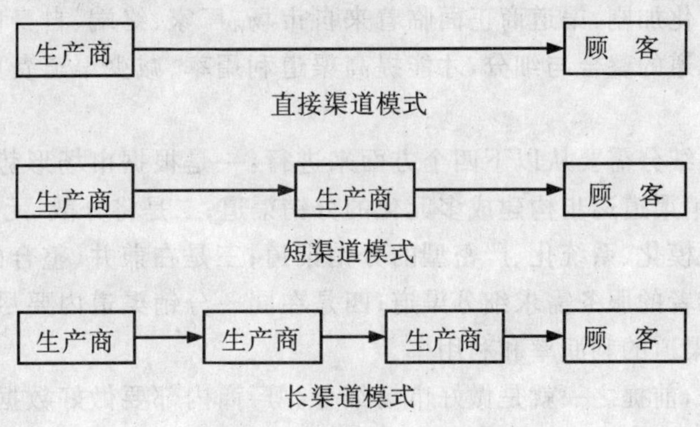

图 9-2　分销渠道的模式

(三)宽渠道和窄渠道

分销渠道的宽度,取决于分销渠道内每个层次上使用同种类型中间商数目的多少。在分销渠道的每个层次上,使用同种类型中间商数目越多,分销渠道越宽;反之,分销渠道就越窄。

1. 宽渠道是指生产企业在某一环节选择两个以上的同类中间商销售商品的渠道。其优点是:(1)能够增加销售网点,提高产品的市场覆盖面,提高市场占有率,通过多数中间商,大范围地将产品转移到消费者手中;(2)有利于生产者选择效率高的中间商而淘汰效率低的中间商,提高销售效率。缺点是:由于利益分割者的增多,可能会造成中间商促销不力或窜货。

2.窄渠道是指生产者在特定市场上只选用一个中间商为自己推销产品的分销渠道,通常也叫做独家销售。一般来说,生产资料和少部分专业性较强或较贵重的消费品适合于窄渠道销售。其优缺点是:窄渠道能促使生产者与中间商通力合作,排斥竞争产品进入同一渠道。但如果生产者对某一中间商依赖性太强,在发生意外情况时,就容易失去已经占领的市场。

三、国际分销渠道的发展趋势

分销渠道并非一成不变,各国的经济、文化、科技不断发展变化,新型的批发和零售机构不断涌现,国际上全新的渠道系统也正在逐步形成。当今国际市场营销渠道的发展呈现出以下新趋势。

(一)渠道扁平化

面对更为激烈的市场竞争,目前国际市场分销渠道已经呈现扁平化的特点,而未来该趋势将日趋明显。一级经销商通过压缩流通环节,代理层次日益减少,直销的比重逐渐加大。减少渠道的中间环节,经销商可以节约成本、提高效率,更直接地接触市场。渠道的扁平化将使零售终端位置突出,但也会带来管理的困难和成本的增加。不管是厂家还是渠道商,都必须在直销和代理之间博弈,寻求最佳的平衡点。扁平化的主要方式有:减少二、三级经销商,建立直销队伍,发展专卖店;发展行业代理商;开发 OEM 销售等。

(二)向细分化渠道发展

随着渠道同质化加剧,渠道商正面临着来自市场、厂家、终端、自身四个方面的挑战。渠道商必须进行渠道的整合与细分,才能提高渠道利用率、减少渠道费用,并达到利益最大化。

渠道的整合与细分需要从以下四个方面来进行:一是根据市场形势的变化和产品的特征,将单一的分销渠道逐步构建成多元化的分销渠道;二是将分散、无序、小规模的分销渠道逐步改造为规模化、系统化、严密型的分销渠道;三是在兼并、整合的同时,进一步根据市场变化和消费者的服务需求细分渠道;四是在同一分销渠道内要尽量进行产品多品类的整合,以提高渠道的利润率和利用率。

做好渠道细分,前提之一就是做好市场细分。厂商内部要做好数据积累和客户消费历史的记录,外部要做好用户类型和外部用户需求特征的调研,而且要把用户的具体类型和内部的数据特征对应起来。如此细分,渠道商就能在千差万别的市场需求中游刃有余。

(三)渠道商角色向物流提供商转换

有远见的渠道商早已开始探索转型之路,从战略上重新定位,如核心业务由批发转向物流。近年来,国际供应链商业模式发生了巨大而深刻的变革,渠道商的功能定位、角色扮演也发生巨变。渠道商利润的主要来源不再是产品的买卖差价,而是为产品提供的各种配套增值服务。渠道商可以以专业物流企业、社会化配送中心及两者混合的物流配送企业的形式存在，以信息技术为手段，为上游制造商和下游零售商提供高效率的专业服务，使商品在流通过程中实现增值，自己也从中获利。

从渠道商到物流提供商，是市场分工的产物。中小渠道商可以通过将自己定位为大企业配送物流商这一方式，获取厂家在这方面的政策补贴、返利。

第二节　国际分销渠道策略

一、影响国际分销渠道策略选择的因素

影响渠道设计的限制因素很多，主要有客户、产品、企业、中间商和环境等方面。

1. 客户因素

客户是市场营销活动的中心，市场营销组合中的所有方面都离不开对市场的分析。

(1)潜在客户的状况。潜在客户的数量直接决定着渠道的长度和宽度。通常，客户数量越大，渠道的长度和宽度相对也会越大一些。

(2)市场的地区性。通常，目标客户相对集中，分销渠道可以短些；潜在客户的分散程度较高，渠道的控制较难，费用也相应较高。

(3)消费者的购买习惯。消费者对各类商品的购买习惯，如对购买场所的偏好、对服务的要求等均直接影响分销渠道。例如，消费品中的便利品(如香烟、肥皂、牙膏等)购买次数很频繁，消费者希望能方便地买到，制造商就应该选择“长而宽”的渠道设计，尽可能地提高产品的市场曝光度。

2. 产品因素

产品本身的特点对渠道设计影响重大。

(1)产品的耐腐性。产品是否易腐烂决定了渠道的长短。如果产品极易腐烂变质，就应该采用短而迅速的渠道结构。

(2)产品的时尚性。对式样、款式变化快的产品，应利用短而迅速的渠道结构。

(3)产品的单位价值。一般而言，单位价值越高的商品，渠道结构越短、越窄；反之，渠道越长、越宽。

(4)产品的体积和重量。体积过大或过重的商品应选择直接或较短的渠道，减少搬运和装卸的麻烦与损失。

(5)产品的标准化程度。通常，产品的标准化程度越高，渠道越长、越宽。

(6)产品的技术性和售后服务。具有高度技术性和需要经常服务与保养的商品，分销渠道较短。

(8)产品的生命周期。处于产品生命周期不同阶段的产品渠道结构有所不同。例如，衰退期的产品就要压缩分销渠道。

3. 企业因素

渠道设计还应符合企业自身的特点。

(1)企业的规模。企业渠道的选择往往受到企业规模的限制。通常来说，大公司更容

易获得中间商的支持。而且,大公司产品组合宽度和深度大,即产品的种类、型号规格较多,制造商可以直接销售给各个零售商,这种分销渠道是“短而宽”的;反之,如果制造商的“产品组合”的宽度和深度小,就应采取“长而宽”的渠道。

(2)企业的基本目标。如果企业为了实现其战略目标,在策略上需要控制市场零售价格,需要控制分销渠道,就要加强销售力量,减少中间商的数目,以加强自身权力的集中程度。

(3)企业的管理能力。企业的声誉、财力、经营管理能力制约了企业渠道设计。如果企业产品质量好,资金雄厚,又有经营管理销售业务的经验和能力,在设计分销渠道和挑选中间商上有很大的自由度,甚至建立自己的销售力量。反之,企业财力薄弱或缺乏管理销售业务的经验和能力,一般只能通过若干中间商推销其产品,采用“长而宽”的渠道。

4.中间商因素

作为分销渠道中的主要成员,可供企业利用的中间商数量及其特点对渠道结构影响举足轻重。

(1)可供利用的中间商种类和数量。不同类型的中间商在执行各种任务时有不同的优势和劣势。可供企业利用的中间商种类决定了企业渠道的构成,而其数量则限制了渠道设计的宽窄。

(2)利用中间商所需要的成本。利用中间商的成本高于企业自己销售,企业会考虑选择直接渠道或组建自己的销售队伍。

(3)中间商的能力。中间商的销售和服务能力在很大程度上决定着企业的渠道策略。如果中间商的能力较弱,企业宁可自己进行直接销售。

(4)中间商可提供的服务。企业希望能够以合理的价格获得中间商提供的服务,包括售前、售中、售后服务等。例如,没有冷藏服务的零售商无法完成销售新鲜牛奶的工作。

5.竞争者因素

企业在进行渠道设计时,必须考虑竞争对手的渠道决策。有时,企业尽量避免和竞争者使用一样的分销渠道。例如,雅芳(Avon)公司采取上门推销化妆品的形式,避开与竞争者在商店货柜的竞争。另一些时候,由于受到消费者购买模式的影响,企业不得不使用与竞争者一样的渠道。例如,消费者在挑选电视机等家电产品时往往要比较品牌、价格和性能等,企业必须使自己的产品出现在同类产品集中的零售商店中。

6.环境因素

渠道设计还受到经济、社会文化、法律、技术等宏观环境因素的影响。这些宏观环境因素有时直接影响企业的渠道设计决策,但更多的时候是通过对市场和客户发生影响而反映到渠道结构上。例如,国家的法律法规限制某些商品的销售渠道。信息技术的发展,计算机的广泛运用使消费者享受网络购物的便捷和轻松,企业可以通过电子商务发展自己的渠道建设。在经济环境不景气时,企业会用最经济的方法推销其产品,这往往意味着采用较短的渠道和取消一些非根本性的服务。

二、国际市场一般分销渠道策略

一个企业出口产品,不仅要考虑使用多少层次的中间商,即渠道多长最为合适,还要考虑在每一层次上使用多少渠道成员，即渠道宽度是多少最为有效。国际企业根据以上几种影响因素，在制定分销渠道策略过程中通常有三种策略可供选择，即独家分销、选择分销和密集分销。

1. 独家分销。即制造商在某一市场（地区）仅仅选择一家中间商为其推销产品。双方签订独家分销合同，规定该经销商不得经营竞争性产品，以促进制造商产品的销售。这种分销方式常见于汽车等产品。

2. 选择分销。即制造商在某一市场（地区）仅通过少数几个经过精心挑选的、最合适的中间商推销其产品。选择分销适用性很广，几乎适用于所有产品。相对而言，消费品中的选购品和特殊品最适宜选择分销。

3. 密集分销。即制造商尽可能多地利用有能力和有责任感的批发商和零售商推销其产品，争取最大的市场曝光度。例如，消费品中的香烟、水果等便利品和产业用品中的办公文具等供应品，通常都采用密集分销，使广大消费者和用户能够随时随地方便地购买。

三、国际企业的国际分销渠道策略

对国际企业来说，它必须同时开拓国内和国外两种市场，就国际市场分销渠道策略来讲，有三种策略可供选择。

（一）间接出口策略

间接出口是指国际企业通过国内中间商将产品销往国际市场的分销方式。其主要形式有三种：一是将产品卖给国内出口商，再由出口商将产品销往国际市场；二是委托国内中间商代理出口其产品；三是委托在同一国际市场设有销售机构的本国其他企业代销产品（即合作出口）。一般来说，采取间接出口分销的企业与海外市场没有直接联系，也没有相应的条件和能力。但渠道投资和运行维护成本低，风险也小，并能够使产品较快地进入国际市场。当企业缺乏人才、资金和国际营销经验时，采取间接出口渠道策略是比较合适的。

（二）直接出口策略

直接出口分销渠道是指国际企业不通过国内中间商，自己直接与海外中间商或顾客进行交易的国际分销方式。组织直接出口分销，要求国际企业设立出口管理机构，并且在海外设立办事机构。只有这样，国际企业才能增加与海外中间商或顾客接触的机会，才有利于开拓海外市场。而设立海外销售机构，需要投入一定的人力、物力和财力，并且要求企业有较强的国际营销经验，因此，资源较雄厚、能力较强的企业，以及面对潜力大或熟悉的海外市场，采取直接出口方式是较为合适的。

（三）国外生产策略

当国际企业外销比重大大超过内销比重，市场以国际市场为主时，企业就进入了多国营销阶段。这时，更好的国际分销方式就是在国外生产并在国外销售。这样，可绕过国际贸易壁垒，避开外国政府对产品进口的种种限制；并且由于可以向当地提供技术和就业机会，使当地增加税收、节省外汇，容易得到当地政府的欢迎和优待；此外，由于直接贴近国外目标市场，能又快又准地反馈市场信息，从而提高了企业的应变力和竞争力。当然，在国外生产比在国内生产更为复杂，投资大，灵活性差，风险大，对企业要求高。

国外生产的具体形式大致可分为两类：一类是合同方式，如许可证贸易、特许经营、合同制造、交钥匙工程、BOT 等；另一类是直接投资办企业方式，包括独资经营、出资参股、合并、兼并、收购等。

第三节　国际分销渠道管理

国际分销渠道管理决策，包括选择、激励、控制和评估渠道成员等内容。由于渠道利益整体性的特点，国际营销者应关心生产者到最终消费者的整个分销渠道，对每一个渠道环节进行管理，以提高渠道的运作效率。

一、国际分销渠道的成员(中间商)类型

国际分销渠道由不同国家、不同层次、不同职能的中间商构成。各种中间商按照国别不同可分为出口中间商和进口中间商，按照是否拥有商品所有权分为经销商和代理商，按照作用不同分为批发商和零售商。国际企业设计和管理国际分销渠道时，必须了解国际中间商的性质、经营范围以及选择此种中间商的优劣，通过认真比较分析，选择适应企业本身特性及营销目标的中间商。

(一)国内中间商

根据国内中间商是否拥有商品所有权，可将它分为两类：出口商和出口代理商。凡对出口商品拥有所有权的，称为出口商；凡接受委托，以委托人身份买卖货物而非拥有商品所有权的，称为出口代理商。

1. 出口商

出口商直接从生产企业手中购买商品，然后以较高的价格在国外销售，以赚取价格中间差，自我承担风险。大多数出口商在一定范围内具有专业化，并能给生产企业提供一定的海外市场信息。常见的出口商有以下几种类型：

(1)出口行。有的国家称之为“国际贸易公司”，在日本、韩国称之为“综合商社”，我国一般称之为“对外贸易公司”或“进出口公司”。出口行一般在国外有自己的销售人员和代理商，并往往设有分公司，其收入来自出口商品的买卖差价，熟悉国际市场及精通国际商务。因此，初次进入国际市场的企业采用此形式较为理想。

(2)采购/订货行。采购/订货行代表国外买主，主要根据收到的订单向国内生产企业进行购买，或者向国外买主指定的生产企业订货。它们拥有商品所有权，但自己并不保有存货，在收购数量达到订单数量后，就直接运交国外买主。

2. 出口代理商

出口代理商并不拥有货物所有权，不以自己的名义向国外买主出口商品，而是接受国内卖主的委托，按照委托协议向国外客商销售商品，收取佣金，风险由委托人承担。在国际市场上，出口代理商常见的类型有：

(1)综合出口经理商。综合出口经理商为出口企业提供全面的出口管理服务，如提供海外广告、接洽客户、拟定销售计划、提供商业情报等。它以生产企业的名义从事业务活

动，实际上起到生产企业出口部的作用。综合经理商一般同时接受几个委托人的委托业务，其获得的报酬形式一般是收取销售佣金，此外每年还收取一定的服务费用。

(2)制造商出口代理商。这是一种专业化程度较高的出口代理商，它以自己的名义而非制造商的名义做买卖，所提供的服务一般要少于综合代理商，通常不负责出口资金、信贷风险、运输、出口单证等方面的业务。同时由于制造商出口代理商同时接受许多企业的委托，其销售费用可以在不同厂家的产品上分摊，因此收取的佣金率也较低。

(3)出口经营公司。出口经营公司提供的范围很广，包括寻找客户、促销、市场调研、货物运输等。最主要的职能是和国外的客户保持接触，并进行信贷磋商。选择出口经营公司渠道的优点是：生产企业可以以最小的投资将产品投放到国际市场，并可借此检验产品在国外市场的可接受程度。

(4)出口经纪人。出口经纪人只负责给买卖双方牵线搭桥，既不拥有商品所有权，也不实际持有商品和代办货物运输工作，在双方达成交易后收取佣金，佣金率一般不超过2%。出口经纪人与买卖双方一般没有长期、固定的关系，不备有存货，不参与融资，也不承担货主风险。

(二)国外中间商

国外中间商与产品消费者处于同一个国家，熟悉市场环境和顾客的消费行为，可以更方便地解决语言、运输、财务、促销等方面的问题。它们可以掌握国外市场第一手的信息，积累国际市场营销经验，加强对分销活动的控制力，扩大企业在国际市场上的影响力。因此，为进一步扩大出口规模和企业的长远发展，制造商越来越多地选择国外中间商。国外中间商类型如下：

1.进口经销商

进口经销商对商品拥有所有权，主要类型有进口商、经销商、批发商和零售商。

(1)进口商。又称进口行，凡从国外进口商品，然后转售给国内批发商、零售商和消费者的，都可以称为进口商。进口商熟悉所经营的产品和目标国市场，并掌握专门的商品挑选、分级、包装等技术和销售技巧。进口商一般没有商品独家经营权。

(2)经销商。经销商是一种与出口国的供应商建立长期合作关系，并享有一定价格优惠和货源保证的从事进口业务的企业。它们从国外购买商品，再转售给批发商、零售商等中间商，或直接出售给最终消费者。经销商通过经销合同与出口国生产企业、出口商建立经常性的合作关系，并拥有独家销售特权。

(3)批发商。进口国国内的批发商是专门或主要从事批发活动的中间商，是在进口国国内销售进口产品的重要渠道成员。批发商经营的商品主要由本国进口商或其他中间商供应，也有一些大批发商直接从国外购进商品，它们的商品主要批发给小批发商和零售商。批发商的种类很多，可以分为商人批发商、代理商和经纪人等。一般来说，在国际市场营销中应尽量选择较大的批发商，因为批发业主要是从规模经济中获取收益的，与小型的批发商打交道对生产企业来说意味着受到的服务少而负担却重。

(4)零售商。零售商从进口商、进口代理商、批发商、国外出口商等处购买商品，然后卖给本国的最终消费者。

零售商按其经营方式可区分为多种业态：

①百货商店。一般选址在城市繁华区，规模大，服务功能齐全，设施豪华，经营多品种的选购品和特殊品，包括服装、化妆品、家庭用品、电器等。

②专卖店。专营一种特定类型的产品，可以优化零售商的细分战略，使商品适合特定的目标市场，如花店、文具店、书店等；售货员比较专业，能够提供殷勤和完善的服务；光临专卖店的消费者通常把价格看成次要的，与众不同的商品、商店的外观和员工的质量才决定商店受欢迎的程度。

③超市。即大型自我服务式零售商店，如沃尔玛、家乐福等。以销售包装食品、生鲜食品和日常生活用品为主，普遍实行连锁经营方式，满足了消费者对于方便性、多样性和服务性等一次性购物的需要。

④方便商店(便利店)。以自选销售为主，销售小容量应急性的食品、日常生活用品和提供商品性服务，以满足顾客便利性需求；营业面积一般在100平方米左右，选址于居民区、交通要道、企事业办公区等消费者集中的地方；营业时间长，多为24小时营业，常年无休。

⑤仓储式商店。指一种仓库和商场合二为一，主要设在城乡结合部，装修简朴、价格低廉、批量作价、服务有限，并实行会员制的一种零售业态。

⑥购物中心。由发起者有计划地开设，布局统一规划，设施豪华，店堂典雅、宽敞明亮，实行卖场租赁制，各家店铺独立经营；内部以百货商店或超级市场为核心店，与各类专卖店组合构成，服务功能齐全，集零售、餐饮、娱乐为一体。

⑦无店铺零售。即各种灵活多样的无固定经营场所的零售方式，包括：

直复营销，即借助某种非人员媒介来销售产品的方式，包括直接邮售、目录销售、电话营销、电视销售和网络销售等。

直接销售，即即狭义的直销，主要有三种形式：一对一的逐户销售、一对多的家庭聚会销售和多层次直销。

自动售货，即借助于自动售货机在公共场所实现各种便利品的24小时售货。

2.进口代理商

进口代理商是接受出口国卖主的委托，代办进口，收取佣金的贸易服务企业。它们一般不承担信用、汇兑和市场风险，不拥有进口商品的所有权。主要有以下几种类型：

(1)经纪人。经纪人是对提供低价代理服务的各种中间商的统称，主要经营大宗商品和粮食制品的交易。

(2)融资经纪商。这是近年来迅速发展的一种代理中间商，除了具有一般经纪人的全部职能外，还可以为销售、制造代理商生产的各个阶段提供融资，为买主或卖主分担风险。

(3)制造商代理商。指接受出口国制造商的委托，签订代理合同，为制造商推销产品收取佣金的进口国的中间商。制造商代理商可以对一个城市、一个地区、一个国家或是相邻几个国家的出口企业的产品负责。它们不承担信用、汇兑和市场风险，也不负责安排运输、装卸，不实际占有货物；忠实履行销售代理人的责任，为委托人提供市场信息及为出口企业开拓市场提供良好的服务。

(4)经营代理商。经营代理商在亚洲及非洲国家较为普遍，在某些地区也称作买办。它们根据和产品制造国的供应商签订的独家代理合同，在某一国境内开展业务。

(三)制造商设立的国外分支机构

对于出口量大的企业来说,在国外建立自己的分支机构进行直接分销是最佳选择。制造商国外分支机构主要有两种类型:

1.国外销售办事处。出口企业在东道国设立销售办事处,使产品直接进入当地批发市场或零售市场。它向东道国政府缴纳增值税,不具备独立的法人资格。不少国家从法律上对此类办事处的经营活动进行限制。

2.国外销售分公司。销售分公司的规模比国外销售办事处大,且具有独立的法人资格,在法律和纳税方面不受母公司的制约,较容易得到东道国政府的欢迎。

二、选择国际分销渠道成员

企业进行国际分销渠道的建设,不仅要考虑中间商的数量、层次、结构,而且要考虑中间商的质量和素质。因为中间商的质量和素质,直接关系到产品在国际市场上的销路、信誉、经济效益和发展潜力。在国际市场上,生产企业选择中间商应坚持以下条件和标准。

(一)经营范围

中间商有无经营本企业所提供产品的人才、经验和客户,是选择中间商时首先要考虑的因素。如果中间商的经营范围与企业生产的产品不一致,那么,即使规模再大、客户再多、合作意愿再强烈,也难以成为企业的海外中间商。此外,有的中间商为了分散风险或发挥协同效应,倾向于同时经营多种类型的产品或同时经营多个品牌的同类产品,那么,中间商肯定不会全心全意经营本企业提供的产品。在这种情况下,国际营销者是不是愿意迁就对方,必须慎重考虑。

(二)分销网络

即中间商的市场覆盖面是否与企业的目标市场范围一致。如果中间商没有太多客户,或者与下游中间商的联系少,一切都要从头做起,是不利于国际营销者开拓国际市场的。

(三)资本实力

中间商必须具有良好的财务状况和资金实力,有一定的融资能力和承担风险的能力,保证能按时结算,包括在必要时预付货款。了解中间商的财务状况方式之一是审查其财务报表,尤其是中间商的注册资本、流动资金、负债情况等。销售额是另一个重要的指标,中间商目前的业绩在一定程度上预示着其将来的表现。

(四)经营能力

好的中间商必须具备一定的储存、运输、配送和客户服务能力,从而减少企业渠道建设的投入,有利于企业集中精力做好产品的生产。

(五)声誉和形象

在终端市场上,中间商的声誉和形象就代表了生产企业的声誉和形象,因此,生产企业应当选择具有良好的信誉和经营作风的中间商作为渠道成员,而不应该选择经营劣绩、信誉不良的中间商从事产品分销活动。

(六)合作态度

有的中间商虽然有健全的分销网络,但如果它对生产企业的产品分销不能给予足够的重视，中间商所提供的货架空间、商品陈列位置等难以达到理想水平，生产企业也应考虑其他的选择。

三、控制国际分销渠道

生产企业制定了分销渠道策略，选定了国外中间商之后，就开始了产品的国际分销活动。在这个过程中，企业要对渠道成员的工作、渠道的结构系统不断地进行评估和监督管理，激励中间商更出色地完成任务，定期修改渠道结构使之适应市场新需求。

（一）业绩评估

生产企业可以确立一些评估标准来对中间商的业绩进行衡量，评估的指标主要有：销售指标完成情况、平均存货水平、向顾客交货的速度、对损坏和遗失商品的处理、促销方面的合作、货款回收情况以及为顾客提供的服务等。通过这些指标的分析来发现问题，及时进行诊断和改进。

（二）激励

对中间商采取行之有效的激励是保持分销渠道高效畅通的根本。国际营销者应根据中间商的实际需要，设计激励措施并组织实施。常见的激励措施有：

(1)降价——降低卖给渠道成员的价格。

(2)授予渠道成员独家经销权。

(3)为中间商培训销售人员和售后服务人员。

(4)广告支持。

(5)帮助中间商进行市场调查。

(6)向中间商提供信贷支持(赊销)。

(7)组织中间商进行推销竞赛。

（三）解决渠道冲突

渠道冲突包括水平冲突和垂直冲突。

水平冲突是指发生在同一渠道层次内的中间商之间的冲突，可通过限制经销商的销售区域的方法使其不至于产生低价越区销售争抢顾客而导致冲突。

垂直冲突是指发生在不同渠道层次的中间商之间的冲突，为避免该冲突发生，需明确渠道各层次成员之间彼此应有的权利和义务。

【案例借鉴】

诺基亚窜货风波

2009 年 8 月 4 日，来自全国 15 个省市的 280 多家经销商在北京集体声讨“老东家”诺基亚，对决处于白热化阶段。

2009 年 6 月中旬，长沙、杭州、济南和上海的数十家经销商挂出“拒卖诺基亚”的横幅。

这场风波起始于 5 月 21 日，100 家诺基亚手机经销商聚集在长沙，把原本准备举行的一场业务研讨会，开成了“揭露”诺基亚收取高额“窜货”罚款的声讨会。

会议上，长沙市一家诺基亚手机零售商刘勇(化名)接到公司电话，公司在结算返点时,发现2月28日销售的一款诺基亚5800型号手机被罚款6 000元,公司当时的进货价格是3 380元,而窜货给当地分销商的价格才3 250元。而罚款已经直接从上游的诺基亚省级直控分销商返点中扣除了。会议后,刘勇还要和这家批发商商量怎样分摊这笔罚款。

窜货,即某一区域经销商将本地的产品销售给其他地区的零售网点和经销商。

基于消费水平的不同和地域差异等原因,不同地区的产品定价有区别。

例如:长沙的经销商从青海等西北省区的诺基亚经销商那里大量采购进货,价格比在湖南本地进货便宜很多,这样能获得更高的利润。

但是,手机窜货是诺基亚等手机厂商所不能容的,诺基亚处罚措施最为严厉。据一份诺基亚窜货管理中心给山东经销商的通知书:4部手机窜货,罚4万元,并不接受任何申诉请求。据了解,有的手机经销商因为窜货一年被罚了50多万元。

因为每部诺基亚手机都有个唯一的IMEI代码,根据这个代码,就能判定这部手机当初是发货给哪个地区经销商的。

窜货的结果是市场价格的混乱和渠道成员之间的利益冲突。

国美、苏宁、迪信通这样的"直供经销商"显然不愿与"窜货商"搅和在一起。它们认为窜货不易于手机销售行业的健康发展。

例如:迪信通作为诺基亚的重点直供零售合作伙伴,往往能获得更优惠的进货价格和销售诺基亚产品的优先权,但是,窜货商的异地低价采购会干扰迪信通的优势。

诺基亚的另一个重要的渠道资源——电信运营商,也将与迪信通这样的直供渠道进行整合。对这些主要的"战略伙伴"要求制约窜货的呼声,诺基亚无法置若罔闻,必须平衡渠道之间的利益。

(四)调整渠道系统

经过阶段性的业绩评估后,生产企业会根据每位中间商的发展状况和市场需求的变化发展,对整个渠道系统或部分渠道成员加以调整。

分销渠道的调整有三个层次:

1. 增减某些渠道成员。在分销渠道的管理与改进活动中,最常见的就是增减某些中间商的问题。企业在进行这方面决策时,应注意渠道商成员之间业务上的相互关系与相互影响,要着重弄清增减某些渠道成员后企业的销售量、成本与利润将如何变化,只有朝着有利方向变化时,调整才是可行的。

2. 增减某些分销渠道。随着市场需求、环境条件以及自身生产经营活动的不断变化,企业的某些分销渠道可能会失去作用,同时又需要新的分销渠道进入新的市场部分。因而,企业的分销渠道的管理活动中应注意分销渠道的增减调整。

3. 调整整个分销渠道系统。这对生产企业来说是最困难的渠道变化决策,如企业决定用自己的经销商代替独立的经销商等,这种决策不仅涉及渠道系统本身,而且涉及营销组合等一系列市场营销政策的相应调整,因此必须慎重对待。

值得注意的是,在国外市场上更换或者增减中间商,往往需要花费较高的代价,这是因为许多国家都对经销商或代理商进行法律保护,双方在解除代理或经销协议时,企业通常要付给中间商各种补偿费用,甚至今后几年的利润。但是,企业走向国际化的进程本身就是一个需要不断改变分销渠道的过程。在企业进军国际市场的初期，缺乏国际营销经验，对国外市场不熟悉，企业通常利用贸易公司来为自己进行国际营销，一旦对自己产品的质量和成本竞争力建立信心以后，企业就开始致力于改变自己低效的营销方式，逐步越过贸易公司和经销商，开始自己直接销售，推动业务发展。

本章练习

一、思考题

1. 利用出口代理商对生产企业有什么好处？

2. 分别说明在本国生产和在东道国生产的产品的国际分销渠道的基本结构。

3. 企业在选择海外中间商时应注意哪些方面？

二、案例分析

1. 1962 年，日本开放刮刀片市场，舒适公司和吉列公司等其他公司一起进入日本市场。此后，舒适公司将产品分销交给精工公司去做。精工公司从美国进口舒适刀片，然后卖给遍布全国的150 000个批发商。舒适刀片在日本的市场占有率达到了 60%以上。与此同时，吉列公司则靠自己攻打日本市场，它没有像舒适公司那样选择一家日本的独立代理商，而主要通过销售人员销售刀片，结果惨败：在日本，吉列刀片的市场占有率一直徘徊在 10%左右。

请问：舒适公司和吉列公司分别采用了什么分销策略？吉列公司在日本为什么会失利？

2. 耐克公司在六种不同类型的商店中销售其生产的运动鞋和运动衣：(1)体育用品专卖店；(2)大众体育用品商店，那里有许多不同样式的耐克产品；(3)百货商店，那里集中销售最新样式的耐克产品；(4)大型综合商场，那里仅销售折扣款式；(5)耐克产品零售商店，重点销售最新样式的耐克产品；(6)工厂的门市零售店，所销售的大部分是存货。同时，在一个城市里，耐克公司还限制销售其产品的商店的数量。例如，在佐治亚州牛顿县，它仅允许两个商店销售其生产的所有产品。

请问：耐克公司的销售采用什么分销策略？这种策略有什么优点？

三、案例讨论题：百思买为何败走中国

入华 5 年仍“水土不服”的美国最大电子产品零售商百思买，2011 年 2 月 22 日正式宣布关闭在华 9 家零售自有品牌门店，这意味着首家进入中国的外资家电零售巨头终于将战略收缩路线发挥到极致，“百思买”零售品牌正式告别中国市场。为解决善后事宜，百思买将其中 4 家门店在 2 月 24 日至 3 月 24 日再重开一个月，解决消费者的相关退款等事宜。据介绍，目前已经订货的消费者可以全额退款。百思买的购物卡没有消费金额的可以到指定地点兑换成等额的杉德预付卡。

对此，一些消费者纷纷表达不满。一位预定到优惠价 SONY 液晶电视的客户表示，前天刚刚预定，今天来说关门了没有货了，只能退钱。“为什么收钱的时候不说自己要关门了?”该客户提出质疑。

而一些在徐家汇门店中的店中店商家也表达了不理解。“现在我们的货品都在里面，百思买又不让我们进入，老板说了把货看好，这家店不开了。”一位店中店的员工王小姐说道。

对于百思买的退出，业内人士在接受采访时指出，发展缓慢是其最大的症结。

2006年，百思买收购江苏五星电器，进军中国家电零售业。根据百思买的官方统计，其进入中国市场五年后，仅有9家门店，6家位于上海，另外2家分别在杭州和苏州，另有1家在北京市场以“店中店”形式开出。即使将五星电器的100多家门店计算在内，百思买在中国市场的门店数量与国美、苏宁上千家门店相比，仅为其1/5。

“这样少的门店数量，无法形成有效的规模优势，再加上其错过了发展的最好时机，全球采购的优势在中国无法体现，这些都促成了百思买的退出。”一位业内资深人士说道。据其透露，进入中国5年，百思买每年都在亏损，而作为一家上市公司，又不可能深耕市场，退出就成为唯一出路。

据介绍，与国内家电卖场不同的是，百思买在中国通过现金买断的方式获得整个卖场的主导权，门店租金和装修费用不像本土竞争对手一样转嫁给供货商。由于门店里的促销员都是由自己聘用，百思买还比竞争对手多出了很大一块人力成本。此外，百思买坚持“买断经营”的策略，还需要自己掏钱去购买供货商的样机，并承担样机折旧的损失。如此高成本下，百思买很难与国内家电卖场竞争。

据媒体透露称，目前，百思买在国内除百思买品牌外，还有五星电器的100多家门店，并且其在苏浙一带发展态势较好。即使百思买品牌被迫退出中国市场，也不代表百思买在国内的业务全盘撤退。

分析认为，百思买撤出后，相关店面将会交予五星电器管理，运作模式也可能改为向供应商提供租赁场地。

讨论：

1. 百思买在中国的渠道模式有什么特点？为什么这样的渠道模式会导致失败？

2. 百思买败走中国除了渠道建设方面，还有哪些影响因素？

四、思维训练

组织学生参观访问某企业的销售渠道，要求学生了解该企业销售渠道的结构类型、主要特点、成员数量、管理策略以及物流系统的作业与设计等，掌握现代分销的新模式、新策略，初步培养学生分销渠道策划的能力。

第10章 国际市场促销策略

学习目标：

通过本章的学习，以期达到：

1. 掌握促销和促销组合的基本概念；
2. 熟悉广告、人员推销、营业推广和公共关系的具体内容及有效发挥其促销作用的策略和方法；
3. 培养发散思维、逆向思维以及创造性思维的能力。

【案例导入】

八大另类促销案例

1. 限量销售

2008年，日本汽车公司推出极具古典浪漫色彩的“费加洛”车时，宣布全部汽车生产数量只有2万台，并保证事后绝不再生产。策划书消息传出，在广大消费者中造成轰动效应，订单雪片般飞来。

这种“限量销售”的魅力在于：一是抓住了消费者讲求商品品位个性化的心理，俗话说，“物以稀为贵”，那些来得容易、唾手可得的东西，既无珍藏价值，又很难引人注目、产生影响；二是抓住了消费者的求高质量的心理，限量销售，限量生产，那就能充分保证产品的质量；三是抓住了消费者惧怕假冒伪劣产品的心理，因为一旦有新产品问世，就会有不法之徒伪造、仿制，限量销售，在产品上有编码烙印，短期内把新产品销售出去，不让不法之徒有机可乘。

2. 主动揭短

日本美津浓体育用品公司生产的运动衣口袋里，无一例外地都有一张这样的说明书：“这件运动衣在日本是用最优质的染料、最优秀的技术染色，但我们仍觉得遗憾的是，茶色的染色还没有达到完全不褪色的程度，还是会稍微褪色的。”由于美津浓公司敢于揭自己产品之丑，扬经营者之诚，如今“美津浓”已成为日本体育用品的代名词，其销售额每年达50亿日元。

这种“主动揭短”的方式，表面上是在“揭短”，实际上是迎合了顾客的“挑刺”心理。策划书在小小的不是缺点的“缺点”背后，暗示了其产品的种种优点及可爱之处，真可谓“瑕不掩瑜”，消费者见了又怎么能不动心呢？这种“明贬暗褒”、“大巧若拙”的手法的运用，极大地促进了销售量的提高。

3. 迂回战术

20世纪80年代末期，美国玩具公司“孩子宝”的看家产品——变形金刚已在欧美赚得盆满钵满，开始将目光投向亚太地区市场。要将一种有别于定型玩具的新式玩具介绍给玩具文化与欧美截然不同的亚太地区儿童，单靠广告标榜肯定难以奏效。“孩子宝”经过精心策划，决定采取公关手段进行促销。它把自己精心制作的电视系列动画片《变形金刚》无偿赠送给内地各家电视台。由于是无偿赠播，电视台都欣然接受。经过这一大范围的播放，成千上万的亚太地区儿童被充满诱惑力的变形金刚迷住了，渴望变形金刚玩具。就这样，“变形金刚”玩具轻而易举地叩开了亚太地区市场大门，市场销售量与日俱增，形成了一股强劲的“变形金刚”热销势头。

4.故弄玄虚

在《哈利·波特》发行之前，发行商把这个关于一个可爱又有神奇力量的小巫师的故事捂得严严实实。在《哈利·波特》书本发行前两个星期，发行商才把书的价格与页码数公布于众。外文译本被禁止，原因就在于害怕在翻译过程中，泄露故事情节。分销商要取得《哈利·波特》销售权就必须与发行商签订一个保密协议，不准偷看。少数幸运的分销商只能在 2000 年 7 月 8 日的“哈利·波特”日，到一个上了锁的小屋子里看一段剪辑版。而且，更折磨那些急欲得到它的读者的是，几本预先准备好的《哈利·波特》在西弗吉利亚内地一个不知名的沃尔玛店“很不小心”卖出去。策划发行商做得更绝的是，他们在公共媒介上宣称，《哈利·波特》可能供不应求。一石激起千层浪，消费者都产生了害怕得不到《哈利·波特》的心理。等到书和影片正式发行时，被发行商折磨够了的读者疯狂地抢购。

5.后发制人

华格利公司是日本最大的口香糖生产商，但该公司有一段时间苦于自己在桂花香型的口香糖细分市场上不能与称霸这个市场的“但尼”品牌相竞争。经过大量的市场调查和研究，华格利公司发现“但尼”有两点不足，一是清新气息保留时间太短，二是口香糖体积不够大。于是华格利公司以“长”对“短”，以“大”对“小”，推出了针对“但尼”的大红牌口香糖，很受消费者的欢迎，最终成为这个市场的领导品牌。

在市场角逐中，许多企业家推崇“抢人之先”、“先发制人”。然而，先发固然易于制人，而后发则未必受制于人，并且可能制人。只要找出先前产品的不足，加以改进，并制造出更先进的产品，一经投入市场，便迅速压倒对方，在市场上也能站稳脚跟。

6.善意欺骗

我国著名的策划人叶茂中先生也曾有此类策划。在为一个名为“小雨点”品牌的饮料做咨询时，他巧妙地运用“小雨点”这个名字在《北京青年报》、《北京晚报》等媒体上做了多则寻人广告。许多人以为是在寻找一位迷路的小孩子，于是纷纷提供线索，同时这也激起各个媒体的关注。当大家纷纷在为这位“儿童”担忧时，“小雨点”知名度也得到极大的提高。

7.放大信息

2000 年 4 月 22 日，农夫山泉在公众媒介上宣称，经实验证明，纯净水对健康无益，“农夫山泉”从此不再生产纯净水，而只生产天然水。这一说法经媒介披露后引起轩然大波，引来一场农夫山泉与娃娃哈、乐百氏等同行的口水战。在这场口水战中，媒体不知为农夫山泉做了多少免费广告。

8.情感渗透

NIKE曾经做过“将爱心送到非洲”的促销活动，内容很简单，即凡是顾客能够向贫困的非洲民众捐赠一双NIKE牌的旧鞋，便可以以相当优惠的价格获得一双新款的NIKE鞋，促销活动异常火爆。这种“情感渗透”的营销策略，是基于消费者情感认同的文化，成功的情感渗透策略，使消费者持续不断地感受心灵的冲击，即它能潜移默化地影响客户的心理，从而全力激发其潜在的购买意识，起到“润物细无声”的巧妙作用。

现代国际市场营销要求企业不仅要开发适合国际市场消费者需求的优良产品，制定适当的价格，以适宜的分销渠道提供产品给消费者，还要通过传媒，让消费者及时、充分地了解本企业及其产品的情况，从而对本企业产品产生购买动机和购买行为。这种营销活动就是国际市场促销活动。国际促销策略主要有四种形式，即人员推销、广告、营业推广和公共关系。

第一节 国际促销组合策略

一、促销的概念

促销，顾名思义就是促进销售，是企业利用各种有效的方法和手段，使消费者了解和注意企业的产品，激发消费者的购买欲望，并促使其实现最终购买行为的活动。

由此可见，促销的实质是企业与购买者之间的信息沟通活动。促销的目的是促成和推动销售量的扩大。促销的方式可分为人员促销和非人员促销。人员促销方式为人员推销；非人员促销方式包括广告、营业推广、公共关系。

在企业实践中，几种促销方式往往是围绕着促销目标有计划、有配合地展开，因此，促销策略也称促销组合策略，如图10-1所示。

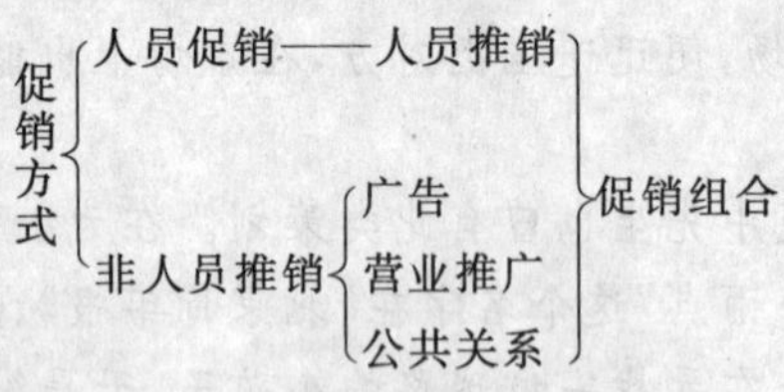

图10-1 促销方式及促销组合

二、促销组合概念

促销组合(Promotion-mix)是根据产品特点和经营目标的要求，有计划地综合运用各种有效的促销手段所形成的一种整体的促销措施。

促销组合由四种最基本的促销手段构成，即人员推销、广告、营业推广和公共关系，每一种促销手段都包括若干特定的内容。这里所说的促销组合，是从狭义角度来理解的。从广义的角度来看，市场营销组合的其他因素也可归入促销组合，比如产品的式样、品牌、包装、色泽、价格、安装、维修等。促销组合要有利于传递信息、沟通情况，有利于突出产品特点，诱导需求和扩大销售。

三、影响国际促销组合的因素

(一)促销目标

企业促销包含着很多具体的目标，如提高企业和产品的知名度，使顾客了解本企业的产品并产生信任感，扩大产品销量和提高市场占有率等。相同的促销手段在实现这些不同的促销目标上，或不同的促销手段在实现同一促销目标上，其成本效益是大不相同的。广告和公共关系，在提高企业知名度和声望方面，远远超过人员推销；在促进顾客对企业及产品的了解方面，广告和人员推销的成本效益最好；在促销订货方面，人员推销的成本效益最大，营业推广则起协调辅助作用。

(二)市场性质

对不同的市场需求应采取不同的促销组合。首先，应考虑市场的地理位置和范围大小。规模小、距离近的本地市场，应以人员推销为主，而在较大规模的市场如全国市场进行促销时，则应采用广告和公共关系宣传。其次，应考虑市场类型。消费品市场的买主多而分散，不可能由推销人员与消费者广泛接触，主要靠广告宣传介绍产品、吸引顾客。工业品市场的用户数量少而购买量却大得多，应以人员推销为主。最后，应考虑市场上不同类型潜在顾客的数量。

(三)产品性质

不同性质的产品(如消费品或工业品)，消费者购买要求不同，需采取不同的促销组合。通常，消费品比工业品更多地使用广告，工业品多使用人员推销。而公共关系、营业推广的方式，对工业品和消费品来说同等重要。

(四)产品市场生命周期

在产品市场生命周期的不同阶段，促销的目标不同，要相应地选择不同的促销组合。投入期的重点，是要促使消费者了解企业产品，寻找乐意早期试用产品的消费者。此时，广告和营业推广最为有效，人员推销主要针对经销商展开工作，促使其经销本企业产品。成长期可继续使用广告和公共关系，也可通过加强人员推销来扩大企业利润。在成熟期，营业推广的作用不能忽视，由于购买者已经了解产品，可使用提醒性广告。在衰退期，广告仍起提醒作用，人员推销可减至最小规模，但营业推广要继续加强。

(五)促销费用

不同的促销手段需要不同的促销费用。增加促销费用有利于扩大销售，但同时也增加了销售成本，能以较低的促销费用带来较高利润的营销组合即为理想的组合。

(六)促销策略

促销策略可分为两类，即推动策略和拉引策略。

所谓推动策略，是指企业以中间商为主要促销对象，通过推销人员的工作，把产品推进分销渠道，最终推上目标市场，推向消费者。具体流程是：企业——批发商——零售商——消费者。运用推动策略对企业来说风险较小，销售周期短，资金回收快，但需要中间商的理解与配合，因此多以人员推销方式为主，由企业派出推销员，直接劝说和调动中间商的积极性。

所谓拉引策略是以最终消费者为主要促销对象,具体流程是:消费者——零售商——批发商——企业。主要通过运用覆盖面广的大众媒体广告,向广大消费者展开强大的信息传递和促销攻势,使之产生强烈的兴趣和购买欲望,纷纷向经销商询购这种商品,而中间商看到这种商品需求量大,就会向制造商进货。一些新产品上市时中间商往往因过高估计市场风险而不愿经销,这时,企业只能先向消费者直接推销,然后拉引中间商经销。

第二节 国际广告策略

一、广告的概念

广告(Advertising)一词源于拉丁语(Adventure),有"注意"、"诱导"、"大喊大叫"和"广而告之"之意,后来演变为英语 Advertise,含义为"引起别人注意,通知别人某件事"。从其含义来说,广告可以分为广义和狭义两种。

广义的广告定义范围很广,凡是能够唤起人们的注意、告知某项事物、传播某种信息、宣传某种观点或见解的活动都可以称为广告,也包括非商业广告。

狭义的广告专指商业广告,又称经济广告,是指企业或个人以付费的形式,通过一定的媒体,公开传播企业及其产品的种类信息,以达到促进销售、增加赢利目的的一种自我宣传方式。

从以上定义可以看出,一个完整的商业广告活动,必须具备五要素:

(1)广告主。即广告发布主体,可以是商业公司、其他经济组织,也可以是个人。广告主对广告的发布拥有委托权和决策权,并对广告信息的真伪负有法律责任。

(2)广告受众。即广告信息的接受者,他们通常是市场营销的目标顾客。

(3)广告内容。即产品或服务的信息。

(4)广告媒体。即承载和传播广告内容的媒体形式。

(5)广告费用。包括广告设计制作和广告发布传播的费用。

二、国际广告的现状及特点

(一)国际广告的发展现状

国际广告是国际营销活动发展的产物。国际广告是指为了配合国际营销活动,在产品出口目标国或地区所做的商品广告。它在本国广告的发展的基础上,再向世界其他国家或地区发展,使出口产品能迅速地进入国际市场,为产品赢得声誉,扩大产品的销售,实现销售目标。

当前,世界广告业发展存在以下趋势:

(1)电子信息对广告业的渗透极为引人注目。

(2)高技术成果在广告中得到广泛运用。

(3)广告内容更加注重树立企业和产品的形象。

(4)广告设计需更加了解消费者的心理及需要,突出民族风格。

(5)广告制作更为专业化,广告表现形式更为多样化和注重人情化。

(6)广告活动有全球化倾向,国际广告业的合作进一步发展。

(7)出现大规模合并的趋势。

(二)国际广告的基本特点

同国内广告相比,国际广告由于其诉求对象和目标市场是国际性的,广告代理是世界性的,因而有自身的一些特点。这是因为不同的国家和地区,有不同的社会制度、政策法令、消费水平和结构、传统风俗与习惯、自然环境、宗教信仰,以及由此形成的不同的消费观念及市场特点。

(1)国际广告必须考虑进口国的经济环境。

(2)国际广告必须尊重东道国的风俗习惯。

(3)国际广告必须适应各国的文化。

(4)国际广告必须尊重各国的宗教信仰。

(5)国际广告应遵守各国对广告的管制。

(6)国际广告要注意各国的自然环境、人民的收入水平,以及国民的文化教育水平和各国的语言文字特点。

二、国际广告策略

广告策略是指企业在分析环境因素、广告目标、目标市场、产品特性、媒体可获得性、政府控制和成本收益关系等的基础上,对广告活动的开展方式、媒体选择和宣传劝告重点的总体原则作出的决策。

(一)国际广告目标的确定

企业在运用国际广告策略时,首先就有个具体的广告目标。广告目标就是企业通过广告要达到的目的,确定广告目标必须根据企业的有关目标市场、市场定位以及市场营销组合的决策。

根据广告目标特点的不同,广告目标可以分为告知、劝说、提示三大类。

1.告知性广告

告知性广告是要向市场告知有关新产品的信息情况,如用途、价格、性能、功效和服务,目的是要为产品创造最初的需求,主要应用于产品生命周期的投入期。

2.劝说性广告

劝说性广告是要为特定的生产企业确定选择性的需求,以便在竞争中获得更多的成效,主要应用于产品生命周期的成长期。随着市场上同类产品的增多,代用品不断出现,市场竞争也日趋激烈,消费者购买选择余地也就比较大,这时,企业为了在激烈的竞争中处于不败之地,多采用劝说性广告,通过劝说或具体比较,进而建立某一品牌的优势。

3.提示性广告

提示性广告是保持顾客对产品的记忆,并且使现有的购买者确信他们购买这类产品是一种正确的选择,从而加强重复购买与使用的信心,并保持较高的知名度。它主要应用于产品生命周期的成熟期。例如电视广告中的 5 秒广告、下标广告、冠名广告,户外的路牌广告等,都属于提示性广告。

(二)国际广告的形式策略——标准化策略和差异化策略

从事国际化经营的企业都面临着国际广告标准化或差异化的选择。所谓标准化,是指企业在不同国家的目标市场上,使用主题相同的广告宣传;而差异化则是指企业针对各国市场的特性,向其传送不同的广告主题和广告信息。标准化的国际广告如美国万宝路香烟和麦当劳快餐店的广告宣传基本上采用标准化策略。雀巢公司在世界各地雇佣了150 家广告代理商,为其在 40 多个国家的市场上做各种主题的咖啡广告宣传,运用的是国际广告差异化策略。

国际广告标准化的主要优点有:可以降低企业广告促销活动的成本;充分发挥企业人、财、物的整体效益;易于与企业营销总目标保持一致并以统一的整体形象传递给目标市场所在国,从而增强消费者对企业及产品的印象。但是,国际广告标准化也有其不尽如人意之处,其中最主要的是没考虑到各国市场的特殊性,特别是在特殊性成为矛盾的主要方面时,标准化的策略更显得力不从心,所以也有很多企业采取差异化的国际广告策略。

国际广告差异化策略的主要优点在于:适应不同文化背景的消费者的需求,利于克服当地市场的进入障碍,针对性较强。缺点是:企业总部对各国市场的广告宣传控制较差,甚至出现相互矛盾,影响企业形象。

企业采用国际广告的标准化和差异化策略取决于消费者购买产品的动机,而不是广告的地理条件。当不同市场对相同的广告作出相同程度的反应时,即对同类产品的购买动机相似时,或企业采取全球营销战略时公司就可采用"标准化"的广告策略。标准化策略并不排斥就地区差异作一定程度的修改。当消费者对企业产品购买动机差异很大时,或企业实行差异化国际营销战略时,应采用差异化广告策略。

目前,很多有实力的跨国公司往往把标准化和差异化策略结合起来一起应用。一方面,为了控制广告成本以及世界范围的促销活动,都力求实行广告标准化,由总部研制一套典范性的广告方案,然后把其推向子公司;另一方面,每个子公司以这个广告主题为基础,对其作适当改变。这样,既控制了跨国公司在全世界所做广告的主题,也照顾了地方市场的特点。

总之,无论是选择标准化还是差异化广告策略,其目的都在于将有关信息传递给消费者,使消费者理解及接受这些信息,促进企业产品的销售。

(三)国际广告的内容策略

广告内容的设计是一项较为复杂的工作,既要有科学性,又要有艺术性,而且必须与广告目标紧密相连,为实现广告目标服务。设计一则成功的广告,还要求广告设计者具有较高的创造力和想象力。广告目标是广告设计的指导思想,广告创意是广告目标的信息传递和体现形式。广告内容设计一般包括以下几项决策:(1)以强调情感为主,还是以强调理性为主。(2)以对比为主,还是以陈述为主。(3)以正面叙述为主,还是以全面叙述为主。(4)广告主题长期不变还是经常改变。

（四）国际广告媒体及其选择

在国际市场广告促销活动中，使用最多的广告媒体仍是报纸、杂志、广播与电视四大媒体，除此之外，互联网、手机等新兴媒体的影响力也越来越广泛。媒体的选择是国际广告中十分重要的问题。世界各国的广告媒体类型基本相同，但又各有特点，在选择广告媒体时，应着重考虑以下问题：

1. 媒体的传播与影响范围。如报纸、杂志的发行量，电视、电台的覆盖面。一般来说，范围越广，广告效果越好，但费用也越大。因此，在选择媒体时，应从目标市场来考虑，如出口美国的商品，目标市场只在美国几个州，那就不必选用全国性的电视网络。

2. 媒体的社会威望与特点。广告媒体自身的名誉，对广告商品的名誉有重要影响。社会威望与媒体的影响力、影响面、社会责任感等有关；而媒体的特点，是指媒体的专业性因素，有的适宜宣传娱乐性广告，有的适宜宣传家庭电气产品，有的适宜宣传机械产品等。

3. 媒体发布广告的时间是否适宜。广告必须及时，过时的广告是毫无作用的。国际广告必须了解广告媒体的广告周期和时间安排，才能及时发布。在计划广告时，就要把握好广告发布的时间，紧密结合商品上市时机作出恰当安排。

4. 媒体费用。不同广告媒体所花费的成本是不一样的，这不仅仅取决于广告主与各国广告代理机构的议价能力，它还受媒体成本的高低、媒体影响力、广告时间长短、时段质量、版面大小等因素的影响。此外，还应考虑广告税率，各国对广告税收费标准和方法都不同，不同税率也会影响广告费。

5. 媒体组合形式。将各种广告媒体进行系统的、有效的组合，可以提高广告的效益。例如在产品刚投放市场的初期，采用报纸媒体详细介绍产品的优点和用途，介绍性广告持续一段时间之后，再导入简短的电视广告，用以加深顾客的印象，树立产品的形象。世界各地的媒体特点不同，广告管理法规不同，因此，在运用媒体组合策略时，必须考虑各地媒体的具体情况，根据不同国家的具体环境选择恰当的媒体组合形式。例如，在经济发达国家，通过互联网做广告会起到良好的效果。而在欠发达国家，互联网的覆盖率很低，如果采用互联网广告，则难以达到预期的目的。

（五）国际广告代理商的选择

几乎所有从事国际营销的大公司都委托广告代理商办理广告事务。广告代理商拥有专业的人才、知识、技术和经验，可以帮助广告主开展全部的广告活动，包括市场调研、策划、美术设计、广告片拍摄及媒体选择等。国际广告代理商主要有两大类型，一是本国的广告代理商，二是国外当地的广告代理商。企业在选择国际广告代理商时应慎重考虑以下几方面的问题：

1. 广告主与广告代理商在广告理念方面的一致性。广告理念是指对待广告的原则和态度。具体要衡量：广告主与广告代理商在对待广告的原则与态度上是否相同，在创意上是否意气相投，在态度上是否诚恳，在人际关系上是否和谐。这些条件如果具备，就是国际广告踏上成功之路的第一步。要了解这些问题就必须与该广告代理商进行面谈，详细了解对方的观点和态度。

2. 广告代理商的作业能力。作业能力包括设备、人力、创意、制作、实施和调查测定等。广告的作业能力是广告公司的命根子，广告主付出费用所要求的就是这种能力。对广告代理商作业能力的了解，最简便的方法，是通过目前的广告主去了解，也可以通过广告媒体去了解。

3. 广告代理商的经验与实绩。一个有口皆碑的广告公司总是有其成功的实绩的。但是，对广告公司只从“名气”上了解是不够的，因为广告公司虽能代理一切商品广告，但它也是有其专长的，所以要知道代理商过去的客户是哪些方面的，对哪些行业比较熟悉，所经办的主要是哪些产品。

4. 广告代理商的规模大小。如果广告的项目多，要求高，便需要相当规模的广告代理商方能胜任；如果广告的项目较少，规模不大，那就不一定要找大型代理商。小代理商的重要客户可能会胜于大代理商的一个附加小客户。小商品也不必做大广告。

5. 广告代理商的资金能力。广告代理商资金薄弱，可能由于先天投资不足，也可能由于后天的经营失调。不管出于什么原因，广告代理商的规模很小，资金困难很大，也就难以向广告主提供良好的服务。因此，公司应当寻找那些有资金实力、善于经营的广告代理商做广告。研究或代办某项服务，各企业的收费标准与方式是不相同的，必须事先调查和对比，择优选用。

【案例借鉴】

宝洁公司的广告风格

产品开发出来后，还要进行宣传，让老百姓认识它，接受它，这就需要广告。宝洁公司认为，“广告创意应当永远先行，宝洁公司的成长，就是和广告公司共同成长的过程”。宝洁公司在报纸、杂志、电视、电台等主要媒体都投入巨额广告费，但鉴于公司主要生产大宗低利的家庭日用消费品，因此它把大部分广告费投放在电视这一最大众化的媒体上。

从宝洁公司的电视广告中，我们可以看出宝洁对广告的态度，即广告的首要任务是有效地传递商品信息，而不是单纯的艺术和娱乐。多年来，宝洁在产品的宣传推介过程中形成了一些自己的风格。经过调查研究和实践，宝洁公司认为这些风格是最有效的，因而也不轻易改变，如汰渍、佳洁士牙膏、象牙肥皂的广告策略几十年来一直保持不变。

风格一，一则电视广告总是向消费者承诺一个最重要的利益点，如果存在两个或更多的利益时，宝洁公司宁可在同一时期内推出两个广告，分别承诺同一产品的不同利益点。如它在中国推出的几种洗发液，海飞丝的利益承诺是“去头屑”，潘婷是“健康头发”，飘柔的利益承诺是“柔顺”，其实海飞丝与飘柔的配方和实际功效非常相近，但广告中却作了不同的利益承诺。

风格二，确保广告信息的有效传递。宝洁公司认为，广告是一种投资形式，必须产生经济效益，即要有效地把产品介绍给消费者，为消费者所接受。因此它在广告写作前、广告制作后、产品市场试销三个阶段都要对广告信息的传递效果进行测试。

风格三，直观地表现产品特点和功能。宝洁公司的每个广告都要有一个使人“确信的片段”，让消费者直观地感知产品的特点和功能。宝洁公司的电视广告60%以上采用了演示说明或比较方法。如护舒宝卫生巾如何更能吸收液体，海飞丝怎么有效去头屑，佳洁士牙膏如何能护理健齿，有效去除牙垢等。

风格四，使用权威证明。舒肤佳肥皂广告以“中国医学会认可”作为权威证明，佳洁士牙膏广告中使用了“全国牙防组认可”，潘婷洗发液运用了“瑞士维他命研究院实验证明”。在崇尚科学的今天，这种权威证明对提高产品可信度和可靠性具有重要作用。

风格五，不用名人。宝洁公司的电视广告大多由不知名的人完成，很少用名人。它认为，大众家庭用品的广告应贴近消费者，运用消费者熟悉的情景和语言与消费者直接交谈，名人对宝洁公司的产品和广告方式不合适。在众多的广告中，只有飘柔洗发液用了网球明星张德培及歌星王菲，这可以说是宝洁公司的一个例外。

风格六，少用黄金时段。宝洁公司大约只有30%的电视广告出现在黄金时段，它更喜欢在白天和深夜做广告。宝洁公司把30秒广告逐渐增加到45秒，因为它感到，增加15秒时间能更有效地利用情景，更有效地吸引观众。

风格七，尽量使用语言。宝洁公司喜欢在电视广告中使用语言，它觉得语言更能推销产品。其电视广告用语言表达承诺，强调产品的优越性，广告结束时再重复承诺。在30秒的广告中往往要用100个以上的词语，品牌名称平均要出现三四次。

风格八，不轻易舍弃有效的广告，不管它用了多久。宝洁一旦推出了有效的广告，决不轻易放弃，会在很长一段时期内一直使用，直到失去效果为止。

风格九，持续的广告攻势。宝洁公司不仅在投放新品牌时进行大力的广告宣传，对市场上获得成功的品牌也继续投入大量的广告费予以支持。几乎所有的宝洁产品通年做广告，它发现这比做六周停六周的跳跃式宣传更有效，而且能够节约大量的费用。

第三节 国际人员推销策略

一、国际人员推销的含义和特点

国际市场营销中的人员推销是指企业派出专职或兼职推销人员直接与国外消费者或用户接触、洽谈、宣传、介绍商品，以达到促进销售目的的活动过程。

人员推销是一种最古老但又最具有灵活性和艺术性的促销方式。美国现代著名的营销专家菲利普·科特勒曾说：“销售世界上第一号的产品不是汽车，而是自己。在你成功地把自己推销给别人之前，你必须百分之百地把自己推销给自己。”可见，在我们日常生活工作中处处都有推销，不仅企业需要推销产品，作为个人也需要学会推销自己，以赢得更大的社会价值。因此，从某种意义上来说，现代社会是一个推销的社会，每一个人都应该具有正确的推销意识和基本的推销技能。

在国际市场上，人员推销被认为是除广告之外最重要的营销推广工具，而且对于工业品的销售来说，人员推销更以其独具的“推”的作用而成为高效的国际市场促销工作。

人员推销的突出特点是：

1. 信息传递双向性。推销人员在推销过程中，一方面可以通过示范、讲解，更好地传递产品信息，帮助顾客更深入地了解产品的操作及性能，消除顾客的疑虑；另一方面又可以听到顾客的意见和要求，从而可给予及时的解释，或将意见反馈回企业，从而有利于企业与顾客之间的双向沟通。

2.推销目的双重性。推销活动是由推销者和购买者完全按照个人意愿共同参与完成的，但双方所要达到的目的却是不同的。推销者总是希望尽可能达成有利于卖方的交易条件，实现商品的价值；购买者则希望以尽可能有利于买方的条件，满足自己的需求。只有买卖双方的基本利益都能实现，双方的价值都能得到提升，推销活动才能顺利进行，交易才会达成。对推销员来说，必须首先认识到，产生这些差异是客观存在的，完全属于正常现象，推销员的职责就是解决这个矛盾，在推销过程中逐渐缩小差异，努力达成一致。必须在推销过程中充分考虑顾客的目标利益，尽可能发现并设法帮助顾客解决问题，使交易顺利进行。

3.推销过程灵活性。推销人员面对需求各异的消费者，推销过程充满了不确定性，同时也富有挑战性和乐趣。推销人员在与顾客的直接接触和面谈中，能及时了解顾客的反应，根据不同的推销对象，灵活采取不同的推销策略，进行有针对性的说服。此外，推销人员对于价格、产品配置、服务内容等也有一定的掌控空间。因此，从事推销工作能极大提高营销人员的业务素质和能力。

4.推销行为主动性。行为主动性贯穿于推销过程的每个阶段和每个环节。在序幕阶段，推销员主动研究市场和搜寻目标顾客，与准顾客建立联系；在中间阶段，推销员主动了解潜在顾客的购买心理和特征，研究制定推销策略与方法，通过坚持不懈的努力，逐渐使准顾客意识到自己的需要，排除干扰最终产生购买欲望，形成需求；在推销的结尾阶段，推销员更要主动地趁热打铁创造机会，使顾客的需求转化为购买行动。由此可见，整个推销过程自始至终都有赖于推销员的积极推动，每一个进展、每一次成功都是推销员主动行动的结果。推销行为的主动性决定了积极进取、坚持不懈是推销员最基本的精神素质。

5.推销关系情感性。推销人员与顾客在长期交往中可以建立起良好的个人关系和友谊，进而有利于巩固和争取更多的顾客，建立长期稳定的业务关系。

当然，人员推销这种促销方式也有一定的局限性。首先是人员推销的市场覆盖面有限，推销成本较高；其次是对推销人员的素质要求较高，而理想的推销人员也不易得。

二、国际市场人员推销的组织形式

人员推销工作效率的高低，不仅取决于推销人员个人的工作积极性和工作能力，也取决于企业能否合理地组织推销队伍。企业推销人员的组织结构常见的有四种类型：

(一)地区型结构

企业按区域分配推销人员，即由特定的推销人员负责特定地区所有产品的推销，如西欧市场、日本市场、北美市场、中东市场等。这是最简单的一种组织形式。优点是推销人员责任明确，有利于推销人员熟悉当地的市场和顾客，掌握推销重点；与顾客建立发展长期的关系；差旅费用相对较少。但其局限性是只适合于产品种类为技术较为单纯的企业。由于在出口市场上，一般做法是公司把产品交给一个代理商，由他来负责整个国家的销售。因此，公司的一个出口销售专业人员可以负责整个国家。

(二)产品型结构

将产品分类，每个推销员负责一类或少数几类产品在各地的推销。这种结构较适用于种类多，且技术性强的产品推销，要求推销员对产品有深入的了解。这种方式的缺点是旅行差旅费较大，也不利于制定一个市场的统一促销策略。

(三)顾客型结构

将顾客按职业、行业、规模等进行分类，据此分类配置销售队伍。这种结构能使推销人员深入了解各类顾客的需求状况及所需解决的问题，使推销工作更具针对性。但缺点也在于推销人员的对象在区域上的重叠，会导致推销人员区域的重叠，而对象分散时，同时也会增加推销费用。

(四)矩阵型结构

当企业是在一个较大的区域内向许多不同类型的顾客推销多种产品时，通常要将上述方法结合起来使用，如可以按地区——顾客、产品——地区、产品——顾客等形式对推销人员进行矩阵式配置。比如一些跨国公司根据产品和市场特点，对东亚、东南亚、西亚、北非等地区，多采用地区型结构推销方式，而对西欧、日本、澳大利亚和拉美地区，则更多地采用产品型结构、顾客型结构和地区型结构相结合的形式组织人员销售。

三、国际市场推销人员的素质要求

国际市场推销人员作为直接面对海外顾客的人，是企业与海外顾客间的纽带与桥梁，更是企业国际形象和整体实力的直接体现，肩负着为企业销售商品或劳务、为海外顾客提供服务、提高企业知名度和美誉度的多重任务。企业的国际营销离不开专业的国际市场推销人员，海外顾客的购买也离不开专业的国际市场推销人员。国际市场推销人员的素质的高低不仅决定着个人推销的绩效，而且关系到企业的效益和声誉。一个合格的国际市场推销人员必须具备一些基本的素质条件，主要包括以下几个方面：

(一)政治素质

1.具有强烈的事业心和责任感。推销人员应充分认识自己工作的价值，热爱推销工作，对自己的工作充满信心，积极主动，任劳任怨地去完成推销任务。推销人员应对所在公司负责，为树立公司的良好形象和信誉作贡献，对用户的利益负责，帮助消费者解决困难和问题。

2.具有良好的职业道德。推销人员必须自觉遵守本国和东道国的政策、法律，正确处理个人、集体和国家三者之间的利益关系。国际市场营销中，推销人员的流动性很大，特别是来自母国的推销人员，要跨越国界，企业很难直接控制他们，而且许多企业的业务关系都是靠推销人员维系的，一旦他们背叛了企业，就会带来很大损失。因此，推销人员必须忠诚，积极负责，能主动地与整个企业的经营工作相配合，保持企业与顾客的牢固联系。

3.具有正确的推销思想。推销思想是推销人员进行推销工作的指南。推销人员在推销工作中要竭尽全力地为国家、公司着想，全心全意地为消费者服务。

(二)业务素质

推销人员是否具有良好的业务素质，直接影响其工作业绩。良好的业务素质来自两方面：一方面要掌握丰富的业务知识，另一方面要具有一定的推销能力。

1.业务知识。(1)公司知识。要熟悉本公司的经营方针和特点、产品种类和服务项目、定价策略、交货方式、付款条件和付款方式等。(2)产品知识。要了解产品的性能、用途、价值、使用方法、维修方法等,了解市场上竞争产品的优劣情况。(3)用户知识。了解用户的购买动机、购买习惯、购买条件、购买方法及购买地点,了解由何人掌握购买的决策权等。(4)市场知识。要了解市场的动向、现实和潜在的消费者需求情况。(5)法律知识。要了解国家规范经济活动的各种法律,特别是与推销活动有关的经济法律。(6)社会知识。要善于和不同国家的顾客和其他人员交流,掌握当地的风俗习惯、宗教禁忌方面的知识。

2.推销能力。(1)观察能力。推销人员在推销工作过程中,需要进行市场信息的搜集和处理。为此,必须具有敏锐的观察能力。(2)创新能力。推销工作是一种综合性、复杂性的工作,绝不能因循守旧,要创新工作方式,不断地发展新用户和开拓潜在市场。(3)社交能力。推销人员应是开放型的,必须具有一定的社交能力。推销人员被称为公司的外交家,需要同各类人打交道,这就需要其具备与各种各样的人交往的能力,能够广交朋友。(4)应变能力。在各种复杂的特别是突如其来的情况下,推销人员仅用一种姿态或模式对待消费者是很难奏效的,这就要求推销人员具有灵活的应变能力,做到在不失原则的情况下,实施一定的方式,从而达到自己的目的。(5)语言表达能力。在国际营销中,推销人员必须要掌握一门或多门外语,特别是要掌握推销所在国的当地语言,要能够用当地语言熟练地与推销对象交流和沟通。在与顾客沟通中所使用的语言要清晰、简洁、语速适中,说话要抓住消费者的心理,针对顾客需求,促使其产生自觉购买欲望。

(三)心理素质

一个合格的推销员,除了应该具备本身必备的政治和业务素质外,还应该具备以下方面的心理素质,使自己更有人格魅力,保证走向成功推销员的行列。

1.勤奋刻苦。推销工作是非常辛苦的,推销人员要想取得良好的推销成果,必须不怕辛苦,迎难而上。在推销工作中,必须不断地自我反思,自我提高,并且将这些感受和认识不断地付诸实践。推销人员只有通过不断地实践,才能够使自身的业务水平得到提高,才有可能获得成功。而在这个过程中,勤奋刻苦是使推销员达到最终目的的必要甚至是唯一条件。老推销员传授经验和企业的推销工作培训仅仅是纸上谈兵而已,要想取得最后的胜利,还是要靠自己的实践积累。

2.持之以恒。推销人员经常被拒绝,推销人员要有接受失败的心理准备。据统计,10%的推销人员坚持被拒绝5次后才取得成功,所以推销人员要具备持之以恒的素质。在遭受拒绝的时候不沮丧、不气馁,总结失败的原因继续开展工作。只有长期的坚持,才能够最终成为一名合格的推销员。

3.沉着、冷静。国际市场复杂多变,顾客也是千差万别,推销员需要有探索精神,具备沉着冷静的心态,深入市场,沉着应对,对顾客提出的问题一一解答,不慌不乱。与此同时,推销员还要具备冷静的头脑,在与顾客交流时有清晰的思路,知道什么时候应该向顾客介绍产品,什么时候应该与顾客闲话家常。只有这样,才能保证推销工作顺利而流畅地进行。

4.自信、豁达。自信是各项工作获得成功的开始,是不断提高自身应急处理能力和创新能力的保证。只有自信,才能够在面对困难和挫折时坚强地走下去,坚持下去,才能够使成功变成可能。

豁达不仅是做人的良好品质，而且是推销工作人员应该具备的良好心理素质。推销最好的结果是与顾客达成长期的合作，所以推销人员需要具备豁达的心态，坚持真诚地为顾客服务，保持友好的合作关系，只有这样才能树立推销员个人和企业的良好形象。

（四）身体素质

推销工作比较辛苦，要起早贪黑地东奔西走，交涉各种推销业务，有时吃住都没有规律，推销人员若没有健康的体魄，则很难担起重任。此外，推销人员还应注重自己的着装和仪表、谈吐和举止，给初识者留下深刻的第一印象，为推销工作奠定一个良好的基础。

小资料

乔吉拉德言行销

亚洲著名培训师林伟贤先生曾与世界销售大王乔吉拉德有过这样一段精彩对话：

林伟贤先生问乔吉拉德："How to spell sale?"（推销这个词怎么拼写？）

乔吉拉德回答说："Sale is service!"（推销就是服务！）

林伟贤先生又问："How to spell service?"（服务这个词怎么拼写？）

乔吉拉德回答道："Service is love!"（服务就是爱！）

这是乔吉拉德成为世界销售大王的肺腑之言，也是乔吉拉德成功的秘诀之一。

四、人员推销的基本步骤与策略

虽然推销过程灵活多变，但是还是可以从中探寻一定的推销规律，以便我们找准方向，尽早地投入最佳工作状态。一般来说，人员推销大致历经六个环节，如图 10-2 所示。

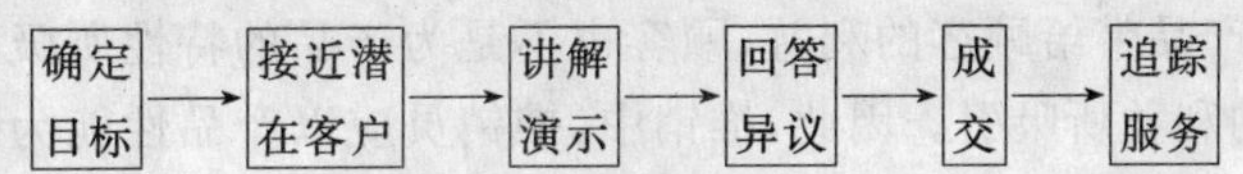

图 10-2 推销的基本步骤

（一）确定目标

推销工作的第一步就是要搜集潜在客户的名单，确定推销工作的目标对象。具体途径有：

1. 查阅企业现有销售资料。目的是分析掌握企业现有客户的类型、需求状况，进一步挖掘现有客户资源，向现有顾客征询潜在客户，这样可以大大避免推销的盲目性，也容易赢得新客户的信任。

2. 个人观察及个人关系网。推销人员要善于学习，善于思考，锻炼提高自己捕获信息的能力。此外还应特别注意并善于结交人际关系，可通过参加各种社交、培训活动扩大自己的人际关系网络，为寻找潜在顾客提供更丰富的线索。

3. 查阅各种信息来源。如报纸、电视、电话簿、政府部门的出版物、行业协会资料、网上搜索等。推销人员要及时对搜集到的潜在顾客的资料进行记录、归类、更新，不断积累潜在顾客的资料。

【案例借鉴】

利用中心开花法寻找目标顾客

山田先生是日本一家肉店的老板，一次出席朋友举办的一个宴会，当服务员来问喝什么酒时，素不相识的同座中，有位提议“喝啤酒”，结果大家都没意见，一致同意喝啤酒。这一偶然事件使山田先生受到启发，于是他开始在顾客中物色中心人物，有意拉拢那些交际广、知识丰富又爱讲话的人，给他们以各种优惠和周到的服务，使他们对肉店产生好感。很快，这些人就成了山田肉店的义务宣传员，逢人就讲山田肉店的肉新鲜，斤两足，价钱公道，态度好，于是带动了一大批顾客到店里来买肉，山田先生用这种方法使周围的一大批居民成了自己的顾客。

(二)接近潜在顾客

在拜访顾客之前，一般需要做好两方面的准备。一是了解拟拜访顾客的背景信息，二是要做好推销面谈计划。对顾客背景的了解一般包括其消费历史、目前需要，甚至其性格、爱好等。在此基础上，分析、制定自己的推销方式、策略。总之，准备得越充分，推销成功的可能性就越大。

在推销人员与潜在顾客开始接触的最初几分钟，往往是很关键的。因为给顾客留下的第一印象的好坏直接关系到以后的推销能否继续进行下去。因此，推销人员应精心设计开场白，应设法从潜在顾客感兴趣的话题入手，顺利地打开推销的局面。此外，推销人员还应特别注意自己的服饰仪表、行为举止。

(三)讲解演示

这是推销工作的核心步骤。推销人员必须明确的一项基本原则是：推销员推销的不是产品本身，而是产品带给顾客的利益；顾客也不是为产品的特性所吸引，而是为产品的特性能给他带来的利益所吸引。因此，推销中，推销员应以产品性能为依据，着重说明产品给顾客所带来的利益。为了使推销介绍更具说服力，推销人员应注意运用样品、产品模型、图片及各种证明材料(权威机构的鉴定、获奖证书等)，进行示范、展示，并尽可能地让顾客提问、试用，调动顾客参与的积极性。

【案例借鉴】

用产品演示法打动顾客

井观建筑公司的施工人员最近常常因为沙子质量不好影响工程质量而产生抱怨。他们希望用川岛沙厂的沙子，但井观公司十年前曾与川岛沙厂闹了些小矛盾，为此，该公司主管一直不准再买川岛沙厂的沙子。

川岛沙厂有个推销员认为，两个企业应不计旧怨，互相携手合作，这是对双方都有利的事情。他要求拜访井观公司主管，却吃了“闭门羹”。该推销员决心以诚心来打动井观公司。此后一段时间，他经常去井观公司，一边要求接见，一边与井观公司的职员们混熟了，并主动帮他们办些事情。

在推销员的不断要求与井观公司职员们的帮助下，终于有一天，公司主管答应给他5

分钟时间。主管的意思是当面推辞，以使推销员知难而退。一见面，主管就说："我们已经决定不用川岛沙厂的沙子。"推销员一声不响地拿起一张报纸铺在地上，将带来的一袋沙子猛地倒在报纸上，顿时尘土飞扬，呛得井观公司主管咳嗽起来。推销员说："这是贵公司现在用的沙子，下面请看看我们厂的沙子。"接着，他取出另一袋沙子，同样倒在报纸上，却没有一点尘土。悬殊的质量对比，打动了井观公司主管。他考虑到工程质量和职工的抱怨，终于同意拉一车试试。从此，坚冰打破，两个企业握手言欢，井观公司又成了川岛沙厂的一大主顾。

（四）回答异议

顾客的异议是成交的障碍，但同时也表明顾客已经对推销员的讲解给予了关注，因此只要克服了异议，就有望达成交易。顾客在接受推销的过程中，几乎都会表现出不同程度的抵触情绪，会提出各种各样的问题，如价格问题、产品问题、交货问题、操作使用方面的问题等等。推销人员应注意倾听顾客的意见，以了解顾客异议背后的真实想法。推销人员还应注意搜集各种可能的异议，多作分析，才可能有备无患，给出圆满的回答。在此阶段，最忌讳的是断然否定顾客的意见，或与顾客发生争执，因为这样做的结果必然是推销的失败。

（五）成交

在洽谈过程中，一旦顾客认可了企业的产品，推销人员就应及时把握机会，促成交易。常用的方法有：

1. 优点汇集成交法。即将产品的特色或优点重复再现，以促成交易。

2. 假定成交法。即在顾客认可产品后，就其感兴趣的问题，给予适当承诺，以促成销售。

3. 选择成交法。即向顾客提出几个购买方案，请顾客从中作出选择。

4. 优惠成交法。即通过给顾客一定的优惠条件，促使其作出购买决定。

（六）追踪服务

追踪服务就是要确保顾客能及时收到订货和得到指导、服务。追踪服务做得好，可以加深顾客对企业和产品的信任，有利于顾客重复购买，也有利于企业通过老顾客发展新顾客，因此，追踪服务既是人员推销的最后环节，也是新推销工作的起点。

第四节　国际营业推广策略

一、国际市场营业推广的含义与特点

（一）营业推广的含义与作用

营业推广，也称销售促进，就是除了人员推销、广告和公共关系等手段以外，在一个目标市场上，企业为了刺激需求、扩大销售而采取的能迅速产生激励作用的促销措施。广告对消费者购买行为的影响往往是间接的，而营业推广对消费行为是直接的诱导行为。

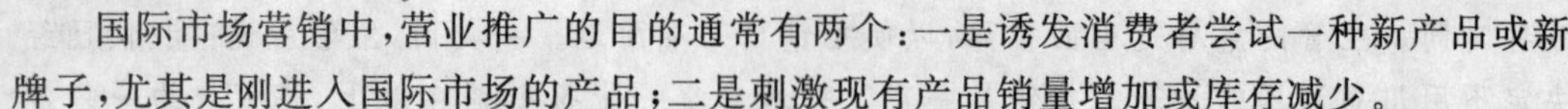

国际市场营销中，营业推广的目的通常有两个：一是诱发消费者尝试一种新产品或新牌子，尤其是刚进入国际市场的产品；二是刺激现有产品销量增加或库存减少。

（二）营业推广的特点

1.针对性强，短期促销效果明显。作为一种短期促销策略和促销方式，营业推广见效快，可以在短期内刺激目标市场需求，使之大幅度地增长。对一些名牌优质和具有民族风格的产品，效果更突出。这种促销方式向国际市场消费者提供了一个非凡的购买机会，它能够唤起消费者的广泛注意，具体、实在、针对性强、灵活多样，能在短期内大幅度提高销售额。但是，随着营业推广活动时间的延续，效果会逐渐减弱。如果一个企业持续、经常地进行某项营业推广活动，那么活动的效果会大打折扣，最后对消费者就起不了刺激和诱导的作用。

2.非规则性和非经常性。营业推广介于广告和人员推销之间，用来补充广告和人员推销。与经常性有计划地进行国际市场广告宣传和人员推销不同，营业推广主要是针对国际目标市场上一定时期、一项任务，为了某种目标而采取的短期的非凡的推销方法和措施。如为了打开产品出口的销路，刺激国际市场消费者购买，促销新产品，处理滞销产品，提高销售量，击败竞争者等等，往往使用这种促销方法来配合广告和人员推销，使三者相互呼应，相互补充，相得益彰。但是，营业推广在国际市场上不宜经常使用，否则，会引起顾客的观望和怀疑，反而影响产品销售。

3.形式多样，应用普及。营业推广的形式方法种类繁多、五花八门，在营销实践中一些旧的形式被淘汰，许多新的形式又被不断创造出来。企业可根据白身产品特点、顾客心理和营销环境等灵活地选择和运用。

4.推广形式的局限性和副作用。营业推广形式多，但如果选择、运用不当，使用过多过滥或求售过急，则会损害商品及营销企业的形象，贬低身价，且容易造成顾客的逆反心理。特别是打折、赠送等方式，一些努力维护其产品高品质、高档次的企业不会轻易使用，至少不会过度使用。同时，过度使用营业推广，会导致过度激烈的竞争，还有可能损害企业的公共关系。

总之，在国际市场上开展营业推广，必须在适宜的条件下，以适宜的方式进行，否则，会降低产品的身价，影响产品在国际市场上的声誉。在国际市场上开展营业推广，除了考虑市场供求和产品性质以外，还应考虑消费者的购买动机和购买习惯、产品在国际市场上的生命周期、竞争状况，以及目标市场的政治、经济、法律、文化、人口和科技发展等环境因素，进行适当的选择。

二、国际市场营业推广的方式

在国际市场上，营业推广一般可分为三类：直接对消费者或用户的营业推广；直接对出口商、进口商和国外中间商的营业推广；鼓励国际市场推销人员的营销推广方式。

（一）面向消费者的营业推广方式

1.赠送。向消费者赠送样品或试用品。赠送样品是介绍新产品最有效的方法，缺点是费用高。样品可以选择在商店或闹市区散发，或在其他产品中附送，也可以以公开广告赠送，或入户派送。

2. 折价券。在购买某种商品时，持券可以免付一定金额的钱。折价券可以通过广告或直邮的方式发送。

3. 包装促销。以较优惠的价格提供组合包装和搭配包装的产品。

4. 抽奖促销。顾客购买一定的产品之后可获得抽奖券，凭券进行抽奖获得奖品或奖金，抽奖可以有各种形式。

5. 现场演示。企业派促销员在销售现场演示本企业的产品，向消费者介绍产品的特点、用途和使用方法等。

6. 联合推广。企业与零售商联合促销，将一些能显示企业优势和特征的产品在商场集中陈列，边展销边销售。

7. 交易印花。消费者每购买单位商品即可获得一张印花，当收集到一定数量的印花后，即可换取某种商品。

8. 销售积分。企业为吸引顾客重复光顾，为在一定时期内累计消费超过一定金额的顾客提供一些额外利益。

9. 会员卡。会员卡是企业给予消费者的一种享受优待的身份证明，会员可以持卡享有某些打折、赠送的优惠待遇。

10. 会议促销。各类展销会、博览会、业务洽谈会期间的各种现场产品介绍、推广和销售活动。

(二)面向中间商的营业推广方式

1. 批发回扣。企业为争取批发商或零售商多购进自己的产品，在某一时期内给经销本企业产品的批发商或零售商加大回扣比例。

2. 推广津贴。企业为促使中间商购进企业产品并帮助企业推销产品，可以支付给中间商一定的推广津贴。

3. 销售竞赛。根据各个中间商销售本企业产品的实绩，分别给优胜者以不同的奖励，如现金奖、实物奖、免费旅游、度假奖等，以起到激励的作用。

4. 扶持零售商。生产商对零售商专柜的装潢予以资助，提供 POP 广告，以强化零售网络，促使销售额增加；可派遣厂方信息员或代培销售人员。生产商这样做的目的是提高中间商推销本企业产品的积极性和能力。

(三)面对内部员工的营业推广方式

主要是针对企业内部的销售人员，鼓励他们热情推销产品或处理某些老产品，或促使他们积极开拓新市场。一般可采用的方法有：销售竞赛、免费提供人员培训、技术指导等形式。

以上介绍的是一些常见的营业推广方式。需要说明的是，营业推广无定式，为了吸引越来越精明的现代消费者的眼球，越来越多创新的营业推广方式正不断地被创造和推广着。

三、国际市场营业推广策略的制定

企业要制定一套良好的国际市场营业推广策略，不只是选择一种或几种推广方式，还要结合产品、市场等方面的情况，慎重确定营业推广的地区范围、鼓励的规模、参加人的条件、推广的途径、推广的期限、推广的时机、推广的目标和推广的预算，在营业推广实施过程中和实施结束以后，企业还有必要不断地进行营业推广效果评价，以调整企业的营业推广策略。

（一）营业推广鼓励的规模

营业推广面并非越大越好，鼓励的规模必须适当。通常情况下，选择单位推广费用效率最高时的规模，低于这个规模，营业推广不能充分发挥作用；高于这个规模，或许会促使营业额上升，但其效率会递减。

（二）营业推广鼓励对象的条件

在国际市场上，营业推广鼓励对象可以是任何人，也可以是部分人，通常是鼓励商品的购买者或消费者。但企业有时可以有意识地限制那些不可能成为长期顾客的人或购买量太少的人参加。

（三）营业推广的途径

企业在确定了上面两个问题以后，还要研究通过什么途径向国际市场的顾客开展营业推广。营业推广的途径和方式不同，推广费用和效益也不一样，企业必须结合自身内部条件、市场状况、竞争动态、消费者需求动机和购买动机等进行综合分析，选择最有利的营业推广途径和方式。

（四）营业推广的时机和期限

不同的商品，在不同的市场、不同的条件下，营业推广的时机是不同的。市场竞争激烈的产品、质量差异不大的同类产品、老产品、刚进入国际市场的产品、滞销产品等，多在销售淡季等条件下运用营业推广策略。至于推广期限，企业应考虑消费的季节性、产品的供求状况及其在国际市场的生命周期、商业惯例等适当确定。

（五）营业推广的目标

推广目标主要是指企业开展营业推广所要达到的目的和期望。推广目标必须依据企业的国际市场营销战略和促销策略来制定。营业推广的目标不同，其推广方式、推广期限等等都不一样。

四、影响国际市场营业推广的因素

企业在国际市场采用营业推广这一促销手段时，应特别注重不同国家或地区对营业推广活动的限制、经销商等的合作态度以及当地市场的竞争程度等因素的影响。

1.当地政府的限制。许多国家对营业推广方式在当地市场上的应用加以限制。例如，有的国家规定，企业在当地市场上进行营业推广活动要事先征得政府有关部门的同意；有的国家则限制企业营业推广活动的规模；还有的国家对营业推广的形式进行限制，规定赠予的物品必须与推销的商品有关。

2.经销商的合作态度。企业国际市场营业推广活动的成功，需要得到当地经销商或者中间商的支持与协助。例如，由经销商代为分发赠品或优惠券，由零售商来负责交易印花处理，进行现场示范或者商店陈列，等等。对于那些零售商数量多、规模小的国家或地区，企业在当地市场的营业推广活动要想得到零售商的有效支持与合作就要困难得多了，因为零售商数量多，分布散，不轻易联系，商场规模小，无法提供必要的营业面积或者示范表演场地，加上营业推广经验缺乏，难以收到满意的促销效果。

3. 市场的竞争程度。目标市场的竞争程度，以及竞争对手在促销方面的动向或措施，将会直接影响到企业的营业推广活动。比如，竞争对手推出新的促销举措来吸引顾客，争夺市场，企业若不采取相应的对策，就有失去顾客而丧失市场的危险。同样的，企业在海外目标市场的营业推广活动，也可能遭到当地竞争者的反对或阻挠，甚至遭到当地商会或政府部门利用法律或法规的形式来加以禁止。

第五节　国际公共关系

一、公共关系的概念和特点

公共关系一词的英文为“Public Relations”，简称“PR”。公共关系是指社会组织为了塑造组织形象，运用现代传播与沟通手段来影响公众的科学和艺术。企业的公共关系活动应以公众利益为前提，以社会服务为方针，以交流宣传为手段，以谅解、信任和事业发展为目的。企业公共关系作为一种特殊的促销形式，具有三个方面的显著特点：

1. 从公共关系目标考查来看，公共关系注重长期效应。企业公共关系的目的，表面上看，是为了建立良好的形象，但从本质上看，最终也是为了促进商品销售，提高市场占有率。只不过这个过程是稳步扎实的，需要经历一系列环节。首先要经历一个树立企业形象的环节，经由良好的企业形象，企业推销了自己，从而促进了自身产品的销售。所以，为了实现最终的获利目标，公共关系着眼于大局，以短期的投入来换取长远的效益。

2. 从公共关系对象来看，公共关系注重双向沟通。公共关系的对象是公众，公众包括：供应商、中间商、消费者、竞争者、信贷机构、保险机构、政府部门、新闻传媒等。企业不是孤立的经济组织，而是相互联系的社会大家庭中的一分子，每时每刻都在与其相关的社会公众发生着经济联系和社会联系。通过与公众的坦诚沟通，一方面了解社会需求，一方面取得社会支持。

3. 从公共关系手段来看，公共关系注重间接促销。公共关系的活动方式，如制造新闻事件、慈善捐赠、发布公关广告等，作用的对象往往不是企业的目标顾客，而是社会上的普通大众，但是却会因为普通大众的理解、接受和支持，而间接带来更多的目标顾客，带动更理想的市场份额。

二、公共关系的作用

公共关系在促销中的作用主要表现在如下几个方面：

1. 有助于树立良好的企业形象。良好的企业形象对企业的生存和发展具有重要意义。开展公共关系有助于树立企业形象。如通过新颖别致的对外宣传和广泛的交往，可以联络公众的感情；通过支持赞助公益事业，可以显示企业的社会责任感等。

2. 有助于增进企业之间的交往与合作。企业的生存与发展，需要与其他企业进行交流与合作。开展公共关系活动，可以增进企业之间的相互了解和友谊，使企业在相互信任、相互支持的基础上,携手合作,共同发展。

3.有助于提高企业的经济效益。公共关系通过信息传播、形象竞争、感情联络等手段,可以吸引公众的注意力,及时克服国际经营中的文化及其他障碍,赢得国际社会的了解、承认和接受,最终促进产品的销售,提高经济效益,占领国际市场。

三、公共关系活动的内容和形式

(一)公共关系活动内容

公共关系的对象是广泛的社会公众,是企业在实现促销目标过程中与之相关的、对其形象的树立、声誉的建立有影响的各类社会公众。公共关系活动的内容就是要建立、发展、完善企业与其公共关系对象的关系,赢得公众的肯定、赞誉与支持,主要包括以下几方面的关系处理:

1.与顾客的关系。企业与顾客是一种合作和依赖的关系。企业必须有一大批忠诚的顾客,同时企业必须尊重顾客的态度,了解顾客需求,与顾客保持良好的客户关系,必要时加强对顾客的教育和引导,让顾客及时了解组织的产品和服务,这样才能在国际经营中打下良好的基础。

2.与国际中间商的关系。企业与国际中间商之间既存在着竞争,也存在着合作。合作使供应链中所有参与者成为信息伙伴,各方都获益。

3.与竞争者的关系。企业与竞争者之间既有竞争关系,也有合作的双赢关系。企业要把竞争者当作自己的镜子,取长补短,化竞争压力为发展的动力,自觉遵守行业规范,共同培育和拓展行业市场。

4.与国际媒体机构的关系。国际媒体机构包括在目标市场所在国具有舆论宣传功能的各种报社、杂志社、广播电台、电视台等媒体机构。组织建立与国际媒体公众的良好关系,对促进企业销售工作有重要作用,能为企业国际营销工作创造良好的舆论氛围,有利于实现与国际社会公众的有效沟通。

5.与国际公众团体的关系。国际公众团体包括各类消费者组织、环境保护组织及其他群众团体等。在西方国家,公众团体的力量很大,有时甚至能够影响政府的政策导向。企业在国际营销中,需要关注国际公众团体的活动,了解它们的需求和对消费者需求的引导作用。

6.与社区公众的关系。社区公众是企业开展国际营销时所在社区的各个机构和个人,是企业赖以生存的环境。在社区中承担一定的责任,不因企业的行为而影响社区公众的利益是对企业的一个基本要求。得到社区公众的理解和支持,有利于企业实现长期稳定发展的目标。

7.与外国政府部门的关系。包括国家的财政部门、税务部门、保险部门、劳动人事部门、立法部门、环保部门等,企业要熟悉这些政府部门的主要职责、管理权限和政策法规等。

(二)公共关系活动形式

公关活动的形式多种多样,可以围绕着公关活动的目标,从多个角度对企业形象进行宣传,并通过整体形象的提高,实现产品的促销效果。常用的公关形式或手段有以下几种：

1. 发现和创造新闻。国际营销人员要善于发现和创造对组织及其产品有利的新闻，以吸引新闻界和公众的注意，增加新闻报道的频率，扩大企业及其产品的影响和知名度。

2. 介绍情况、回答问题和发表演讲。国际营销人员要利用各种场合和机会，介绍企业和产品，或发表演讲、回答问题，以提高企业知名度。

3. 参与社会活动。企业积极参与东道国的公益活动，通过赞助、捐赠、义卖、义演、救灾扶贫、开展环境保护等，树立企业关心社会、承担社会责任和义务的良好形象。

4. 策划专门性公关活动。通过新闻发布会、研讨会、展览会、知识竞赛、庆典活动等，与公众沟通信息、交流感情。

5. 导入 CIS。就是综合运用现代设计和企业管理的理论和方法，将企业的经营理念、行为方式及其个性特征等信息加以系统化、规范化和视觉化，以塑造具体的可感受的企业形象。

6. 散发宣传材料。制作各种宣传资料广为散发和传播，向公众传递有关企业及产品的信息。

四、国际公共关系策略

公共关系是一门科学，更是一门艺术。从事国际化经营活动的企业，面临的是一个变幻莫测的全球性市场，各国的政治信仰、道德准则、经济水平和文化习俗迥然不同，这就要求企业为不同的目标市场所在国制定一整套最适宜该国情况的公共关系策略。

(一)宣传型公共关系策略

宣传型公共关系策略，就是广泛利用各种传播媒介直接向公众传递有关企业及其产品的各种信息，促成企业与社会的沟通和理解，以形成有利于企业发展的社会舆论以及内外部环境的策略。从事国际化经营的企业实施宣传型公共关系策略往往最能体现本企业的个性和特色。企业采用这种策略，其公共关系部门必须主动向媒介提供各种宣传材料，通过各种方式宣传企业的目标、实力和对社会的责任感。

(二)交际型公共关系策略

交际型公共关系策略，就是通过直接的人际关系进行情感上的联络，为企业广交朋友，建立广泛的社会关系网络，以形成有利于企业发展的人际环境和外部社会环境。国际市场营销活动中的交际型公共关系，实际上是一种直接的情感投资，可以通过和目标市场所在国或地区公众的直接接触，随时捕捉各种有价值的信息，了解特定公众的态度和反应，以期灵活有效地及时调整和完善各种公共关系行为和策略。

(三)服务型公共关系策略

服务型公共关系策略不事张扬，而是通过提供实惠的和优质的服务来博取公众的好感，进而树立或塑造企业及产品的良好形象。在国际市场营销活动中，服务型公共关系策略并不是只针对服务性行业的。任何企业在进军国际市场的过程中，都要树立以优质完善的服务为基础的观念。有人称这种由消费者亲身体验而自觉传播的良好声誉为“口传广告”，这种良好的口碑具有传播广泛、说服力强的特点。在国际市场营销活动中运用服务型公共关系，将公关活动由抽象变为具体的、实在的行动。

（四）社会型公共关系策略

社会型公共关系策略是以举办各种有组织的社会性、公益性、赞助性的活动，如庆祝会、纪念会、运动会、赞助公益事业等来扩大企业的社会影响，提高其社会声誉，赢得公众的信任和支持。企业参与国际化经营不仅要考虑自身的经济效益，更要考虑社会效益和企业国际形象。而社会型公共关系策略的最大特点就是公益性。它不以短期利益为出发点，不以获取直接经济利益为目的，而是通过一系列活动，创造出一种对企业具有长期利益的社会环境。在国际市场竞争中，一个企业在公众中树立起不单纯追求经济效益，而是热衷于为社会公众服务的形象时，该企业的社会型公共关系促销策略就得到了最完美的体现。

社会型公共关系策略通常有以下几种方式：

1. 借企业本身的重要活动开展各类社会活动。例如，利用类似开业周年或正式进入国际市场等机会，邀请社会人士参加庆祝活动，借此烘托企业形象，渲染气氛，联络关系，为以后的合作奠定基础。

2. 响应东道国政府号召，资助社会福利事业、资助教育事业等活动。例如一些企业经常采用的将企业庆典的经费用于捐助社会慈善事业或捐资办学等，以此在国际公众中树立企业乐善好施、注重社会责任的形象，提高企业的美誉度。

3. 出资赞助大众传播媒介，举办各种有益于社会文明和进步的活动。例如，赞助大众传播媒介制作公益广告，赞助有益公众的节目的播出，举办冠以企业或产品名称的体育比赛等活动，以此赢得国际社会的广泛支持，提高企业及其产品的社会声誉。

（五）征询型公共关系策略

征询型公共关系策略以广泛采集社会信息、深入了解公众意见为主要手段，以求得全面了解社会需求和及时适应市场变化，并希望在顾客中树立脚踏实地、以顾客为中心的公众形象。企业依据所搜集的有关国际市场的第一手资料，准确地掌握所在国家和地区特定公众的心理状况和社会舆论，及时发现企业存在的问题，为企业顺利地进入和占领国际市场提供有效的咨询指导，从而促进企业经营的国际化进程。征询型公共关系策略的主要内容有：目标市场所在国或地区的发展环境的综合调查，面向特定公众的民意测验和市场预测，建立信访制度，设立监督、举报和投诉机构以及热线电话等。

（六）维系型公共关系策略

维系型公共关系策略多用于企业处在发展比较顺利、内外部环境较好、其公共关系状态处于良性循环的时期。在这一时期，企业特别应该注意不断地加强与公众的沟通和联系，使公众对企业的认同感和依赖感得以增强，将公众始终维系在企业的周围。

（七）矫正型公共关系策略

矫正型公共关系策略，也称危机公关，这种策略多用于企业的发展遇到风险，内、外部环境发生严重的不协调，其公共关系状态濒临危机的境地时。此时，企业应该采取措施，迅速地纠正并消除损害企业形象的不利因素，恢复公众的信任和谅解，重新树立良好的企业形象。驰名全球的瑞士雀巢公司 20 世纪 70 年代曾遇到“婴儿奶粉风波”，由于第三世界国家的婴儿在一段时间内死亡率不断上升，有人对雀巢婴儿奶粉提出质疑甚至是指名的批评。由于婴儿奶粉在雀巢公司的生意中只是很小的一部分，这场风波没有引起该公司在公共关系上的重视。雀巢公司与指责它的人对簿公堂，为表明自己的清白，同时发起了一场大规模的促销活动。虽然最终打赢了官司，但是该公司对待他人投诉的态度却使它失去了一次危机公关的机会，这种公关上的失败在以后的一段时间内影响了其各方面的生意。

本章练习

一、思考题

1.什么是促销组合？影响国际促销组合策略选择的因素有哪些？

2.国际广告设计和投放要注意什么？

3.要成为一名优秀的推销人员，应注重从哪些方面培养和锻炼自己？

4.进行国际营业推广策划要考虑哪些方面？

5.什么是公共关系？如何正确应用公共关系策略？

二、案例分析

1.欧宝(OPEL)汽车突出“德国科技”，其实它是美国车，只不过是在德国分公司生产的，德国车在消费者心中的印象是它具有高科技的优势。而大宇汽车则正好相反，在台湾，须忽略其是韩国车。其广告词是“结合全球资源的世界车”。当台湾的消费者看了大宇汽车的广告后，几乎都不知道大宇汽车的来源地，只知道是和通用汽车的合作关系。类似的策略也用在韩国双龙汽车和起亚汽车上。双龙汽车强调和奔驰S系列有一样的底盘和引擎，而起亚车则强调和福特的合作关系。因为在台湾，韩国车给人价格低廉和品质差的印象，为了避免台湾民众产生不必要的误会，韩国车的进口代理商采取了淡化产品来源地的策略。

请用国际营销相关理论来解释上述现象。

2.善于扩大选择范围的推销员

下班的时候，商场经理问其中一个营业员接待了几位客户。当得知这个营业员一天只接待了一位客户时，经理很生气，因为其他营业员都接待了好几位客户，而他只接待了一位客户。之后经理继续问，做这位客户生意的营业额是多少？营业员说卖了58 000美元。经理觉得很奇怪，询问这位营业员究竟是怎么回事。

这个营业员说客户买了一辆汽车，又买了一艘游艇，还买了不少其他东西，一共花了58 000美元。刚开始这位客户是来买阿司匹林的，他说他的太太头疼，需要安静地休息。营业员在卖给客户药的同时与客户聊天，得知客户一直很喜欢钓鱼，营业员就不失时机地向他推荐了渔竿。接下来营业员问客户喜欢在哪儿钓鱼。客户说他家附近的河流、池塘鱼太少，他喜欢到大概开车需要 3 个多小时的海边去钓鱼。营业员又问客户是喜欢在浅海钓鱼还是喜欢在深海钓鱼。客户说他希望在深海钓鱼。营业员又问客户怎么去深海钓鱼，之后建议客户买艘钓鱼船，并向他推荐了商场里卖的钓鱼船。客户买了船后，营业员又问客户，去海边需 3 个小时的路程，船怎么运过去，他现在的车是否能够把船拉过去。客户后来一想，他现在的车拉不了这艘船，需要一辆大车，聪明的营业员又不失时机地向客户推荐了一辆大卡车，建议客户用这辆大卡车把刚买的钓鱼船拉过去。就这样，客户前前后后在这个营业员手里买了58 000美元的东西。当然，这个营业员也得到了经理的赏识。

试分析本案例中推销人员的成功之处和对你的启发。

三、案例讨论：水溶 C100 的促销案例分析

一项被称作“史上最奢华促销”的活动，还未举行就已经在网络上讨论得沸沸扬扬。神秘的面纱渐渐褪去，活动的主办方浮出水面，又是一向以概念出奇制胜的农夫山泉，这次促销的品牌不是即将推出的新品，而是已经在市场上叱咤风云多年的产品——水溶 C100。

LV 钱夹、Prada 手包、雅诗兰黛化妆品、Gucci 手袋、Chanel 耳环、D&G 项链、Montblanc 签名笔、施华洛世奇手链、Tiffany 首饰、双立人的锅具……一连串国际大牌，不下十余个，阵容着实强大，而这些，全都是此次水溶 C100 促销活动的赠品。通过宣传介绍，大致了解活动内容：消费者购买水溶 C100 产品，凭瓶盖内码获得资格，登录网站参与“秒杀”，即有机会赢得上述大牌名品。

农夫山泉水溶 C100 为何要花巨资开展“奢华促销”？“奢华促销”能对水溶 C100 的品牌和销量起到什么样的作用？我们姑且先看看这“奢华促销”究竟是怎么回事。

★背后有因，无奈之举

饮料，一向是快速消费品中竞争最为激烈也是最为惨烈的行业。在经历了碳酸、水、茶、功能性饮料等几个发展阶段后，功能性饮料竞争也日趋白热化，市场品牌众多，竞争态势胶着。2008 年，以“5 个半柠檬 C”作为广告卖点的水溶 C100 的上市，开创了柠檬复合果汁的细分品类，给果汁饮料市场带来一股清新风。水溶 C100 当年便取得了不错的销售业绩，娃哈哈“HELLO C”、汇源“柠檬 ME”、天喔“C 满全能”等相继跟进，以每瓶低近 1 元的价格，向水溶 C100 发起挑战。尤其是娃哈哈的“HELLO C”，从产品名称到包装，俨然水溶 C100 孪生姐妹。水溶 C100 奋起反抗，最终在 2009 年成功巩固了领跑者的位置。

2009 年末突如其来的“水溶 C100 等饮料砷含量超标”事件，给还没来得及沾沾自喜的农夫山泉当头一棒。有媒体称，“砒霜门”给农夫山泉带来的损失约 10 亿元！经济损失能够测算，但品牌的损伤却很难用数字衡量。即便后来相关部门澄清了事实，还了农夫山泉一个公道，但消费者心中的顾虑仍没消除。事件平息后，有网络调查了近 20 万网民，仍有过半的被调查者表示不会再选购农夫山泉产品。

经历过“砒霜门”的“大地震”后，如何夺回失去的市场份额，成为水溶 C100 所必须面对的问题。当然，还有比抢夺市场更重要的，就是重塑在消费者心中的品牌信心。

★择机而发，一鸣惊人

2010 年夏天，饮料行业又经历一次盛况空前的洗礼。各大饮料名企频出新品：百事可乐携立顿“绝品醇”加入瓶装茶饮料竞争；华润怡宝凭借“零帕”吹响进军功能性饮料的号角；可口可乐推出美汁源“十分 V”继续扩展非可乐产品线；百事可乐“纯果乐”继“果缤纷”后，增兵果汁战线；汇源“果汁果乐”誓在低浓度果汁领域再创佳绩。竞争如逆水行舟，不进则退。而消费者总是善变的，如不进行持续有效的沟通，沉寂的品牌就会被喜新厌旧的消费者淡忘和抛弃。面对整个饮料行业各品类间的挤压、细分品类品牌之间的竞争挑战，水溶 C100 必须有所作为。

在世界杯的热潮已经逐渐平息，啤酒、碳酸饮料、水、茶饮料在夏季的狂轰滥炸般的广告、营销攻势也逐渐过去，气温略降，果汁饮料的销售旺季仍在延续，农夫山泉终于出手了。8 月初，某饮料即将展开“史上最奢华的促销”概念一出，就立刻在各大 BBS、SNS 炒热了，神秘、悬疑、好奇，各种猜疑不断。一周后，媒体报道，农夫山泉证实，这一活动确为旗下水溶 C100 品牌所为，活动即将开始，敬请关注。紧接着，以“秒杀赢大牌”为主题的 TVC 开始投放，地面推广展开，历时 3 个月的“史上最奢华促销”活动轰轰烈烈全面开展起来了。

★集盖＋秒杀，饮料促销新玩法

如果只是集瓶盖兑大奖，活动自然失色不少。但当瓶盖遇上秒杀，一切就变得好玩起来。

这个名为“集盖享好礼，秒杀赢大奖”的活动最吸引人的应该就是集瓶盖，秒杀国际大牌。按活动说明，要想获得那一个个吸引人的国际大牌礼品，就必须具有指定瓶盖。在活动网站上可以看到，一款价值4 999元的 LV 钱夹，需要搜集到标有 87、12、99、55 四个瓶盖，这奇怪的数字组合，水溶 C100 还赋予了一个好听的“密语”，叫做“不求与你朝朝暮暮”，而一条价值 1530 元的施华洛世奇手链需要 33、13、15 三个瓶盖，“数字密语”是“想想你想想我”。可见，赠品价值越高，瓶盖所需的数量就越多，难度系数也就越高。

除了集齐对应瓶盖，还必须在指定的时间参与网络秒杀，每个大牌的秒杀日期各不相同，而时间大多数都设在晚上八九点钟开始，而这正是目标参与者比较空闲的时间。你当然也可以在没有或缺少瓶盖的情况下参与秒杀，然后再去搜集所需的瓶盖。为此水溶 C100 还提供了一个瓶盖交换的平台，参与者可以在线发布信息，互换瓶盖。

在此之前，诸多饮料名企围绕瓶盖开展的活动不少，大多数饮料品牌玩得是“揭盖有奖”、“积分兑奖”之类的促销。因为用得多了，便显得没有新意，令人觉得乏味。而水溶 C100 此番的“集盖＋秒杀”的“奢华促销”，从概念上很有新意，向我们展示了瓶盖在网络时代的另外一种玩法。

秒杀，一种网络营销推广的新方式，深受年轻的网络购物者喜爱。秒杀的标的物，又是众多白领女性所向往和追求的“理想品牌”。可以说，水溶 C100 的活动从形式表现到奖品设置，针对性都很强，从一开始，就把那群热衷网络购物，希望能够从网上淘到实惠的城市中产阶级年轻白领女性的心给牢牢抓住了。用农夫山泉的话，“水溶 C100 始终保持着高端精英女性的品牌定位，在竞争对手降价甩卖的时候，我们依然坚持以高品质为第一要素的高端定位。正是有了这些忠实消费者，水溶 C100 才能至今保持领导地位。与此同时，这些消费者也是奢侈品牌的爱好者”。

有粉丝做了统计，此次奢华赠品价值总共 45 万余元，秒杀到大牌的机会3 000余个。理性的消费者肯定清楚，能集齐瓶盖、秒杀到国际名品，不过同中彩票一样是小概率事件而已。最终秒杀到大牌的幸运者毕竟少数，相信大多数参与者，也就只有“望名品兴叹”的份了。说到底，水溶 C100 的“奢华促销”不过是在和大家玩一个复杂的概率游戏，但游戏的奖品刺激、吸引人，形式新颖，过程好玩、带有悬念、扣人心弦，有了这些，还不够吗？

思考并讨论：水溶 C100 的促销组合形式是什么？有没有达到预期的目的？还有哪

些方面需要完善和改进？

四、思维训练

1. 产品促销策略策划

在老师指导下，由学生自由组合成 4～6 人的产品推广小组，并确定负责人。请根据本章所学的促销知识，结合当地市场实际，为某一产品的市场导入设计促销组合方案，并组织实施。

2. 小产品大创意

一枚回形针价值低微，但却有将近 3 万种的用途。假如现在要你将一枚回形针推销给学校的校长，你将怎么做？

要求：(1)请试着给你的这枚回形针确定一个恰当而又巧妙的定位(如慈善之心、万能之针、便捷的随手夹……)，然后根据此定位，设计广告语。

(2)把老师当作校长，实际演练你的推销过程。

参考文献

1. Philip Kotler. *Marketing Management*, 9th Edition, Prentice Hall, 1997

2. 陈信康，邓永成编著. 国际市场营销教程. 上海：上海财经大学出版社，2000

3. 菲利普·科特勒等著. 市场营销管理(亚洲版). 郭国庆等译. 北京：中国人民大学出版社，1997

4. 达娜·尼科莱，栽塔·拉斯库著. 市场营销学. 赵颖译. 北京：机械工业出版社，2010

5. 罗杰·贝内特，吉姆·布莱斯著. 国际营销(第三版). 刘勃译. 北京：华夏出版社，2005

6. 沈铖编著. 全球营销学. 武汉：武汉大学出版社，2004

7. 甘碧群主编. 国际市场营销学(第二版). 北京：高等教育出版社，2010

8. 宋先道，马颖主编. 国际市场营销学教程. 武汉：武汉理工大学出版社，2010

9. 秦波编著. 国际市场营销学教程. 北京：清华大学出版社，北京交通大学出版社，2007

10. 高燕云主编. 国际市场营销学教程. 北京：北京交通大学出版社，2010

11. 寇小萱，王永萍编著. 国际市场营销学(第二版). 北京：首都经济贸易大学出版社，2006

12. 孙国辉，崔新建主编. 国际市场营销. 北京：中国人民大学出版社，2007

13. 刘文纲主编. 国际营销管理. 北京：经济科学出版社，2006

14. 苏兰君，肖涧松主编. 现代市场营销. 北京：高等教育出版社，2007

15. 季辉主编. 市场营销(修订版). 北京：科学出版社，2007

16. 刘生峰主编. 国际市场营销练习题及分析解答. 广州：暨南大学出版社，2007

17. 杨丽主编. 国际市场营销. 大连：大连理工大学出版社，2008

18. 李光斗著. 魔鬼营销. 北京：新世界出版社，2010

图书在版编目(CIP)数据

国际市场营销/洪海玲,黄志锋主编.—厦门:厦门大学出版社,2011.8
(高职高专现代服务业系列教材·国际商务系列)
ISBN 978-7-5615-3525-7

Ⅰ.①国…　Ⅱ.①洪…②黄…　Ⅲ.①国际营销-高等职业教育-教材　Ⅳ.①F740.2

中国版本图书馆 CIP 数据核字(2011)第 077847 号

厦门大学出版社出版发行
(地址:厦门市软件园二期望海路 39 号　邮编:361008)
http://www.xmupress.com
xmup @ public.xm.fj.cn
南平市武夷美彩印中心印刷
2011 年 8 月第 1 版　2011 年 8 月第 1 次印刷
开本:787×1092　1/16　印张:13.5
字数:330 千字　印数:1～3 000 册
定价:20.00 元